# 유턴
U-turn

# 유턴 U-turn

지은이 | 장승권

펴낸이 | 원성삼

표지 디자인 | 한영애

펴낸곳 | 예영커뮤니케이션

초판 1쇄 발행 | 2023년 12월 22일

등록일 | 1992년 3월 1일 제2-1349호

주소 | 03128 서울시 종로구 대학로3길 29, 313호(연지동, 한국교회100주년기념관)

전화 | (02)766-8931

팩스 | (02)766-8934

이메일 | jeyoung@chol.com

ISBN 979-11-89887-73-5 (03230)

값 22,000원

 모든 인간은 하나님의 형상을 닮은 존귀한 존재입니다. 사람은 인종, 민족, 피
부색, 문화, 언어에 관계없이 모두 다 존귀합니다. 예영커뮤니케이션은 이러한
정신에 근거해 모든 인간이 존귀한 삶을 사는 데 필요한 지식과 문화를 예수 그리스도의
사랑으로 보급함으로써 우리가 속한 사회에 기여하고자 합니다.

# 유턴

장승권

믿고!
살고!
드러내고!

## U-turn

예영

## 제자리로 돌아가는 아름다운 풍경을 담았습니다

김운용 | 장로회신학대학교 총장

1970년대, 장신대 교정 잔디밭에 한 조형물이 새겨져 있었습니다. 중앙에는 학교 마크가, 아래쪽에는 '오직 하나님께 영광'이라는 뜻의 라틴어, 'Soli Deo Gloria(솔리 데오 글로리아)'가, 위쪽에는 '주님만 따르리'라는 문구가 새겨져 있었습니다. 그것은 학교가 추구하는 교육목표이자 학생들이 추구해야 할 사역의 목표였습니다. 아니 이것이야말로 개혁교회 전통에 서 있는 교회의 중심되는 목표임을 외치고 있었던 것입니다. 하나님의 말씀으로 가슴이 뜨거워진 사람들의 왕 되신 주님만을 섬기겠다는 결심과 그 실천(헌신)은 결국 하나님께 영광으로 나타나야 한다는 의미를 담은 것이었습니다. 학생들은 그곳에 모여 찬양하고, 기도하고, 성경공부를 하고, 토론을 하곤 했습니다.

우리 그리스도인들은 '한 책'을 통해 예수 그리스도를 알았고, '한 복음'을 통해 하나님의 자녀가 된 감격을 가진 사람들입니다. 믿고, 그 믿음으로 살고, 그 결과가 하나님께 영광이 되고 기쁨이 될 때 우리는 잘 살고 있고, 바로 가고 있는 것입니다. 본서는 영적으로 혼탁한 시대를 살아가는 성도들이 성경을 통해 확인한 하나님의 말씀과 복음을 알고, 그것을 삶 속에서 그 믿음을 살아내는 앎과 행함을 통해 하나님께 영광으로 나타나는 삶을 살아가도록 돕고 격려하는 말씀을 담았습니다.

저자는 젊은 날에는 군 복음화 현장에서 이런 영적 원리를 통해 젊은 영혼들을 믿음 위에 세우기 위해 몸부림쳤고, 지금은 지역교회 목회 현장에서 복음으로 사람을 세우고, 말씀으로 생명력이 넘쳐나는 주님이 기뻐하실 교회를 세우기 위해 몸부림치고 있는 분입니다. 특별히 어둠이 가득한 긴 터널을 지나는 것과 같았던 코로나 팬데믹 기간을 지난 이후 어떻게 다시 말씀으로 나 자신을 바로 세워갈 수 있을지 고민하며 내놓은 외침을 본서에 담았습니다. 주님 보시기에 심히도 좋은(토브), 아름다운 그리스도인, 영광스러운 교회 회복을 위한 열정이 본서에는 넘실대고 있습니다.

열정이 담긴 몸부림은 늘 아름답습니다. 그것이 주님의 교회와 생명을 살리는 일이라면 하늘과 땅을 울리는 아름다움이 됩니다. 본서는 그렇게 예배 현장으로 다시 돌아온 성도님들을 다시 말씀으로 일깨우고, 주님 앞에 바로 세우기를 원하는 목자의 마음이 가득 담겨 있습니다. 길을 가다 보면 엉뚱한 길로 접어들어 헤맬 때가 있습니다. 그때 우리는 바로 그 길에서 벗어나 목적지를 향해 바로 방향 전환을 합니다.

"세상 풍경 중에서 제일 아름다운 풍경"은 "모든 것들이 제자리로 돌아가는 풍경"이라고 노래한 '시인과 촌장'의 오래된 노래, 〈풍경〉의 가사가 생각납니다. 본서는 '제자리로 돌아가는 풍경'을 멋지게 그려냅니다. 영적으로 어둡고 혼탁한 시대, 분주함과 영적 무기력에 함몰되기 쉬운 때를 살아가는 그리스도인들에게 처음 사랑으로 돌아가기, 말씀 앞으로 돌아가기, 바른 믿음으로 돌아가기, 그리스도인의 바른 삶으로 돌아가기, 하나님의 기쁨이 되고 영광이 삶으로 돌아가기 등의 길잡이가 되는 내용이 섬세하고 짜임새 있게 펼쳐집니다. 일독을 권합니다.

## 신앙생활과 생활신앙

변창욱 | 장신대 세계선교연구원장, 선교역사 교수

종교개혁자 마르틴 루터(Martin Luther)는 "오직 의인은 믿음으로 살리라"(롬 1:17)는 말씀을 새롭게 되살림으로써 이신칭의(以信稱義), 즉 믿음의 중요성을 널리 인식시키는 데 공헌하였다. 한국 교회도 오랫동안 '오직 믿음으로' 말씀과 교리를 열심히 가르쳐 왔다. 그런데 믿음만을 강조함으로써 일상의 삶에서 우리의 믿음을 어떻게 구현시켜야 하는지에 대해서는 제대로 가르치지 못했다. 또한 목회자들은 주일성수와 십일조로 대변되는 '신앙생활'만 강조했을 뿐, '생활신앙'에 대해서는 별다른 강조를 하지 않았다.

주일신앙은 평일로 이어져야 한다. 성수주일만 중요한 것이 아니라 주중 엿새의 삶도 중요하다. 가정과 직장에서도 그리스도인으로서 삶을 살아야 한다. 복음은 말로만 선포되는 것이 아니라 삶을 통해 선포하는 복음이 확증되어야 한다. 우리는 복음에 합당한 삶을 살아야 한다. 그러므로 우리는 세 가지 영역에서 유턴(U-turn)해야 한다.

믿음으로 유턴(U-turn)

행함으로 유턴(U-turn)

영광으로 유턴(U-turn)


지난 3년 동안 코로나로 움츠러 들었던 우리 교회의 신앙이 새로 기지개를 켜고 다시 회복되기를 바라며 이 책은 저술되었다. 저자의 수고와 노고에 감사하며 이 책이 새신자들에게 신앙생활의 올바른 길과 방향을 제시함으로써 건강한 교회를 만들어 가는 데 귀하게 쓰임 받기를 바란다. 이 책은 오늘을 살아가는 교회 성도들에게 우리의 믿음을 점검하고 순종의 삶을 통해 주께 영광 돌려야 한다고 주장한다.

"이같이 너희 빛을 사람 앞에 비춰게 하여
저희로 너희 착한 행실을 보고
하늘에 계신 너희 아버지께 영광을 돌리게 하라"(마 5:16).


우리는 신앙뿐 아니라 삶으로 복음을 살아내야 하며, 이로써 우리 주님께 영광을 돌리게 된다. 신행일치(信行一致)를 통해 하나님께 영광 돌리는 삶을 살아야 한다. 빛이 높은 곳에서 온 동네를 비추는 것처럼, 그리스도인은 착한 행실로 어두운 세상을 밝게 비추는 등불과 등대의 역할을 감당해야 한다. 우리의 삶을 통해 하나님 아버지께서 영광을 받으신다.

장승권 목사는 기독교교육과 선교학 전공자이며 오랜 기간 군 선교 현장에서 군종목사로 헌신적으로 사역하다가, 지금은 청주서남교회에서 목양하고 있다. 부모 교육, 다음 세대 사역, 청소년과 대학생을 위한 '스터디 카페'와 '키즈 카페' 등 다양한 프로그램으로 지역 사회를 섬기고 있다. 현재에 안주하지 않고 선교적 돌파구를 찾아 나서며 복음의 선한 영향력을 누룩처럼 확장시키려고 애쓰는 목회자다. 간결하고 쉬운 문체로 쓰여 있어 본서는 일반 교인뿐 아니라 초신자들이 읽기에도 좋다. 신앙생활에서 생활신앙으로의 업그레이드(upgrade)에 관심 있는 모든 분들에게 기쁜 마음으로 적극 추천한다.

## 믿는 대로 행함으로

황국명 | 다윗과 요나단

담임목사도 신학교 교수도 아닌 찬양 사역자인 제가 추천사를 쓰는 일은 처음입니다. 40년 넘게 '다윗과 요나단'의 이름으로 찬양 사역을 하는 동안 방문한 교회가 1만 교회를 넘었으니 그동안 만난 목사님들도 1만 명이 넘습니다. 그런데 장 목사님과의 첫 만남은 너무나도 인상적이었습니다.

2023년 4월 28일, 청주서남교회에서 처음 사역을 하였고 장 목사님은 다시 초청을 하고 싶다고 하셨습니다. 그러고는 불과 3개월 남짓 경과한 8월 18일에 다시 '다윗과 요나단' 완전체로 초청해 주셨습니다. 두 번째 장 목사님을 만나면서 목사님은 식언하지 않으시고 말과 삶이 일치하는 분이라는 확신이 들었습니다. 강력한 영적 카리스마의 매력에 빠졌습니다.

저는 청소년 시절 주님을 만나 지금까지 주님의 은혜와 이끄심을 경험하며 살아오면서 서구의 기독교가 공동화 현상으로 무너져 가는 것을 목도했기에 집회 때마다 교회에 다음 세대를 향한 마음을 전했습니다. 대부분의 교회가 다음 세대가 무너지고 사라지는 상황에 대해 문제의식을 갖고 노심초사 기도를 합니다. 하지만 기도는 열심히 하는데 실제적인 방법과 투자에는 미비한 상태인 듯합니다. 그런데 청주서남교회 장승권 목사님은 10년, 20년 앞을 내다보며 다음 세대를 위하여 실질적으로 움직이고 있었습니다. '키즈 카페', '스터디 카페' 등을 만들어 지역 사회에 개방하고, 다음 세대를 품고 있는 모습에 큰 감동과 도전을 받았습니다. 믿는 대로 행하는 목사님의 모습을 보면서 진짜 믿음은 화려한 말에 있는 것이 아니라 삶의 열매로 드러나는 것임을 다시 확인하게 됩니다.

　신앙생활은 '믿고(믿음)', '살고(행함)', '드러내고(영광)'의 과정이 한 폭의 그림 속에 담겨지는 것입니다. 그런 의미에서 『유턴(U-turn)』은 믿음이 무엇인지, 믿음대로 행하는 것이 어떤 모습인지, 믿음의 삶에 무엇이 드러나야 하는지를 일관성 있게 전하고 있습니다. 『유턴(U-turn)』을 통해 흐트러진 믿음과 삶이 'You-turn'하기를 바라며 기쁜 마음으로 일독을 추천합니다.

COVID-19라는 팬데믹 상황은 하향 곡선을 그리고 있던 교회 공동체에 가속 페달을 밟는 것과도 같았다. 우리는 만 3년이 넘게 버티며 싸웠다. 드디어 2023년 6월, 실제적인 엔데믹(Endemic) 상황으로 전환되어 일상의 삶을 회복하는 중에 있다. 하지만 아직도 많은 크리스천이 유튜브 예배, 유튜브 설교에 익숙해져서 예배당 예배로 복귀하지 않고 있다. 이 교회, 저 교회를 기웃거리며 돌아다니는 '노마드 크리스천(Nomad Christian)'과, 휴대폰으로 말씀의 은혜를 찾아 헤매는 '디지털 노마드 크리스천(Digital Nomad Christian)'이 늘어났다. 지금 한국 교회는 문을 닫는 교회가 늘어나고, 아이들과 청소년, 청년들이 줄어들고 있다. 우리는 어떻게 해야 할까? 하나님은 우리를 향해 유턴(U-turn)하라고 하신다. 우리 교회는 지난 5월 정부가 엔데믹을 선언함에 따라 유튜브로 드리는 주일 온라인 예배를 중단했다. 그것은 유튜브에 익숙해진 성도들이 다시 예배당으로 발걸음을 회복하기를 간절히 바라는 마음 때문이었다. 회복이 어디서 시작될까? 회복이란 곧 하나님 말씀으로의 회복이다. 하나님의 말씀 없이 회복을 있을 수 없다. 회복이란, 내 생각과 삶에 예수 그리스도를 다시 채우는 것이다.

지난 3년여의 팬데믹(Pandemic) 시절을 보내면서, 그리스도인들이 갖는 '믿음'에 대해 많은 묵상을 하게 되었다. 팬데믹과 정부의 통제라는 특수 상황 앞에서 교회와 성도들의 신앙생활은 여러 차이를 보이는 것을 알 수 있었다. 이에 그리스도인의 믿음이 무엇인지, 그 믿음은 어디서 왔으며, 믿음으로 산다는 말이 어떤 의미인지를 돌아보고, '믿음', '삶', '영광'을 소주제로 선정하여 글을 엮어 보았다. 참된 믿음은 삶으로 드러나야 하며, 그 드러남은 하나님의 영광이어야 한다.

사람의 생각이 중요하다. 무엇을 생각하느냐에 따라 그의 행위가 달라진다. 생각 속에 내 생각만 있으면 결국 내 생각대로 살고 만다. 그렇게 내 생각대로만 살면 사는 데 문제가 없나? 내 생각대로 살아도 문제가 없을 것 같다. 그러나 그 삶은 '구원'과 상관없으며, '하나님의 영광'과는 아무런 관련이 없다. 인생의 행복은 하나님과 아름다운 관계를 갖는 것이며, 불행은 하나님과 상관없는 삶을 사는 것이다. 그러므로 그리스도인은 주님과 언제나 상관있는 삶, 곧 주님 안에서 거룩한 삶을 살아가는 사람이다. 그렇게 믿음으로 거룩한 삶을 살아갈 때 그 삶에 하나님의 영광이 드러나게 될 것이다. 믿고, 믿음대로 살고, 그 삶 속에 하나님의 영광이 드러나게 하자. 그러기 위해 우리는 하나님께로 유턴 (U-turn)해야 한다. 하나님이 원하시는 유턴(U-turn)은 'You turn'하는 것이다.

이 책이 나오기까지 수고한 우리 교회 아카데미 사역자들(최지영 목사, 정경순 권사, 정영란 권사, 신미현 집사, 김미현 집사, 조상원 집사, 송현숙 집사)과 늘 기쁨으로 사역하는 당회원들, 그리고 예수의 믿음으로 거룩한 행진을 함께 하는 성도님들께 감사드린다.

2023년 12월
성탄절을 기다리며
장승권 목사

# 2부 살고 행함으로 유턴(U-turn)

# 3부 드러내고 영광으로 유턴(U-turn)

# 1부

# 믿고

## 믿음으로 유턴(U-turn)

# 1장

# 누구의 믿음인가?

너희는 그 은혜에 의하여 믿음으로 말미암아 구원을 받았으니 이것은
너희에게서 난 것이 아니요 하나님의 선물이라(엡 2:8).

COVID-19를 겪으며 교회와 그리스도인이 사회적 지탄의 대상이
된 적이 있었다. 이것은 매우 가슴 아픈 일이다. 우리는 우리의 모습을
다시 되돌아볼 수 있어야 한다. 도대체 그리스도인의 무엇이 잘못되었
다는 말인가?

그리스도인의 기초는 '믿음'이다. 성부 하나님, 성자 예수님, 성령
하나님으로 삼위일체 되신 하나님에 대한 믿음이다. 그리스도인은 오
직 예수 그리스도의 믿음으로(Sola Fide) 구원받는다는 것을 믿는다(롬
1:17). 예수 그리스도를 구주로 믿는 자들은 구원을 얻고 하나님의 자녀
가 된다.

믿음은 삶으로 드러난다. 삶의 모습은 그가 무엇을 믿는지를 분명하게 보여준다. 그런데 그리스도인의 삶이 사회적으로 비난과 지탄을 받는다면 그것은 분명 우리의 믿음에 문제가 있다는 증거다. 참된 믿음이란 구원으로 인도하는 것이어야 한다. 만약 믿음이 구원에 이르지 못하는 믿음이라면 그 믿음은 허무하며 거짓된 믿음이다. 구원이 결여된 믿음은 참된 믿음일 수 없다.

믿음으로 구원받는다고 했을 때 그 믿음의 실체가 무엇인지가 중요하다. 믿음에는 두 종류가 있다. 하나는 관계적 믿음, 또 하나는 구원에 이르는 믿음이다.

관계적 믿음이란 사람 사이의 믿음(Faith in people)을 말한다. 믿음은 단지 종교를 가진 사람들의 전유물이 아니다. 믿음은 그리스도인만의 전유물도 아니다. 모든 이들의 삶의 밑바탕에는 믿음이 있다. 부부 사이, 부모와 자식 사이, 친구 사이, 동료 사이 등 모든 만남과 관계를 이어주는 것은 믿음이다. 이러한 '관계적 믿음'을 다른 말로 '신뢰'라고 한다. 어떤 사람에 대한 최고의 믿음, 최고의 신뢰를 표현한다면 이런 것이 아닐까? "나는 그 사람 말이면 다 믿어! 팥으로 메주를 쑨다고 해도 믿어!"

팥으로 메주를 쑬 수가 없다. 그런데 그 사람을 얼마나 믿고 신뢰하면 팥으로 메주를 쑤겠다는 말을 해도 그 말을 믿겠다는 것인가? 이는 그 사람에 대하여 전폭적인 신뢰를 하고 있다는 말이다. 때로는 이러한 믿음과 신뢰를 바탕으로 동업을 하기도 한다. 사업 파트너에게 가장 중요한 것은 믿음과 신뢰다. 믿음과 신뢰를 가진 친구가 있다는 것은 대단히 부러움을 살 일이다. 친구 사이, 연인 사이, 부부 사이의 믿음은 그들의 관계를 더욱 친밀하도록 지속적으로 연결시켜 주는 기초인 것이다. 그런데 부부 사이에서 아무리 남편이 아내를, 아내가 남편을 믿고 사랑한다고 하여도 상대방을 향한 믿음이 자신을 구원할 수 있는 믿음은 아니다. 어떤 대상을 향해 관계적 믿음이 아무리 깊다 해도 이 믿음으로 영혼이 구원받을 수 있는 것은 아니다. 관계적 믿음이란 바로 이런 것이다.

그러므로 우리가 예수님을 믿는다는 표현은 관계적 믿음을 말하는 것이 아니다. 교회 공동체 안에서 종교적 행위, 신앙의 행위를 열심히 하면 믿음이 좋다고 평가받는 반면, 종교적 행위가 소홀하면 믿음이 약하다고 평가받기도 한다. 그러나 사람들에게 "믿음이 좋다." 또는 "믿음이 강하다."는 말을 듣는 것으로 자신의 구원이 보장된다고 착각하지 말아야 한다.

오늘날 그리스도인들이 믿음을 말할 때 '삶에 필요한 믿음'과 '구원에 이르는 믿음'을 구별하지 못하고 혼용하고 있다. 그래서 신앙이 변질된다. 사람 사이에 필요한 믿음은 '관계적 믿음(Faith in people)'이다. 그러나 예수 그리스도를 통해서 우리에게 주어지는 구원은 '관계적 믿음'을 넘어 '구원에 이르는 믿음'인 것인데, 그 '구원에 이르는 믿음'을 '관계적 믿음'으로 변질시켜 버렸다. 이것이 오늘 그리스도인이 갖고 있는 믿음의 오류이다. 믿음의 오류에 빠진 사람은 이렇게 말한다. "예수를 믿나, 부처를 믿나, 교회를 다니나, 절간을 다니나 똑같은 것 아냐? 종교는 다 같은 거야! 다 잘 되라는 것이지! 믿음은 같은 것 아냐? 믿음이란 것은 기독교나, 불교나, 이슬람교나, 무속이나 색깔이 다를 뿐 다 똑같은 거야! 무엇이든 잘 믿으면 돼!"

정말 믿음이란, 어떤 신적 대상을 믿든 다 동일한 것일까? 대부분의 그리스도인은 아니라고 말하고 싶을 것이다. 우리가 믿는 믿음은 유일하신 하나님께 대한 믿음이라는 차원에서 아니라고 강하게 부정할 것이다. 우리가 믿는 하나님은 당신이 믿는 우상과 다르다고 생각하는 것으로만 믿음을 지키려고 한다.

그러나 놀라지 말라! 사람들이 어떤 신적 대상을 믿든지 그것이 관계적 믿음(Faith in people)이라면 종교의 이름이 다르다 할지라도 큰 차이가 없다. 그리스도인의 믿음도 마찬가지다. 나와 '예수님과의 관계적 믿음(Faith in Jesus)'으로만 신앙생활을 하려고 한다면 그 믿음은 다른 종교의 믿음과 다를 바가 없다. 그러나 그리스도인의 믿음은 '예수와의 관계'를 넘어 예수님이 내 안에, 내가 예수님 안에(요 15:4) 거하는 삶을 말한다. 지·정·의를 수반한 '내 믿음'에서 더 나아간, 예수님의 영이 내 삶을 온전히 다스리시는 '예수의 믿음(Faith of Jesus)'이 나를 구원에 이르게 하는 것이다.

그동안 예수에 대한 믿음을 소유하는 방식으로 구원을 받는다고 생각했는데 그러한 믿음은 구원에 이르는 믿음이 아니라니 얼마나 당황스러운가? 인정하고 싶지 않겠지만 구원과 상관없는 믿음이 세상에는 널리고 널렸다. 수많은 종교인, 그리고 오늘도 교회 안에서 '내 믿음'으로 구원받겠다고 하는 사람들이 얼마나 많이 있는가? 가슴에 손을 얹고 자신의 믿음을 생각해 보자. 정말 내 믿음이 그렇게 나를 구원에 이르게 할 만큼 위대한 믿음인가? 그렇게 위대한 믿음이라면서 왜 낙심하고, 절망하고, 시기하고, 교회 안에서 서로 자기가 옳다며 우기고 싸우고 분열하는 것인가? 그렇게 위대한 믿음을 가진 성도라면서 왜 하나님을 향하여 아까워하고 헌신하지 못하는가?

오늘 그리스도인의 무엇이 잘못되었는가? 내가 소유한 '내 믿음'으로 구원받겠다는 생각이 틀렸다. 구원에 이르는 믿음이 내 믿음이라면 소위 믿음이 좋을 때는 구원받은 것 같고, 믿음이 좋지 못할 때는 구원받지 못한 것 같은 잘못된 생각에 빠질 수 있다. 내가 열심히 신앙생활을 할 때는 그 믿음이 불타는 것 같아 구원받은 것 같지만, 신앙의 열심이 사라졌을 때는 구원받지 못한 것 같다면 그런 변덕스런 믿음으로 어떻게 구원의 확신을 가질 수 있다는 말인가? 단언하건대 믿음의 주체는 내가 아니라 믿음의 주인이신 예수 그리스도이다. 히브리서 기자도 "믿음의 주요 온전하게 하시는 이인 예수를 바라보자"(히 12:2)라고 권면하지 않았던가? 결국 내 믿음의 주체는 내가 아니라 예수 그리스도이시다. 내 믿음으로 구원받는 것이 아니라 내 안에 넣어 주신 예수의 믿음으로 구원받는 것이다. 내가 믿음의 주체가 될 때 그 믿음은 바람에 나는 겨와 같이 흔들린다. 상황과 환경에 따라 요동친다. 그러나 '예수의 믿음'은 어떤 상황에서도 변함이 없다. 왜냐하면 예수 그리스도는 어제나 오늘이나 영원토록 동일하신 분이시기 때문이다(히 13:8). 그러므로 진짜 그리스도인은 내 믿음을 믿는 사람이 아니라 예수의 믿음으로 하나님을 믿는 사람이다. 성경이 한결같이 말하는 믿음이란 '내 믿음'이 아니라 '예수의 믿음(Faith of Jesus)'이다.

너희는 그 은혜에 의하여 믿음으로 말미암아 구원을 받았으니 이것
은 너희에게서 난 것이 아니요 하나님의 선물이라(엡 2:8).

이 말씀 속에 '은혜', '믿음', '구원'이라는 기독교 신앙의 모든 것이
다 담겨 있다. 그런데 이것이 너희에게서 난 것이 아니라 '하나님의 선
물'이라고 말씀하고 있다. 다시 말해 구원은 우리가 만들어낸 것이 아
니라 하나님께서 우리에게 주신 선물이라는 것이다. 선물에는 내 능력
이나 나의 그 어떤 것도 들어있지 않다. 선물에는 온전히 선물을 준비
한 사람의 능력만 들어있는 것이다. 은혜, 믿음, 구원 등의 단어들 가운
데 본래 내 것이라고 주장할 만한 것이 무엇이 있을까? 모두 하나님께
서 우리에게 주신 것들이다. 그것은 내 것이 아니었다. 우리는 세상에
태어났을 때 발가벗고 나왔다. 그런데 우리는 생명, 물질, 시간, 건강,
물, 햇빛, 공기 … 이 모든 것을 누리고 있지 않은가? 내가 만든 것인
가? 아니다. 우리는 이 세상 안에 던져진 존재로서 창조주 하나님의 것
을 누리고 살아갈 뿐이다.

그동안 내 믿음은 나에게서 난 것으로 알고 믿었는데(관계적 믿음),
구원에 이르는 믿음은 나에게서 난 것이 아니라 하나님에게서 난 것임
을 말씀하고 있다. 지금 내가 가지고 있다고 해서 나에게서 시작되었다
고 착각하면 안 된다. 구원에 이르는 믿음이란 나에게서 시작된 믿음이
아니라 '예수 그리스도의 믿음'을 하나님께로부터 선물로 받은 것이다.
믿음이 있다는 말은 하나님의 선물을 받았다는 뜻이요, 믿음이 없다는
말은 선물을 아직 받지 못했거나 선물을 거부했다는 말이다. 마치 어느

성도님에게 빵과 커피를 대접받아서 내가 그것을 맛있게 먹는 것과 같다. 나에게 주셨기 때문에 내가 먹고 마시지만 사실 그것은 성도님에게서 온 것이다. 믿음은 우리에게서 난 것이 아니다. 믿음은 나에게서 시작된 것도 아니다. 믿음의 시작은 오직 하나님이시다! 사람에게 주신 하나님의 최고의 선물은 바로 구원에 이르는 믿음, 곧 예수의 믿음(Faith of Jesus)인 것이다.

> 내가 이것을 너희에게 이름은 내 기쁨이 너희 안에 있어 너희 기쁨을 충만하게 하려 함이라(요 15:11).

> 오! 이 기쁨 주님 주신 것, 오! 이 기쁨 주님 주신 것!
> 오! 이 기쁨 주님 주신 것, 주께 영광 할렐루야, 주만 찬양해!

> 주님의 기쁨 내게 임하네! 나 항상 기쁨 안에서 주 찬양!
> 주님의 기쁨 내게 임하네! 나 기쁜 찬송 주께 드리네!

여기서 말하는 기쁨은 내가 만든 기쁨이 아니라 주님이 주신 것이다. 주님의 기쁨이 우리 안에 있기에 우리가 기뻐하고, 주님의 믿음이 내 안에 있기에 그 믿음이 나를 구원에 이르게 하는 것이다. 예수를 믿지 않는 사람들도 기뻐하고 살아간다. 그러나 그리스도인이 누리는 기쁨은 이 세상에서 얻는 기쁨과는 다른 참되고 영원한 기쁨이다. 내 안에 채워지는 것이다. 그래서 찬양할 때 기쁘고, 기도할 때 기쁘고, 말씀을 읽고 들을 때 기쁘고, 헌신할 때 기쁘고, 순종할 때 기쁘고, 섬길 때 기쁘고, 동역할 때 기쁘고, 동행할 때 기쁘다.

> 이것을 너희에게 이르는 것은 너희로 내 안에서 평안을 누리게 하려 함이라(요 16:33).

> 평안을 너희에게 끼치노니 곧 나의 평안을 너희에게 주노라 내가 너희에게 주는 것은 세상이 주는 것 같지 아니하니라 너희는 마음에 근심하지도 말고 두려워하지도 말라(요 14:27).

> 너희에게 평강이 있을지어다(요 20:19, 21).

평안도 마찬가지다. 평안은 내가 만들어 낼 수도 없고, 다짐이나 노력으로 얻을 수 있는 것도 아니다. 돈으로도 평안을 살 수 없다. 내 안에 있는 평안은 주님께서 주신 것이다. 나의 형편과 상황에 상관없이 주님이 주시는 평안으로 참으로 놀랍게 문제 앞에 반응하고 대처하며, 그 문제를 풀 힘을 얻어 본 적이 있었을 것이다. 곧 평안, 역시 주님의 것, 주님의 평안이다.

> 너희는 그 은혜에 의하여 믿음으로 말미암아 구원을 받았으니 이것은 너희에게서 난 것이 아니요 하나님의 선물이라(엡 2:8).

또 그리스인들이 가장 많이 사용하는 '은혜'는 어디에서 온 것인가? 은혜도 예수 그리스도의 은혜다. 흔히 은혜를 받자고 말한다. 누가 주시는 은혜를 받자는 것인가? 주님이 주시는 은혜를 받는 것이다. 은혜도 주님의 것이라는 뜻이다. 주님이 주시는 그 은혜의 내용이 구원인 것이다. 사도 바울은 이 구원도 너희(나)에게서 난 것이 아니라 하나님의 선물이라고 말하고 있다. 곰곰이 생각해 보면 기쁨, 평안, 은혜, 구원, 소망, 사랑 … 등이 모두 다 주님의 것이다. 그런데 왜 유독 '믿음'만큼은 주님께서 주시는 것이라고 여기지 않고, '내 믿음'이라고 하는 걸까? 내 안에서 내가 만들어 낸 것으로 착각한단 말인가? 내가 구원받기 위해서는 '믿음'이 절대적으로 필요하다. 믿음이 없이는 하나님을 기쁘시게 할 수도 없다(히 11:6). 그런데 이 믿음이 어떤 믿음인지에 대하여 이런 오해를 한다.

첫째, 구원 받을 수 있는 믿음을 내가 만들어 낸 믿음으로 오해한다. 내가 만들어 낸 믿음이란, 내 지식과 경험과 마음과 뜻으로 만들어 낸 믿음을 말한다. 자신이 공부하고 연구해 보니 예수라는 사람을 그리스도로 믿을 수 있겠다든지 믿을 만하다고 여기는 것이다.

둘째, 구원에 이르는 믿음을 관계적 믿음으로 오해한다. 관계적 믿음이란, 사람 사이의 관계에서 형성된 '믿음'을 말한다. 아내와 나는 교제 기간과 30년의 결혼 생활로 34년간 형성된 믿음이 있다. 그 믿음은 100%이다. 그러나 아무리 우리 부부 사이에 믿음이 100%일지라도 그 믿음을 통해서 구원에 이르지는 못한다. 그러므로 성경이 말하는 믿음은 '내 믿음'이 아니라 '주님이 주신 믿음'이다.

그리스도인의 믿음은 예수 그리스도로부터 받은 예수의 믿음(Faith of Jesus)이다. 제아무리 다른 사람에 대한 믿음을 가지고 있어도 그 믿음이 구원과 상관이 없듯이 '예수에 대한 믿음'을 아무리 많이 가지고 있어도 그 믿음 역시 구원과 상관없는 것이다. 우리를 구원에 이르게 하는 것은 '예수에 대한 믿음(Faith in Jesus)'이 아니라 '예수의 믿음(Faith of Jesus)'이다. 그러므로 우리의 믿음은 자신을 인식하는 것과 하나님을 인식하는 것이 만나는 지점에서 시작되고, 우리의 믿음은 예수 그리스도와의 관계적 믿음(Faith in Jesus)에서 구원에 이르는 믿음(Faith of Jesus)으로 변화될 때 완성된다.

예수의 믿음은 곧 예수의 마음이다. 사도 바울도 그리스도 예수의 마음을 품으라고 권면하고 있다(빌 2:5). 기차를 타기 위해 승무원에게 열차표를 보여 주었다. 그랬더니 그 열차표는 효력이 없다고 말한다. 왜냐하면 내가 컴퓨터에서 만들어 낸 표였기 때문이다. 승무원이 요구하는 기차표는 철도청장의 직인이 찍히고 철도역에서 발행한 열차표인 것이다. 이처럼 천국행 구원열차에 필요한 믿음은 '내가 만들어 낸 믿음의 표'가 아니라 '예수께로 받은 믿음의 표'이다. 구원의 능력이 내 능력이 아니라 예수 그리스도의 능력이듯이, 구원에 이르는 믿음 역시 내 믿음이 아니라 예수의 믿음이다. 그리스도인이란 예수의 믿음을 선물로 받은 사람들이다. 그런 차원에서 대단히 송구스러운 말씀이지만 평생 교회를 다니고 예수님을 믿었는데 그 믿음이 Faith in Jesus, 즉 '예수에 대한 믿음'이었다면 그 믿음을 지금 버리길 바란다! 그리고 여러분 심령 안에 하나님께서 부어 주시는 '예수의 믿음(Faith of Jesus)'으로 채우시기 바란다.

당신의 믿음은 누구의 믿음인가?

# 2장

# 하나 되는 믿음

주도 한 분이시요 믿음도 하나요 세례도 하나요(엡 4:5).

군 생활할 때 '교회 간다'는 이유만으로 선임이나 간부들로부터 기합을 받고 욕설을 들은 경험이 있을 것이다. 교회 간다고 무슨 피해를 주는 것도 아닌데 그렇게 싫어하고 욕을 하고 기합을 주곤 했다. 왜 그럴까? 특별한 이유가 없다. 그냥 주는 것 없이 밉기 때문이다. 이처럼 단지 그리스도인이라는 이유로 미움을 받을 때가 있다. 교회 다니는 사람은 자신과 성향이 맞지 않는다고 생각해서 그냥 미워한다. 어쩔 수 없는 일이다.

어떤 사람이 엘리베이터를 타려고 하다가 "목사님!"이라고 부르는 소리를 듣고 잠시 멈칫하면서 타지 않더라는 것이다. 엘리베이터 안에 있던 목사님의 기분이 어땠겠는가? 그 목사님이 엘리베이터를 타려는 사람에게 어떤 해로운 말이나 행동을 한 것도 아니다. 엘리베이터를 타려던 사람이 요즘 교회 또는 교인들에 대한 부정적 이미지를 갖고 있었나 보다. 그래서 그 순간 목사님을 피했을 것이다. 그 목사님은 이러한 취급을 받는 시대에 그리스도인이 자성(自省)해야 한다며 글을 올렸다.

COVID-19 상황은 많은 사람에게 스트레스와 코로나 블루(Corona Blue, 코로나 우울)를 가져왔다. 이런 상황에서 어딘가에 그 스트레스를 풀어야 하는데 마침 적당한 대상이 그리스도인이었던 것이다. 교회를 욕하고, 그리스도인을 욕하는 데 신이 났다. 많은 그리스도인이 교회에 대한 비난, 목사에 대한 비난, 목회자에 대한 비난을 듣고 얼굴이 화끈거렸던 적이 있었을 것이다. 교회가 사회적 비난을 받으니까 중·고등부 아이들은 창피해서 교회를 떠나겠다고 말한다.

사람들이 크리스천과 교회를 비난하고 욕하는 이유는 영적인 이유 때문이다. 세상이 영적으로 하나님을 대적하고 있기 때문이다. 도덕적, 윤리적, 사회적 물의를 일으켜서 싫어할 수도 있지만 더 근본적인 것은 하나님을 대적하는 인생이기 때문에 하나님을 믿는 사람들을 싫어하는 것이다. 사도 바울은 사람들은 본질적으로 '그 마음에 하나님 두기를 싫어한다'는 것을 깨달았다.

또한 그들이 마음에 하나님 두기를 싫어하매(롬 1:28).

죄가 무엇인가? 사람이 하나님을 떠난 것이 죄요, 마음에 하나님 두기를 싫어하는 것이 바로 죄다.

그리스도인이 예수 잘 믿는다고 세상 사람들에게 칭찬 받은 일은 어느 시대에도 없었다. "왜 그렇게 열심히 믿냐? 적당히 믿어라!" 이런 핀잔이나 받았을 뿐이다. 사업도 열심히 하고, 공부도 열심히 하고, 운동도 열심히 하라고 한다. 소방관이 불을 끌 때 적당히 꺼야 하는가? 아니면 최선을 다해 열심히 진화해야 하는가? 경찰이 범인을 적당히 잡아야 할까? 최선을 다해 열심히 잡아야 할까? 그런데 꼭 교회 다니는 것은 적당히 하라고 한다. 신앙생활은 적당히 해야지 광신자처럼 하면 안 된다고 한다. 사람들은 신앙생활을 열심히 하는 것과 광신적 행위를 동일하게 생각한다. 잘못된 생각이다.

우리가 세상의 칭찬을 기대하고 예수를 믿는 것이 아니지 않는가? 만약 신앙생활이 세상의 찬사와 영광을 기대하는 것이라면 그것은 마치 마귀가 자신에게 절하면 천하만국과 영광을 주겠다고 유혹하는 것에 넘어가는 것과 다를 바 없다. 그리스도인이 왜 소금과 빛의 사명을 감당하길 원하는가? 세상의 칭찬을 기대해서가 아니라 그것이 주님의 명령이요, 말씀이기 때문에 순종하는 것이다. 믿음의 선조들을 보면 칭찬은커녕 예수 그리스도의 복음을 전했다는 이유로 비난을 받고, 고난을 당하고, 순교의 자리까지 갔다. 세상이 그리스도인을 미워한 결과다.

> 의를 위하여 박해를 받은 자는 복이 있나니 천국이 그들의 것임이라
> 나로 말미암아 너희를 욕하고 박해하고 거짓으로 너희를 거슬러 모든 악한 말을 할 때에는 너희에게 복이 있나니 기뻐하고 즐거워하라

하늘에서 너희의 상이 큼이라 너희 전에 있던 선지자들도 이같이 박해하였느니라(마 5:10-12).

그리스도인이 사회의 질서에 반하는 행위를 하고 비도덕, 비윤리적 행위를 한다면 그것은 비난받아 마땅하다. 그러나 순전히 예수 그리스도를 믿는 일로 애매한 비난이나 모욕을 당한다면 그리스도인 된 여러분, 그때 낙심하지 말고 오히려 기뻐하길 바란다. 왜냐하면 그 믿음으로 천국을 선물로 받고 하늘의 상을 받기 때문이다. 그러므로 주님 다시 오실 때까지 믿음을 지켜야 한다.

몸이 하나요 성령도 한 분이시니 … 주도 한 분이시요 믿음도 하나요 세례도 하나요 하나님도 한 분이시니(엡 4:4-6).

모든 그리스도인은 삼위일체 하나님을 믿는다. 성령도 한 분, 예수도 한 분, 하나님도 한 분이시다. 믿음도 하나라고 말씀하신다. 과연 오늘 그리스도인의 믿음은 하나인가? 매우 심각한 질문이 아닐 수 없다. 여러분은 어떻게 생각하는가? 옆의 성도와 남편과 아내의 믿음이, 부모와 자녀의 믿음이 하나일까? 아니면 각기 다른 믿음일까? 오늘 하나님은 우리의 믿음이 하나라고 말씀하신다. 믿음이 여러 가지도 아니고 하나라고 분명히 말씀하고 계신다. 믿음이 하나인데 왜 교회 안에서 성도들 간에 다툼과 분열이 있을까?

어떤 교회에서 큰 분쟁이 생겼다. 분쟁을 조정하기 위해 노회에서

'화해조정위원회'가 구성되었고 위원장 목사님이 양측의 분쟁 당사자들을 모아 놓고 물었다. "당신의 믿음은 어떤 색깔입니까?" 그 질문에 교인들이 제각각 노란색, 파란색, 초록색, 보라색이라고 대답하였다. 서로 자신의 믿음의 색깔이 옳고, 타인은 틀렸다고 주장하였다. 목사님이 물었다.

"예수님의 믿음의 색은 무엇일까요?"

"…"

교인들은 대답하지 못했다.

"주님의 믿음은 '빨간색'입니다. 바로 십자가 보혈의 색입니다."

안타깝게도 우리의 노란색 믿음, 파란색 믿음, 초록색 믿음으로는 구원에 이르지 못한다. 그 믿음은 주님의 믿음이 아닌 것이기에 그렇다.

너희 안에 이 마음을 품으라 곧 그리스도 예수의 마음이니(빌 2:5).

예수의 마음은 둘일 수 없다. 우리를 향한 주님의 마음은 하나이시다. 그 마음은 곧 우리를 위하여 십자가에서 살을 찢기시고 붉은 보혈을 흘려주시는 마음이신 것이다. 십자가의 보혈, 그 예수의 피가 바로 우리 주님의 믿음의 색깔일 것이다.

무엇이 옳은 믿음, 무엇이 참된 믿음인가? 구원을 선물로 주실 수 있는 믿음이 옳은 믿음이다. 구원을 선물로 주실 수 있는 유일한 믿음은 오직 예수의 믿음(Faith of Jesus)밖에 없다. 참된 믿음은 예수 그리스도의 믿음, 하나밖에 없는 것이다.

다른 이로서는 구원을 받을 수 없나니 천하 사람 중에 구원을 받을
만한 다른 이름을 우리에게 주신 일이 없음이라(행 4:12).

예수의 마음, 예수의 믿음, 예수의 이름 외에 구원을 얻을 다른 마음,
다른 믿음, 다른 이름은 없다. 우리는 성찬식을 통해 예수의 살과 피를
먹고 마신다. 우리를 향한 예수의 사랑, 예수의 은혜, 예수의 믿음, 예수
의 구원을 먹고 마시는 것이다. 우리가 모두 동일한 예수의 마음, 예수
의 믿음을 소유했다면 가정에서, 교회 공동체 안에서 싸울 일이 없다.
교인끼리 다투고 교회 안에 분열이 생기는 원인은 예수의 마음, 예수의
믿음이 아니라 내 마음, 내 믿음대로 살기 때문이다.
　무당은 귀신의 영을 받아서 무당 짓을 하니 무당이다. 그리스도인은
예수의 믿음을 받아 하나님의 일을 하니 그리스도인인 것이다.

누구든지 그리스도의 영이 없으면 그리스도의 사람이 아니라(롬 8:9).

하나님의 영으로 말하는 자는 누구든지 예수를 저주할 자라 하지 아
니하고 또 성령으로 아니하고는 누구든지 예수를 주시라 할 수 없느
니라(고전 12:3).

우리가 그리스도인이라고 불리는 이유는 단지 교회를 다니기 때문이
아니라 그리스도의 영, 곧 성령의 임재가 있기 때문이다. 우리가 예수
님을 나의 주(主)라고 시인하는 것은 성령이 내 안에 계신 증거다. 더 놀

라운 은혜는 그 성령님께서 우리가 하나님의 자녀라는 것을 증언해 주신다.

성령이 친히 우리의 영과 더불어 우리가 하나님의 자녀인 것을 증언하시나니(롬 8:16).

뺑소니 사고가 났는데 그 차를 보았다는 증인이 나타나서 법정에서 증언한다면 그것은 결정적 증거가 된다. 이처럼 우리가 하나님의 자녀라는 결정적 증언을 해 주시는 분이 바로 성령님이신 것이다. 할렐루야! 모든 그리스도인 안에 성령님이 임재하면 우리의 믿음은 하나의 믿음, 같은 믿음이지 서로 다른 믿음일 수 없다.

노름에 왜 빠지는지 아는가? 본전 생각 때문이다. 한 판만 더 하면 잃었던 돈을 다시 찾을 수 있을 것 같은 착각 때문이다. 그동안 신앙생활하면서 순전히 내 믿음으로 구원받는 줄 알았는데 그것을 폐기하고 예수의 믿음으로 구원에 이르자고 하니 어떤 분은 본전 생각이 났을 것이다. 그 본전 생각 때문에 내 믿음을 버리지 못하는 분도 있을 수 있다. 그 본전 생각이 예수의 믿음을 소유하지 못하도록 방해할 수도 있다.

그럼 내 믿음에 대해 생각해 보자! 과연 들쑥날쑥한 내 믿음이 구원에 이를 수 있는 믿음인가? 구원받을 만한 능력이 있는 믿음이라고 생각되는가? 어떤 때는 컨디션이 좋아서 내 믿음으로 구원받을 수 있을 것 같은데, 또 어떤 때는 이 믿음 갖고는 어림도 없어 좌절하기도 한다. 하나님은 우리에게 변함이 없는 예수의 믿음을 선물로 주셨다.

예수 그리스도는 어제나 오늘이나 영원토록 동일하시니라(히 13:8).

진리는 어제나 오늘이나 영원토록 변함이 없어야 진리다. 어제나 오늘이나 영원토록 변함이 없는 분은 오직 예수 그리스도 한 분밖에 없다. 예수 그리스도만이 구원이시다.

평안의 매는 줄로 성령이 하나 되게 하신 것을 힘써 지키라(엡 4:3).

예수 안에서 하나가 된 우리의 믿음을 힘써 지키라고 명하신다.

왜 힘써 지켜야 할까? 빼앗는 자가 있기 때문이다. 빼앗는 자가 없다면 지킬 이유가 없다. 교회 역사 가운데 원수 마귀는 쉬지 않고 두루 다니며 삼킬 자를 찾아서 그리스도인의 하나 됨을 파괴하였다. 그것이 마귀가 하는 멸망과 심판의 행위인 것이다.

생일날 친구로부터 선물을 받았다. 그 선물을 집에 갈 때까지 잘 간수(看守)해야 한다. 우리는 예수님으로부터 구원에 이르는 예수의 믿음을 선물로 받았다. 예수의 믿음을 잘 지킬 때 구원이 완성되는 것이다. 사도 바울 당시에도 어떤 이들이 믿음에 관하여 파선하였다(딤전 1:19)고 디모데에게 교훈하고 있다. 후메내오, 부겔로, 허모게네, 알렉산더, 데마 … 이들은 왜 믿음에서 파선하였을까? 자신의 믿음으로 예수를 믿었기 때문이다. 그들 안에 예수의 믿음을 선물로 받지 못한 것이다.

예수님의 열두 제자 중 가룟 유다는 자신의 믿음과 신념을 따르다 결국 예수님을 은 삼십에 팔았고, 그것이 가책이 되어 스스로 목매어 죽었다. 예수를 따르면서 예수의 믿음을 받은 것이 아니라 자신의 믿음을 끊임없이 세워나간 결과였다.

그리스도인이라면 한 번쯤은 이런 질문을 받아 본 경험이 있을 것이다. "예수님을 믿습니까?"라고 물으면 쉽게 "네!"라고 대답한다. 그런데 이런 질문을 받으면 당황하게 된다. "예수님을 만나셨습니까?" 예수님을 만났다는 것은 무슨 의미일까? 예수님을 그저 믿으면 되는 줄 알았는데 예수님을 만났는지를 물으니 적지 않게 당황이 되는 것이다. 예수님을 만났다는 것은 어떤 의미일까? 신앙생활을 처음 시작할 때는 자신의 이성과 지성으로 예수를 믿기로 작정한다. 그 과정에서 예수님을 만나면 '내 믿음'은 폐기되고 '예수의 믿음'이 '내 믿음'을 대체하게 된다. 그것이 바로 '예수님을 만난 믿음'이다.

예수님의 열두 제자는 3년 동안 자신들의 믿음으로 예수님을 좇았다. 그러나 십자가 앞에서 모두 도망갔다. 십자가 앞에서 그들의 믿음은 쓸모없었다. 그러나 부활하신 주님을 만나고, 주님으로부터 성령을 받은 후 그들 안에는 '성령님'이 함께 하셨다. 예수님의 믿음이 시작된 것이다. 모두 예수의 믿음으로 복음 사역을 하였고, 주님을 위하여 순교의 자리도 마다하지 않았다.

사도 바울은 야훼 하나님을 섬기는 바리새인으로 누구보다 유대교에 열심이었다. 자신의 믿음을 지키기 위하여 다마스쿠스로 가서 그리스도인을 체포하고 감옥에 넣고 심지어 죽이려고 하였다. 그런 그가 길 위에서 예수를 만났다. 자신의 유대교 믿음에서 '예수의 믿음'으로 대전환하는 사건이었다. 평생 '예수의 믿음'으로 복음 사역을 감당하였고,

'예수의 믿음'으로 순교하였다.

　우리는 구원에 이르는 이 귀한 믿음, 곧 예수의 믿음을 받았다. 이 예수의 믿음은 우리를 하나 되게 한다. 예수의 믿음으로 하나 되는 공동체를 이룰 수 있기를 바란다.

# 3장

# 믿음이 있느냐?

이에 제자들에게 이르시되 어찌하여 이렇게 무서워하느냐 너희가 어찌
믿음이 없느냐 하시니(막 4:40).

어느 날 아침 장로님 한 분이 구운 초란을 주셨다. 오후에는 권사님
한 분이 귤 한 상자를 주셨다. 다음날 오후에는 권사님 한 분이 떡을 주
셨다. 감사히 잘 받아서 교역자들과 직원들과 나누어 먹었다. 그날 우
리는 달걀과 귤, 떡을 먹은 것이 아니라 사랑을 먹었다.

그리스도인은 주고 나눌 줄 아는 사람이다. 동시에 그리스도인은 받
을 줄 아는 사람이다. 받되 잘 받아야 한다. 잘 받는다는 의미는 감사함
으로 은혜로 받는 것을 말한다. 신앙생활에서도 받는 것이 중요하다.
왜냐하면 믿음은 하나님이 주신 독생자 곧 예수 그리스도를 받는 것에
서 시작하기 때문이다. 믿음의 세계는 '예수 그리스도를 내 안에 받는

것'에서 출발하여 믿음의 끝은 '영원한 하나님 나라, 새 하늘과 새 땅을 선물로 받는 것'이다.

우리는 무엇을 받았는가? 복음을 받았다. 죄인 된 우리가 하나님의 사랑을 받았다.

> 하나님이 세상을 이처럼 사랑하사 독생자를 주셨으니 이는 그를 믿는 자마다 멸망하지 않고 영생을 얻게 하려 하심이라(요 3:16).

하나님은 우리에게 예수 그리스도를 보내 주셨다. 우리에게 주신 예수 그리스도를 잘 받을 때 구원에 이를 수 있는 것이다. 예수님을 받는다는 것은, 예수의 영이 나와 함께 하는 '예수님과의 동행의 삶'을 말한다. 지금 내 안에 예수의 영이 함께 하고 있음을 느끼고 있는가? 소리 내어 고백해 보자. "내 안에 예수님이 계신다."

그리스도인이란, 교회 다니는 사람을 말하는 것이 아니라 그 안에 예수의 영이 임재한 사람을 말하는 것이다. 사도 바울은 이렇게 고백하고 있다.

> 이는 내게 사는 것이 그리스도니 죽는 것도 유익함이라(빌 1:21).

이 말씀을 단순하게 표현하면 '나는 죽고 예수로 산다'이다. 아니, 내가 죽었는데 어떻게 예수로 살까? '나는 죽고'라는 말은 육신적으로 죽는 것을 말하는 것이 아니라 내 영이 예수의 영에 순종하는 것을 말한다. 예수님을 영접하기 전에 내 인생의 주인이 나였다면 예수님을 영접한 이후 내 인생의 주인은 예수님이라는 뜻이다. 그런데 우리가 예수님을 영접했다, 예수님을 믿는다고 하면서 여전히 내 인생의 주인이 '나'라고 한다면 '나는 살고 예수는 죽고'가 되는 것이다. '예수님을 믿는다'는 의미는 "나는 죽고 예수로 산다."라는 뜻이다. 나는 내 안에 임재하신 예수님께 순종하며 산다는 뜻이다. 이것을 믿음의 삶이라고 한다.

내 안에 예수의 영이 동행하고 있다면 어찌 하나님의 말씀에 순종하지 않을 수 있겠는가? 결국, 그리스도의 영이 없는 사람의 모습은 불순종으로 나타난다. 내 안에 예수의 영이 동행하지 않음에도 불구하고 '있는 체'하는 가짜 믿음의 인생을 사는 것이다.

주님은 제자들을 향하여 이렇게 말씀하셨다.

"어찌하여 믿음이 없느냐?"

"주님, 어찌 그런 서운한 말씀을 하고 그러세요? 우리가 믿음이 있으니까 주님을 따른 것 아닙니까? 우리들이 명색이 주님의 제자들 아닙니까?"

만일 공부를 못하는 학생이 공부를 못하는 친구에게 "너는 왜 그렇게 공부를 지지리도 못하니?"라고 말한다면 그 친구가 뭐라고 할까? "너나 잘해!"라고 할 것이다. 신앙생활을 형편없이 하는 성도가 다른 성도를 향해서 주님을 위해서 헌신하라고 말한다면 무슨 말을 들을 것 같은가? "당신이나 잘하세요!"

예수님이 믿음이 없다면 제자들을 향해 믿음이 없다고 나무랄 수는 없는 일이다. 제자들에게 믿음이 없다고 말씀하신다는 것은 "너희들의 믿음과 달리 나에게는 참된 믿음이 있다"라는 뜻이다. 그러면 예수님이 가지신 믿음은 어떤 믿음일까? 예수님의 믿음은 하나님 아버지의 온전하신 믿음이다.

우리 하나님은 어떤 하나님이신가? 사랑이 충만하신 하나님! 그래서 사도 요한은 하나님을 이렇게 표현하였다.

하나님은 사랑이시라(요일 4:8, 16).

하나님의 성품 가운데 으뜸은 사랑이다. 얼마나 사랑이 충만하신지 '하나님은 사랑'이라고 표현할 수밖에 없다. 히브리서 기자는 이렇게 말하였다.

믿음의 주요 온전하게 하시는 이인 예수를 바라보자(히 12:2).

믿음의 주인은 예수님이시다. 다시 말해 우리가 예수님을 바라보는 이유는 믿음이 예수님으로부터 나오기 때문이다. 지금 제자들은 갈릴리 호수에서 사역으로 인해 지친 몸을 달래고 있다. 갑자기 큰 광풍이 일고 주님은 태평하게 고물에서 주무시고 계신다. 어부로 잔뼈가 굵은 제자들도 생명의 위협을 느낄 정도인데 예수님이 아무리 피곤해도 그렇지 어떻게 주무실 수가 있단 말인가? 광풍이 일어나 위험해진 것을 모르셔서일까?

예수님의 모습에서 삶에 다가오는 풍랑, 고난에 대한 태도와 반응이 제자들과 같지 않음을 볼 수 있다. 하나님 아버지의 믿음을 가지신 예수님의 반응과 아직 온전한 믿음을 갖지 못한 제자들의 반응이 다르다는 것이다. 믿음이 무엇인가? 믿음은 삶에 시시각각 다가오는 다양한 환경에 대한 나의 반응이다. 성경을 읽고, 기도를 하고, 찬양을 하고 … 하다가도 광풍이 오면 두려워한다. 어려움이 오고 고난이 올수록 함께 기도하고, 말씀 붙들고 버티어 내야 참 믿음이 아닐까? 한국 교회는 COVID-19라는 광풍이 불어오자 속절없이 무너졌다. 진정 예수의 믿음을 가진 교회라면 이렇게 무너질 수 있을까?

제자들은 광풍 앞에서 예수님께 이렇게 원하고 있다.

선생님이여 우리가 죽게 된 것을 돌보지 아니하시나이까(막 4:38).

지금 한국 교회와 성도들의 모습이 이와 같은 모습이다. 코로나 때문에 우리가 죽게 되었는데 주님은 왜 우리를 돌보지 않느냐고 원망하고 불평하고 있다. 우리가 말씀을 읽고 기도하고 찬송하는 이유가 무엇인가? 주어진 상황에 믿음으로 반응하기 위해서다. 그것을 하나님이 기뻐하신다.

제자들은 예수님 당신을 믿고 따랐으니 우리를 책임져 주어야 할 것 아니냐며 목소리를 높였다. 이에 주님은 바람을 꾸짖으셨고 바람은 잠잠해졌다. 이제 제자들의 문제는 해결되었다. 그런데 그것으로 상황 종료가 아니었다. 주님은 제자들을 향하여 이렇게 책망하셨다.

어찌하여 이렇게 무서워하느냐 너희가 어찌 믿음이 없느냐(막 4:40).

아, 광풍을 보고 무서워하지 않을 사람이 있을까? 그런데 여기서 왜 믿음의 문제가 나오는가? 제자들이 과연 믿음이 없었을까? 예수님을 믿었으니 가정과 생업을 버리고 따라나선 것 아니겠는가? 제자들은 자신들의 전 생애를 걸고 예수님을 믿고 따랐다. 이 정도면 보통 믿음이 아니지 않은가! 그런데 주님은 풍랑 앞에서 두려워하는 제자들에게 갑자기 '믿음 타령'을 하고 계신다.

오늘 이 말씀에서 점검해야 할 세 가지가 있다.

첫째, 예수님이 함께 계셔도 풍랑은 다가온다. 지금 배 위에 제자들은 누구와 함께 있는가? 예수님! 그런데 예수님이 계심에도 불구하고 큰 광풍이 일어나 제자들이 생명의 위협을 받았다. 예수님을 믿으면 늘 좋은 일만 생기고, 늘 형통하고, 늘 행복한 일만 있는 것이 아니다. 지금 제자들은 예수님과 함께 있음에도 고난의 물결이 찾아 왔다. 이처럼 믿음의 길에는 감사도, 은혜도 형통도 있지만 마치 동전의 양면처럼 그 길에는 고난도, 아픔도, 슬픔도 함께 찾아온다. 믿음의 삶이란 고난이 없는 것이 아니라 고난이 찾아오더라도 믿음으로 이기는 삶을 말한다. 어려움과 고난이 없기를 바라는 기도는 성경적 기도가 아니다. 성경적 기도는 어떤 어려움이 찾아오더라도 믿음으로 이겨내고 정복하게 해 달라고 하는 기도이다.

둘째, 어떤 광풍도 주님은 잠잠하게 하신다. 아무리 태산 같은 문제가 닥쳐올지라도 우리 주님보다 크지 않다. 함께 말해보자. "주님 앞에서는 별거 아니다!" 아이들의 세계는 어른들의 세계와 다르다. 장난감 가지고 싸우기도 하고, 먹을 것을 가지고 싸우기도 한다. 아이들이 노는 모습을 보면 별거 아닌 것 갖고 다투고, 별거 아닌 것 가지고 힘들어 한다. 만약 우유를 마시고 싶은데 우유팩을 열기 어려우면 엄마한테 가지고 가면 쉽게 해결된다. 이처럼 우리 삶에 어려움이 있어도 하나님 앞에서는 별거 아님을 알아야 한다. 삶의 문제들을 주님 앞에 가지고 가는 것, 주님 앞에 내려놓는 것, 그것이 바로 믿음이다.

셋째, 예수님은 왜 제자들에게 믿음이 없다고 책망하셨을까? 그것은 믿음에 대한 예수님과 제자들의 생각이 달랐기 때문이다. 예수님 당시 약 1,000여 명의 랍비들이 있었을 것으로 추정된다. 유대인들은 그 랍비들을 매우 사랑하고 존경했고 지금도 이스라엘에 가면 유명한 랍비들의 사진은 마치 인기 스타의 사진처럼 팔리고 있다. 제자들은 예수를 그 랍비 중의 매우 특별한 랍비로 생각하고 믿고 따른 것이었다. 예수님이 사람의 몸을 입으신 야훼 하나님이심을 믿은 것은 아니었다. 예수님의 십자가와 부활 사건을 경험하기 전이었기 때문이다. 제자들의 믿음이란 단지 예수님과 함께 있는 것 그 자체를 믿음으로 생각했다. 그러나 그것은 '예수님의 믿음'과 거리가 멀었다. 그렇다면 주님이 원하시는 믿음이 무엇인지 요한복음 15장에 보면 알 수 있다.

내 안에 거하라 나도 너희 안에 거하리라 가지가 포도나무에 붙어 있지 아니하면 스스로 열매를 맺을 수 없음 같이 너희도 내 안에 있지 아니하면 그러하리라(요 15:4).

주님이 원하는 믿음은 '내가 너희 안에, 너희가 내 안에'이다. 그러나 제자들에게 있어 이러한 차원의 믿음은 한 번도 경험하지도 들어 보지도 못한 믿음이었다. 하나님은 예루살렘 성전에 계신 분이지 우리 안에 거하신다는 생각을 해본 적이 없다. 그런데 주님께서 우리 안에 거하시길 원한다고 말씀하시니 그 의미를 제대로 깨닫기는 쉽지 않았다. 결국, 제자들은 예수님께서 부활하시고 성령을 부어 주시기 전까지는 예수의 믿음, 예수님이 원하시는 믿음을 알지도 깨닫지도 못했다. 제자들은 나름대로 믿음이 있어서 예수님을 따랐다고 생각했지만 그들의 믿음은 위협적인 환경에서 아무런 힘을 발휘하지 못했다.

우리의 믿음이 언제 필요할까? 천국 가서는 필요 없다. 이 땅 위에서 필요하고, 삶 속에서 필요하다. 믿음은 장식용이 아니다. 믿음은 허풍이나 자만이 아니다. 주님은 아직 제자들이 온전한 예수님의 믿음을 갖지 못했음을 가르쳐 주고 계신 것이다. 어쩌면 제자들은 '우리가 예수님의 제자로 부르심을 받았으니 우리의 믿음 정도면 괜찮은 것 아닌가?'라는 자만심도 있었을지 모른다. 그러나 그러한 믿음은 삶의 고난 앞에 아무런 도움이 되지 못했다. 그리스도인의 믿음이 어디에서 형성될까? 인생 체험, 사회적 지식에서일까? 아니다. 주님의 사랑을 받는 것에서 시작한다. 주님의 사랑은 주님의 말씀을 통해서 전해진다.

믿음은 들음에서 나며 들음은 그리스도의 말씀으로 말미암았느니라 (롬 10:17).

예수님이 원하시는 구원에 이르는 참된 믿음은 하나님의 말씀으로부터 나오는 것이다. 지금 주님의 말씀을 듣고 있는 중이라면 여러분에게는 주님의 믿음이 전이되고 있는 것이다. 거센 물살을 거스르고 힘차게 올라가는 연어처럼 그리스도인도 시대의 흐름에 순응하기보다 예수의 믿음으로 세상에 당당히 맞서 승리하기를 바란다. 그것이 하나님 나라를 향해 살아가는 것이다.

> 세상 풍조는 나날이 변하여도 나는 내 믿음 지키리니
> 인생 살다가 죽음이 꿈 같으나 오직 내 꿈은 참되리라
> 나의 놀라운 꿈 정녕 나 믿기는 장차 큰 은혜 받을 표니
> 나의 놀라운 꿈 정녕 이루어져 주님 얼굴을 뵈오리라!
> (새찬송가 490장 3절)

이렇게 가사를 바꿀 수 있을 것 같다.
"세상 풍조는 나날이 변하여도 나는 예수의 믿음 지키리니!"
큰 풍랑을 만난 이 시대에 주님께서 묻고 계신다.
"너희에게 믿음이 있느냐?"

# 4장

# 무엇으로 사나?

복음에는 하나님의 의가 나타나서 믿음으로 믿음에 이르게 하나니 기록
된 바 오직 의인은 믿음으로 말미암아 살리라 함과 같으니라(롬 1:17).

　하나님은 온 우주의 창조자이시다. 그러므로 모든 피조 세계는 창조
자 하나님을 주인으로 섬겨야 한다. 하늘의 천군 천사도 하나님을 주인
으로 섬겨야 한다. 모든 피조물 가운데 하나님을 '아버지'라고 부르는
유일한 존재가 있다. 바로 사람이다. 사람은 하나님의 생기를 부여받아
하나님의 형상대로 지음을 받은 유일한 존재다. 하나님께서 사람을 자
녀로 삼아 주셨다. 하나님은 우리의 아버지이시다. 그러나 모든 사람이
하나님을 아버지라고 부르지는 않는다. 오직 예수 그리스도를 믿는 사
람만이 '아버지'라고 부른다. 하나님은 모든 사람을 하나님의 형상을 따
라 지으셨지만 모든 사람들의 아버지가 아니라 '모든 믿는 자들의 아버

지'이시다. 물론 지금도 하나님은 모든 사람이 구원을 받아 하나님을 향해 아버지라고 부르기를 원하신다.

> 하나님은 모든 사람이 구원을 받으며 진리를 아는 데에 이르기를 원하시느니라(딤전 2:4).

모든 사람들이 하나님의 자녀가 될 수 없는 것은 그들이 죄인이기 때문이다. 거룩하신 하나님은 죄를 미워하시고 죄와 무관하셔서 결코 죄인들의 아버지가 되실 수 없다. 사랑의 하나님이시지만 동시에 공의의 하나님이시기 때문이다.

> 내가 거룩하니 너희도 거룩할지어다(레 11:45).

죄인 된 우리가 하나님의 자녀가 되기 위해서는 죄와 구별되어야 한다. 그런데 이러한 죄와 구별되는 능력이 우리에게는 없다. 오직 우리의 죄를 속죄(贖罪)하기 위해서 십자가에서 대신 죗값을 치러 주신 예수 그리스도를 믿어야 한다. 예수 그리스도! 그분이 이 땅에 육신을 입고 오신 창조주 하나님이시요, 메시아요, 구원자인 것을 나의 지정의(知情意)를 통해 인정하고 믿어야 한다. 이러한 믿음을 긍휼히 보시고 하나님은 우리를 자녀 삼아 주신다. 이것이 '구원'이다. 죄인 된 우리가 예수님을 만나면 스스로 죄인임을 깨닫고 그 죄를 회개하게 된다. 여기서 회개는 내 마음대로 살던 이전 삶의 방식에서 하나님의 뜻대로 사는 삶으로의 전환을 말한다.

하나님을 몰랐던 사람이 하나님을 알고 믿으면 다음과 같은 놀라운 변화가 시작된다. 죄인에서 의인으로 바뀌고, 하나님의 자녀가 된다. 하나님을 아버지라 부를 수 있게 되고, 내 안에 성령님이 임재하시게 된다. 또한 내 믿음에서 예수의 믿음으로 전환되며, 삶의 목적과 목표가 수정되어 나를 위해 살던 삶에서 주님을 위한 삶으로 변화된다.

일반적으로 사람은 무엇으로 사는가? 식(食), 먹어야 살 수 있다. 의(衣), 입어야 산다. 주(住), 집이 있어야 살 수 있다. 이렇게 식·의·주가 있어야 살아갈 수 있다. 식·의·주를 한마디로 돈이라고 할 수 있다. 우리가 사는 세상은 돈이 있어야 살 수 있다. 돈이 있어야 먹거리도 사고, 차에 주유도 하고, 옷도 사 입을 수 있다. 주님 앞에 십일조도 드리고 각종 감사헌금도 드린다. 이렇듯 돈이 있어야 살 수 있다. 우리는 돈이면 안 되는 것이 없는 세상에서 살고 있다. 특히 자본주의 사회에서 돈은 세상의 그 무엇보다도 사람을 통제하는 강력한 힘을 가지고 있다. 그래서 웬만하면 돈의 노예로 살아간다.

그러나 돈을 대할 때 잊지 말아야 할 것은 나는 돈의 노예로 살 수 없으며, 내 삶의 주인은 예수님이라는 사실이다. 헌금을 드릴 때에도 이러한 고백이 바탕이 되어야 할 것이다.

모든 것이 주께로부터 왔으니 이 예물을 주께 드리나이다
(새찬송가 634장)

우리는 모든 것이 주님에게서 왔음을 믿고 고백하는 사람들이다. 우리가 드리는 헌금은 내 삶의 주인이 누구인지를 명확하게 드러내 준다. 헌금의 모습이 바로 믿음의 모습이라고 생각한다. 헌금을 드리는 모습을 보면, 입으로는 삶의 주인이 예수님이라고 하면서 실제는 돈의 노예로 사는 가짜 믿음이 얼마나 많은지 모른다. 그리스도인이 누구인가? 대부분의 사람들이 돈의 힘으로 살아갈 때 그리스도인은 믿음의 힘으로 사는 사람이다.

모든 사람 안에는 영적인 갈망, 신을 향한 갈망이 있다. 영적인 갈망을 느낀 사람이 교회를 찾고, 말씀을 통해 하나님을 만나게 된다. 그러한 갈망을 억압하거나 외면한 채 살아가는 사람들을 일깨우는 사명이 전도요, 선교다. 아무리 어려운 시대라 할지라도 사람들 안에 있는 신을 향한 갈망은 끊어지지 않을 것이다.

모든 그리스도인은 내가 만든 하나님을 믿는 것이 아니라, 내가 만난 하나님을 믿어야 한다. 왜 그리스도인이 믿음으로 살지 못할까? 예수를 만나지 못했기 때문이다. 예수를 만나지 못했기 때문에 믿음으로 사는 것은 불가능하다. 교회는 다니지만 내 믿음, 내 의지, 내 체면으로 다니면서 예수를 만난 척, 예수의 믿음이 있는 척하는 것이다. 그러니 신앙생활을 하는 것이 얼마나 힘들겠는가? 교회 오는 것이 얼마나 고역이겠는가? 교회에서 직분을 받았으니 믿음이 없다는 소리는 듣기 싫고, 누구한테 말도 못하고 참 난처할 것이다.

지금 어떤 믿음으로 신앙생활을 하고 있는가? 예수의 믿음이 자리하고 있는가? 자신의 경험과 지식과 감정과 뜻으로 만들어낸 내 믿음인가? 우리가 하나님께 의롭다 칭함을 받은 것은 '내 믿음'이 아니라 '예수의 믿음' 때문이다. 하나님은 사도 바울을 통해 의인이 무엇으로 사는지 분명하게 말씀하시고 계신다.

> 복음에는 하나님의 의가 나타나서 믿음으로 믿음에 이르게 하나니 기록된 바 오직 의인은 믿음으로 말미암아 살리라(롬 1:17).

'하나님의 의'란 예수 그리스도가 나를 위해 십자가를 지시고 대신 죗값을 치러 주신 것을 말한다. '믿음으로 믿음에'는 믿음을 강조한 것으로 NIV 성경에서는 '처음부터 끝까지 믿음으로'라고 번역하고 있다. 이 말씀을 인용한 하박국 2장 4절의 히브리어 맛소라 본문은 '그의 믿음으로(בֶּאֱמוּנָתוֹ, 베에무나토)'라고 하여 '그의' 라는 소유 대명사가 있다. 헬라어로 번역한 70인역 성경은 '나의 믿음으로(εκ πίστεως μου, 에크, 피스테오스, 모우)'로 번역하여 믿음의 주체가 화자인 하나님을 가리킨다. 즉 '오직 의인은 믿음으로 산다'는 말은 '오직 의인은 예수의 믿음으로 산다'는 뜻이다. 그러므로 하나님 앞에 의로운 사람이라고 인정받는 사람은 예수의 믿음으로 사는 사람을 말한다. 나는 비록 죄인이지만 예수 그리스도가 내 안에 거하심으로 예수의 믿음을 소유한 사람이 된 것이다. 따라서 가장 위대한 믿음은 예수 그리스도의 믿음을 소유한 사람의 믿음이다. 그 믿음이 나를 살리고, 그 믿음이 나를 구원으로 인도하기 때문이다. '내 믿음'과 '예수의 믿음' 사이의 관계를 이렇게 정리할 수 있다.

'우리의 믿음은 자신을 인식하는 것과 하나님을 인식하는 것이 만나는 지점에서 시작되고, 우리의 믿음은 자신의 믿음에서 시작해서 예수의 믿음(Faith of Jesus)으로 변화받는 것으로 완성된다.'

이렇게 믿음은 하나님을 인식하는 것과 동시에 인간이란 존재의 한계를 깨닫는 것에서 시작한다. 하나님을 인식하는 것은 하나님의 위대성을 말하는 것이고, 자신을 인식하는 것은 인간이 얼마나 연약한 존재인지, 우주 가운데 얼마나 티끌 같은 존재인지, 얼마나 죄인인지를 깨닫는 것이다. 주님의 한량없는 은혜로 '나 같은 죄인이 용서함 받아서 주 앞에 옳다 함 얻은 것'은 최고의 은혜가 아닐 수 없다.

> 나 같은 죄인이 용서함 받아서 주 앞에 옳다함 얻음은
> 확실히 믿기는 어린 양 예수의 그 피로 속죄함 얻었네
> 속죄함 속죄함 주 예수 내 죄를 속했네 할렐루야
> 소리를 합하여 함께 찬송하세 그 피로 속죄함 얻었네
> (새찬송가 257장 3절)

당신은 무엇으로 살아가길 원하는가? 무엇으로 승리하길 원하는가? '오직 그리스도인은 예수의 믿음으로 살리라!'

# 5장

# 믿음으로 얻는 것

이는 그를 믿는 자마다 영생을 얻게 하려 하심이니라(요 3:15).

믿음에 관한 몇 가지 질문을 하려 한다.

첫째, 우리가 왜 '예수의 믿음'을 가져야 할까? 믿음으로 이 세상 가운데서 승리의 삶으로 살기 위해서다. 예수의 믿음에 대해서 묵상하다 보니 은혜의 파도가 계속 밀려오는 것 같다. 그렇다. 우리는 파도를 만들어 낼 수 없다. 파도를 일으키시는 분은 하나님이시다. 사람은 파도 앞에서 몇 가지 반응을 보인다. 그저 구경하는 사람, 수영복과 튜브, 서핑보드 등 물놀이 기구를 준비하였지만 들어가지 않는 사람, 서핑보드나 튜브를 준비하여 파도를 향해 뛰어 들어가는 사람이다. 튜브도 있고 서핑보드도 있지만, 파도를 향해 뛰어 들어가지 않으면 튜브나 서핑보드는 있으나 마나이다. '믿음'은 파도를 향해 튜브나 서핑보드를 들고 뛰어드는 것과 같다. 그리스도인은 고난이라는 파도를 무서워하는 것이 아니라 그 파도를 오히려 즐기는 사람이다. 믿음이라는 서핑보드를 가지고 그 고난의 파도를 향해 달려가서 즐긴다. 시편 기자는 이렇게 고백하고 있다.

> 고난 당한 것이 내게 유익이라 이로 말미암아 내가 주의 율례들을 배우게 되었나이다(시 119:71).

**베드로 사도는 이렇게 권면한다.**

> 오히려 너희가 그리스도의 고난에 참여하는 것으로 즐거워하라 이는 그의 영광을 나타내실 때에 너희로 즐거워하고 기뻐하게 하려 함이라(벧전4:13).

고난이라는 파도가 다가오지 않는 사람은 없다. 그러나 우리는 예수의 믿음이라는 서핑보드를 가진 사람이다. 그 믿음의 서핑보드를 사용하여 고난의 파도를 즐길 수 있기를 원한다.

둘째, 타 종교에는 믿음이 없는가? 믿음은 어느 종교이든 있다. 믿음이 없다면 종교도 없을 것이다. 어느 종교인이든 믿음을 가지고 신앙생활을 한다. 그러면 기독교의 믿음은 타 종교의 믿음과 무엇이 다를까? 그리스도인의 믿음은 자신의 믿음이 아니라 예수의 믿음(Faith of Jesus)

을 말하는 것이다. 타 종교는 '내 믿음'을 말하는 것이라면 기독교는 '예수의 믿음'을 말하는 것이다.

셋째, 우리가 예수의 믿음으로 이 세상에서 궁극적으로 얻는 것은 무엇인가? 거듭남(born again), 구원(salvation), 영생(eternal life)이다. 천국(heaven), 하나님 나라(kingdom of God)다. 사람의 출생은 매우 특별한 일이다. 우리는 모두 이 세상에 태어남의 경험이 있다. 사람이 이 세상으로 들어오는 유일한 방법은 태어남이다. 태어남은 육적 출생을 말한다. 육적 출생이란 한 생명이 세상 밖에서 세상 안으로, 시간 밖에서 시간 속으로 들어오는 사건이다. 이러한 육적 출생을 입은 것 자체가 바로 사람으로서 누릴 수 있는 첫 번째 복이다. 그런데 육적 출생의 복을 받은 사람이 이 시간 안에 살면서 반드시 받아야 할 또 하나의 복이 있다. 그 복이 바로 영적 출생의 복이다. 영적 출생이란 무엇인가? 영적 출생이란 시간 속으로 들어온 존재가 다시 영원 속으로 들어가는 것을 말한다. 사람이 시간 안에서 영원으로 침투하는 것이라고 정의할 수 있다. 그런데 사람은 스스로 시간 안에서 영원으로 침투할 수 있는 능력이 없다. 그러나 영적 출생의 복은 모든 사람이 받는 복이 아니다. 사람이 시간에서 영원으로 들어가는 사건, 영적 출생의 사건을 구원 또는 영생이라고 한다. 그러면 왜 영적 출생을 해야 하나? 영적 출생을 통하여 하나님의 자녀가 되고, 하나님의 나라를 유업으로 받기 때문이다. 이러한 영적 출생의 복을 어떻게 얻을 수 있나? 그것은 예수 그리스도를 믿는 자, 예수의 믿음을 가진 자만이 얻는 복이다.

오늘 주님은 자신을 찾아온 니고데모에게 "거듭나야 하겠다는 말을 놀랍게 여기지 말라"(요 3:7)고 하시며 영적 출생의 기회를 얻으라고 말씀하신다. 이렇게 육적 출생을 통해 시간 안에 사는 사람이 어떻게 하면 시간에서 영원 속으로 옮겨질 수 있을까? 우리의 시간 안에서 영원속으로 침투하는 영적 출생의 신비를 경험하기 위해서 반드시 필요한 것이 믿음이다. 내 믿음이 아니라 예수 그리스도의 믿음이다. 니고데모는 바리새인으로 산헤드린 공의회의 일원이었다. 71명으로 구성된 산헤드린 공의회는 대제사장이 의장이 되며 바리새인과 사두개인, 서기관, 장로 등 백성의 대표들이 모인 사법, 입법, 종교를 관장하는 최고의 권력기관이었다. 그러한 공의회의 의원이었던 니고데모는 부와 권력과 명예가 있었고 부러울 것이 없는 인생이었다. 나아가 누구보다도 야훼하나님을 믿는 열심 있는 바리새인이었다. 그런 니고데모가 밤에 예수님을 찾아왔다. 밤에 왔다는 것은 사람의 눈을 피했다는 것이다. 그리고 예수님을 향해 이렇게 부르고 있다.

"랍비여!"

니고데모는 예수님이 좀 특별한 랍비라고 생각하였다. 예수님이 행하시는 표적을 보았고, 그 표적은 하나님이 함께하시지 않으면 할 수 없다고 생각했기 때문이다. 니고데모가 왜 사람들의 눈을 피해 예수를 만나러 와야 했을까?

> 랍비여 우리가 당신은 하나님께로부터 오신 선생인 줄 아나이다 하나님이 함께 하시지 아니하시면 당신이 행하시는 이 표적을 아무도 할 수 없음이니이다(요 3:2).

니고데모는 예수라는 랍비가 하는 일은 하나님께서 함께 하시는 일이라고 생각하였다. 그래서 청년 랍비 예수에 대한 호기심이 생겼다. 당시 종교 지도자들은 랍비 예수에 대하여 불편한 생각을 갖고 있었기 때문에 랍비 예수를 낮에 만나는 것은 아마 부담이 되었을 것이다. 그럼에도 불구하고 그 밤에 랍비 예수를 찾은 것은 그가 하나님을 믿고 있었음에도 불구하고 자신도 모르는 어떠한 영적 갈증이 있었기 때문일 것이다. 니고데모는 어쩌면 저 특별한 랍비 예수가 자신의 영적 갈증을 해결해 줄 수 있을지 모른다고 생각했을 것이다. 주님은 니고데모가 오기를 마치 기다렸다는 듯이 이렇게 말씀하신다.

> 진실로 진실로 네게 이르노니 사람이 거듭나지 아니하면 하나님의 나라를 볼 수 없느니라(요 3:3).

니고데모는 사람이 다시 태어난다는 것을 이해할 수 없었다. 그런 소리를 처음 들었다. '아니, 다시 태어난다는 말이 무슨 말인가? 다시 어머니의 태에 들어갔다 나올 수 있다는 말인가?' 니고데모에게 물과 성령으로 거듭나야 한다, 물과 성령으로 다시 태어난 자만이 하나님 나라에 들어갈 수 있다는 말씀은 이해하기 어려웠다. 자신은 그저 유일하신 야훼 하나님을 믿으면 구원받는다고 생각했기 때문이다. 주님이 '거듭나야 한다', '다시 태어나야 한다'고 하신 말씀은 "성령으로 나야 한다."는 뜻이다.

사람이 물과 성령으로 나지 아니하면 하나님의 나라에 들어갈 수 없느니라(요 3:5).

육으로 난 것은 육이요 영으로 난 것은 영이니(요 3:6).

우리는 모두 부모의 육체를 통해서 육으로 출생하였다. 영적 출생은 하나님의 영, 예수의 영, 성령을 통해서만 가능하다. 거듭남이란 다시 태어나는 것, 곧 영적 출생을 말한다. 사람은 지정의를 통해 자신이 죄인임을 고백하며 예수님을 메시아로 믿는다. 그 믿음에 대한 응답으로 예수의 영, 곧 성령 하나님께서 내 안에 임재하시기 시작한다. 이것을 영적 출생, 거듭남이라고 한다. 거듭남, 영적 출생은 현재의 시간에서 영원으로 잇대어지는 삶이 시작되는 것을 말한다. 이것을 구원, 또는 영생이라고 한다. 바로 이러한 영적 출생, 구원, 영생, 하나님 나라는 '믿음'으로 얻는 것이다. 교회를 오래 다녀서 구원받는 것이 아니라 '예수의 믿음'으로 '예수의 영'에 의해서 다시 태어나야 구원받을 수 있다. 예수님은 이 구원을 설명하기 위해서 이스라엘 백성들이 광야에서 불뱀에 물려 죽게 된 사건을 예로 들고 있다. 출애굽한 이스라엘 백성들이 호르 산에서 홍해 길을 따라 에돔 땅을 우회하게 되자 이스라엘 백성들은 모세를 향해 원망하였다.

백성이 호르 산에서 출발하여 홍해 길을 따라 에돔 땅을 우회하려 하였다가 길로 말미암아 백성의 마음이 상하니라 백성이 하나님과 모세를 향하여 원망하되 어찌하여 우리를 애굽에서 인도해 내어 이 광야에서 죽게 하는가 이 곳에는 먹을 것도 없고 물도 없도다 우리 마음이 이 하찮은 음식을 싫어하노라 하매(민 21:4-5).

'이 하찮은 음식'이란 하나님께서 주신 만나를 말하고 있다. 하나님께서 변함없이 내려 주신 만나가 없었으면 그야말로 광야에서 죽을 수밖에 없었음에도 불구하고 하나님이 주신 음식을 향해 악평을 한다. 결국 이러한 이스라엘 백성들의 악한 태도 때문에 하나님이 진노하사 불뱀에 물려 죽게 하셨다. 그렇게 죽게 되어서야 모세에게 살려 달라고 요청했고, 모세는 하나님께 기도하였다. 하나님은 놋뱀을 만들어 그 놋뱀을 본 자는 살려 주셨다.

그것을 보면 살리라(민 21:8).

모세가 놋뱀을 만들어 장대 위에 다니 뱀에게 물린 자가 놋뱀을 쳐다본즉 모두 살더라(민 21:9).

'그것'은 '놋뱀'을 말한다. 불뱀에 물린 자가 고개를 들어 놋뱀을 보면 그것만으로 살아난다는 것이다. 고개를 들어 놋뱀을 보는 것이 쉽겠는가? 어렵겠는가? 너무나도 쉬운 일이다. 이처럼 하나님은 구원의 길을 쉽게 주셨는데 문제는 사람들이 구원의 방법이 너무 쉬우니까 우습게 여기고 믿지 않는 것이다.

모세가 광야에서 뱀을 든 것 같이 인자도 들려야 하리니(요 3:14).

하나님이 세상을 이처럼 사랑하사 독생자를 주셨으니 이는 그를 믿는 자마다 멸망하지 않고 영생을 얻게 하려 하심이라(요 3:16).

나를 구원하기 위하여 십자가에 달린 예수님을 믿으면 구원을 주시겠다는 것이다. 지금 예수님께서 니고데모에게 예수님 안에 구원이 있음을 말씀하시는 것이다.

이 세상에 제아무리 명성이 높고, 권력이 높고, 많은 재물을 소유했다 할지라도 인생의 마지막 모습은 모두 똑같다. 먹지 말라는 선악과를 따 먹은 아담에게 주신 하나님의 말씀이 무엇인가?

너는 흙이니 흙으로 돌아갈 것이니라(창 3:19).

이 말씀은 심판이기도 하지만 당연한 말씀이다. 하나님께서 사람을 흙으로 지으셨다. 육신의 구성체는 흙으로 하나님께서 부여해 주신 생령이 떠나면 먼지에 불과하다. 사람은 다른 동물과 달리 하나님께서 직접적인 방법으로 생기(네샤마)를 불어 넣으셨다. 하나님의 생기를 코에 불어 넣으시니 사람이 생령(네페쉬 하야)이 되었다. '네페쉬'는 '숨', '하야'는 '존재'라는 의미다. 흙덩이에 불과한 사람이 살아있는 존재가 된 것은 바로 '하나님의 생기' 때문이다. 한 줌 흙덩이에 불과한 존재를 하나님의 생기로, 하나님의 형상대로 지으셔서 하나님이 사랑하는 존재로 삼으셨다. 우리를 창조주 하나님의 자녀로 삼아 주셨다. 하나님 나라를 유업으로 주셔서 영원토록 하나님과 함께 하게 하시니 이 얼마나 위대한 일인가? 그러므로 우리 흙덩이들이 창조주 하나님을 찬송하고 경배하는 것은 선하고 마땅한 일이다.

> 너희 의인들아 여호와를 즐거워하라 찬송은 정직한 자들이 마땅히 할 바로다(시 33:1).

> 할렐루야 우리 하나님을 찬양하는 일이 선함이여 찬송하는 일이 아름답고 마땅하도다(시 147:1).

육적 출생을 통해 이 세상으로 들어와 시간 안에 사는 사람이 어떻게 다시 시간에서 영원으로 출생할 수 있을까? 그것은 거듭남이 있어야 한다. 내 안에 예수의 임재가 시작되면 영적 출생이 시작된다. 예수의 믿음을 가진 성도가 얻는 것은 거듭남, 영적 출생의 복이다.

여러분은 거듭난 그리스도인인가? 여러분은 영적 출생의 복을 받았는가?

# 6장

# 십자가 위의 믿음

예수께서 이르시되 내가 진실로 네게 이르노니 오늘 네가 나와 함께 낙원에 있으리라 하시니라(눅 23:43).

미켈란젤로의 〈천지창조〉 중 '아담의 창조', 로마 시스티나 성당 천장 벽화
출처 https://commons.wikimedia.org

37세의 미켈란젤로를 당대의 가장 위대한 화가로 만들어 준 바로 그 작품이 〈천지창조〉다. 1508년 시작해서 4년 동안 작업을 하여 1512년 완성하였다. 이 작품은 로마 시스티나 성당 예배당의 천장화다. 미켈란 젤로는 높은 비계(飛階) 위에서 고개를 뒤로 젖혀 익숙하지 않은 천장화를 그리느라 목과 허리가 꺾이는 듯 고통스럽다고 불만을 토해 냈고, 시력을 잃을지도 모른다는 불안감에 시달렸다고 한다. 이 작품에서 창조주 하나님은 아담과 엄지손가락을 서로 맞닿을 듯 가까이하고 있다. 그러나 접촉은 되지 않았다. 이 그림을 보면서 두 가지 질문이 생겼다.

하나는 하나님과 아담이 손가락을 서로 터치하기 이전일까? 아니면 터치한 이후일까? 개인적으로는 터치하기 이전이라고 생각한다. 이 그림을 보고 있노라면 왠지 애틋함이 느껴지기 때문이다. 터치 이전과 이후의 감정은 다를 것이다. 터치하기 전에는 애틋함이 있고, 터치한 이후에는 만족감이 있을 것이다. 이 그림에서 흰 수염의 노인은 하나님을 의인화한 것이다. 아담은 자리에 앉아서 편하게 무릎 위에 손가락을 늘어뜨리고 있다. 반면 노인은 하늘에서 돕는 천사들과 더불어 땅의 사람에게 몸을 기울여 터치하기를 강렬히 원하고 있다. 아담과 하나님의 손가락 방향을 보라! 아담의 엄지손가락은 땅을 향하고 있는데 하나님의 손가락은 아담의 늘어진 엄지손가락과 터치하기를 원하고 있다.

이 그림을 보니 전래동화 하나가 떠오른다. 〈견우와 직녀〉 이야기다. 옛날 하늘나라에 임금님에게 직녀(織女)라는 딸이 있었다. 어느 날 직녀는 건넛마을 피리를 잘 불고 잘생긴 견우라는 청년을 보게 되었고 좋아하게 되었다. 임금님은 청년이 어떤 사람인지 알아보기 위해 마을 사람들에게 물어보니 착하고 성실하다고 한결같이 칭찬을 하였다. 그래서 임금님은 견우와 직녀를 혼인시켰다. 그런데 혼인을 하고 난 후 두 사람은 사랑놀이에 빠져 베 짜는 일을 하지 않았고, 견우도 소를 돌보지 않았다. 화가 난 임금님은 은하수를 사이에 두고 견우와 직녀를 강제로 헤어지게 하였다. 단 부부의 정을 생각해 1년에 한 번 음력 7월 7일에 만나게 하였다. 두 사람은 칠월 칠석을 기다리게 되었는데, 은하에 다리가 없었기 때문에 서로 만날 수가 없었다. 그때 까마귀 떼와 까치들이 은하수에 다리를 만들어 주어 만나게 되었다. 이 다리를 오작교(烏鵲橋)라 한다. 두 사람은 반가움의 눈물을 흘렸다. 그래서 매년 음력 7월 7일에는 비가 많이 온다고 한다.

사랑하는 사람이 서로 헤어져 터치할 수 없다는 것은 얼마나 안타까운 일일까? 만남에는 그리웠던 세월만큼 기쁨의 눈물이 폭포수처럼 터져 나오는 것이다. 미켈란젤로의 〈천지창조〉는 사람을 향한 하나님의 안타까움, 애틋함이 담겨 있다.

또 하나는 이 그림에서 과연 누가 먼저 손가락을 내밀었을까? 각자의 상상력에 따라 다르겠지만 하나님이 먼저 내미신 것이 아닐까? 싱경에서 보여 주는 하나님의 모습이 그러하기 때문이다.

사랑은 여기 있으니 우리가 하나님을 사랑한 것이 아니요 하나님이 우리를 사랑하사 우리 죄를 속하기 위하여 화목제물로 그 아들을 보내셨음이라(요일 4:10).

우리가 사랑함은 그가 먼저 우리를 사랑하셨음이라(요일 4:19).

이 말씀이 이렇게 다가온다. "하나님이 먼저 우리에게 손을 내미셨음이라."

신앙, 믿음이 무엇일까? 하나님이 내미는 손가락에 우리가 손가락을 내미는 것이다. 하나님의 손가락과 나의 손가락을 접속하는 것이다. 하나님의 부르심에 내가 응답하는 것이다. 이런 찬양도 있지 않은가?

주의 손에 나의 손을 포개고
또 주의 발에 나의 발을 포개어
나 주와 함께 죽고 또 주와 함께 살리라
영원토록 주 위해 살리라

믿음은 '주의 손에 나의 손을 포개는 것'이다. 우리의 믿음은 하나님의 손가락과 나의 손가락이 이어지는 것, 하나님과 온택트(ontact) 되는 것이다. 청춘 남녀가 서로 만나 상대방에게 호감을 느끼며 교제를 시작하게 되면 맨 처음 하는 행위가 무엇인가? 자연스럽게 손을 잡는 것이다. 손을 터치하는 것이다. 그 손을 통해서 따뜻한 상대방의 사랑을 전달받고 느끼게 된다. 우리가 예배를 드리는 것은 하나님의 손가락과 내 손가락을 잇는 행위다. 예배는 손가락의 터치를 넘어 하나님의 품에 우리가 안기는 행위인 것이다. 이 찬양도 흥얼거려진다.

주 품에 품으소서 능력의 팔로 덮으소서

거친 파도 날 향해 와도 주와 함께 날아오르리

폭풍 가운데 나의 영혼 잠잠하게 주를 보리라


신앙은 바로 아버지 되신 하나님의 품에 안기는 행위다. 누가복음 15장에는 집을 나갔던 둘째 아들이 모든 재산을 다 허비한 후 아버지께로 돌아오는 내용이 있다. 자세히 보면 주제가 '돌아온 탕자'가 아니라 '기다리는 아버지'다. 아직도 거리가 먼데 아버지가 그를 보고 측은히 여겨 달려가 목을 안고 입을 맞춘다. 거리가 멀지만, 아버지는 아들을 단번에 알아보았다. 날마다 학수고대하며 꿈에도 기다리고 또 기다렸기 때문이다. 아들이 집을 떠난 그날부터 …

> 아버지는 종들에게 이르되 제일 좋은 옷을 내어다가 입히고 손에 가락지를 끼우고 발에 신을 신기라 그리고 살진 송아지를 끌어다가 잡으라 우리가 먹고 즐기자(눅 15:22-23).

이런 아버지의 행위에 대하여 불평하는 큰아들을 향해 아버지는 이렇게 말한다.

> 이 네 동생은 죽었다가 살아났으며 내가 잃었다가 얻었기로 우리가 즐거워하고 기뻐하는 것이 마땅하다 하니라(눅 15:32).

아버지는 둘째 아들이 죽은 것으로 생각하였다. 그래도 혹시나 포기하지 못해서 기다리는 것이 아버지의 마음이다. 그런데 죽었다고 여겼던 아들이 돌아왔다. 아들이 거지꼴인지 아닌지는 중요하지 않다. 살아왔으면 그것으로 족하다. 살아 돌아온 아들을 안아보는 아버지는 얼마나 좋았을까? 얼마나 기뻤을까? 이 마음은 아버지가 되어 보지 못한 사람은 도무지 알 수 없는 마음인 것이다. 우리를 향한 하나님의 마음이 바로 이것이다. 우리를 향한 아버지의 사랑인 것이다.

다음 그림을 살펴보자.

에밀 놀데의 〈십자가에 못 박힘〉(crucifixion), 캔버스에 오일, 1912
출처 https://www.wikiart.org/en/emil-nolde/crucifixion

이 그림은 1912년 독일의 에밀 놀데의 작품이다. 십자가 앞 좌측에 마리아와 여인들이 그리고 우측에 로마의 군병들이 있다. 십자가 위에서 예수님의 두 팔은 벌려져 있고 그 손목에 못이 박혀 있고 피가 흐른다. 벌리신 두 팔로 세상을, 우리를 사랑한다고 말씀하신다. 예수님의 양 옆에는 십자가에 달린 두 강도가 있다. 십자가 위에서 두 강도의 손은 예수님의 손과 겹쳐져 있다. 군인들은 예수님에게 신 포도주를 주면서 "네가 만일 유대인의 왕이면 너를 구원하라"(눅 23:37)고 희롱하였다. 예수님의 고개는 숙여져 있고, 예수님 오른편의 강도 역시 고개가 숙여져 있다. 반면에 예수님 왼편의 강도는 눈을 뜨고 있다. 예수님 옆의 두 사람의 반응은 너무나 상반되게 나타난다.

> 네가 그리스도가 아니냐 너와 우리를 구원하라(눅 23:39).

> 네가 동일한 정죄를 받고서도 하나님을 두려워하지 아니하느냐 우리는 우리가 행한 일에 상당한 보응을 받는 것이니 이에 당연하거니와 이 사람이 행한 것은 옳지 않은 것이 없느니라 하고(눅 23:40-41).

유대인은 모두 야훼 신앙에 대해서 교육을 받고 자란다. 교육을 받았다고 하여 하나님을 신실하게 믿고 그 율법을 지키는 것은 아니다. 아마도 이 두 사람은 하나님과는 상관없는 인생을 살았고 그 결과 사회적 악을 행하게 되어 십자가형을 받을 만큼 큰 죄를 지었을 것이다. 왼편의 강도는 예수님을 조롱했지만 오른편의 강도는 그 조롱하는 자를 꾸짖으며 하나님을 두려워해야 할 것을 말한다. 자신들이 십자가형을 당하는 것은 자신들이 행한 일에 대한 결과이지만, 예수님이 행한 것은 옳지 않은 것이 없다고 고백하고 있다. 그리고 그 무기력한 예수님을 향해 이렇게 요청한다.

예수여 당신의 나라에 임하실 때에 나를 기억하소서(눅 23:42).

이 간청이 이해가 되는가? 함께 죽어가는 마당에! 오른편의 강도가
정상인가? 아니면 왼편의 강도가 정상인가? 예수님을 향해 조롱하고
비방을 하지 않는 것만으로도 대단한 것 아닐까? 어떻게 같이 십자가에
서 죽어가는 처지에 이런 위대한 고백과 간구를 할 수 있었을까? 한 사
람은 예수님이 하신 일에 대하여 알고 있었다. 예수님이 하신 일은 모
두 옳은 일이라고 고백하고 있다. 더 나아가 하나님의 나라에 임하실
때 자신을 기억해 달라고 요청한다.

내가 진실로 네게 이르노니 오늘 네가 나와 함께 낙원에 있으리라 하
시니라(눅 23:43).

주님은 구원을 허락하셨다. 구원받은 강도를 보면서 우리는 이렇게
생각한다. '아니, 십자가에서 세 마디 한 것으로 구원받을 수 있나? 나
도 그렇게 하면 되겠네.' 그런데 과연 그것이 쉬운 일일까? 하나님 나
라를 선포하시고, 기적을 행하시던 예수가 십자가 위에서 무력하게 죽
어가는 마당에 이러한 고백을 할 수 있을까? 비방하는 강도처럼 '너나
나나 똑같네!'라고 하는 것이 일반적인 사람들의 모습일 것이다. 예수
님을 믿는 것은 하나님께서 이 땅에 사람의 몸을 입고 오신 것과 그가

메시아임을 받아들이고, 고백하고, 따르는 것이어야 한다. 이것은 결코 쉬운 일이 아니다. 그런데 이 강도는 그 죽어가는 극심한 고통의 상황에서 결코 쉽지 않은 믿음의 고백을 하였고 주님께 구원받았다. 비록 이 땅위에서 선하게 살지는 못했지만 마지막 십자가 위에서 예수님을 만났고, 고백했고, 믿었고, 의탁(依託)하였다.

이렇게 미켈란젤로가 그린 〈천지창조〉에서 시작된 하나님의 손끝은 에밀 놀데가 그린 〈십자가에 못 박힘〉에서 예수님의 손끝으로 완성되었다. 천지창조 시 하나님의 구원의 손은 골고다 십자가의 예수님의 손에서 완성된 것이다.

이 땅 위에 살면서 선한 일을 하면 얼마나 할 수 있을까? 부끄럽기 짝이 없는 인생이지만 하나님의 귀하신 사랑에 손끝 한 번 내밀면 주님이 긍휼히 여겨 주시고 구원의 은혜를 베풀어 주신다. 오늘도 우리 주님은 십자가에 벌린 두 팔로 피곤한 우리의 마음과 영혼과 몸을 안아 주시며 흘리신 보혈로 우리의 허물과 죄를 사해 주신다. 여러분을 '십자가 위의 믿음으로' 정중히 초대한다.

# 7장

# 버틸 힘이 사라졌을 때

로뎀 나무 아래에 누워 자더니 천사가 그를 어루만지며 그에게 이르되
일어나서 먹으라 하는지라(왕상 19:5).

여호와의 천사가 또다시 와서 어루만지며 이르되 일어나 먹으라 네가
갈 길을 다 가지 못할까 하노라 하는지라(왕상 19:7).

가수의 황제, 나훈아 씨가 한 방송에서 추석을 맞이하여 코로나로 지친 국민들을 위로하는 비대면 콘서트를 열었다. 그의 노래 중에 연일 화제가 되는 곡이 있다. 〈테스 형〉이라는 노래인데 가사 중에 이런 가사가 나온다.

아! 테스 형 세상이 왜 이래 왜 이렇게 힘들어
아! 테스 형 소크라테스 형 세월은 또 왜 저래
먼저 가 본 저세상 어떤가요 테스 형
가보니까 천국은 있던가요 테스 형

이 노래는 코로나 시대에 세상살이가 어떤지 어려움을 토로하는 사람들의 마음을 표현하고 있다. 테스는 소크라테스를 친근하게 부른 호칭이다. 그런 힘든 세상을 말하다가 천국을 끄집어내고 있다. 천국에 관하여 왜 테스 형한테 물을까? 번지수를 잘못 짚은 것이다. 천국은 전문가이신 하나님께 물어야지!

이렇게 세상과 천국을 대조적으로 노래하는 것은 아마도 이 세상은 힘든 곳이고 천국은 쉼이 있다는 생각 때문일 것이다. 물론 이 세상 자체를 부정적으로만 묘사하는 것에는 동의하지 않지만 세상살이가 힘든 것은 사실이다. 또 천국은 영원한 안식, 영원한 쉼이 있는 곳이라는 것도 동의한다. 나훈아 씨가 언급한 천국은 죽은 다음에 가는 곳을 의미한다. 그런데 천국은 단지 죽은 다음 영혼이 가는 곳만이 아니다. 영혼의 쉼은 죽어서 천국에 가야만 있는 것이 아니라 지금 여기에도 필요한 것이다. 예수님께서는 우리 안(눅 17:21)에 임하는 하나님의 나라(kingdom of God)가 천국이라고 말씀하셨다.

많이 힘드셨죠? 많이 힘드시죠? 주님은 수고한 자, 무거운 짐 진 자, 지친 자, 힘든 자들을 초청하신다. 예수님께 오는 자에게 쉼을 주겠다고 말씀하신다. 주님께서 참된 쉼과 위로와 힘을 주실 수 있다. 예배는 하나님의 자녀들이 하나님의 품에 안기는 것이다. 하나님이 받으시는 예배, 하나님이 기뻐하시는 예배는 가슴에서 뜨거움이 솟아오르는 예배이다. '하나님이 나와 함께 하시는구나! 아! 기쁘다. 아! 행복하다. 아! 감사하다.'

수고하고 무거운 짐 진 자들아 다 내게로 오라 내가 너희를 쉬게 하
리라(마 11:28).

아 내 맘속에 참된 평화 있네 주 예수가 주신 평화
시험 닥쳐와도 흔들리지 않아 아 귀하다 이 평안함
주가 항상 계셔 내 맘속에 주가 항상 계셔 아 기쁘다
주 나의 맘에 계셔 위로하시네 어찌 내가 주를 떠나 살까
(새찬송가 411장 1절)

　엄마가 갓난아기에게 하는 모든 행위가 바로 어루만짐이다. 이 어루
만짐을 통해 아기는 엄마의 숨결, 엄마의 심장 소리, 엄마의 따뜻한 온
기, 엄마의 부드러운 속삭임을 느낀다. 아이가 잠투정을 하면 엄마의
부드러운 속삭임이 시작된다. 엄마의 손길로 아기를 만지고, 볼에 뽀뽀
도 한다. "우리 아기 어쩜 이렇게 예쁠까? 우리 아기 잘도 잔다! 자장자
장 우리 아기!" 엄마의 손으로 가슴이나 등을 토닥거리고 자장가를 부
르면 어느새 새근새근 잠이 든다. 이렇게 아이는 엄마의 어루만짐을 통
해서 자라나는 것이다. 교회도 마찬가지다. 살아있는 교회는 지체들끼
리 서로의 피곤함과 아픔을 어루만져 주어야 한다. 교회는 어루만짐의
공동체가 되어야 한다. 왜냐하면 하나님은 우리를 어루만지시는 하나
님이시기 때문이다. 이러한 하나님의 어루만짐은 하나님의 창조 역사
에서 선명하게 나타난다.

땅이 혼돈하고 공허하며 흑암이 깊음 위에 있고 하나님의 영은 수면 위에 운행하시니라(창 1:2).

여기서 '운행'에 해당하는 히브리어 '라하프'는 '알을 품다, 날개 치다, 움직이다, 흔들다' 등의 뜻을 가지고 있다. 어미 독수리가 하늘을 오르락내리락 하면서 지극정성으로 둥지의 새끼를 감싸주며 보호하는 모습, 어미 닭이 어린 병아리를 품고 모든 외부의 위험으로부터 보호하는 사랑의 모습을 연상하면 된다. 이러한 하나님의 '라하프'의 모습이 신명기 32장 11-12절에 세밀하게 기록되어 있다.

마치 독수리가 자기의 보금자리를 어지럽게 하며 자기의 새끼 위에 너풀거리며 그의 날개를 펴서 새끼를 받으며 그의 날개 위에 그것을 업는 것 같이 여호와께서 홀로 그를 인도하셨고 그와 함께 한 다른 신이 없었도다(신 32:11-12).

하나님이 세상을 창조하시고, 온 세상을 운행하시며 어루만지고 계신다. 지금 이 시간에도 온 세상은 하나님의 라하프로 충만하다.

시편 기자는 '하나님의 라하프'를 이렇게 기록하고 있다.

여호와는 너를 지키시는 이시라 여호와께서 네 오른쪽에서 네 그늘이 되시나니 낮의 해가 너를 상하게 하지 아니하며 밤의 달도 너를 해치지 아니하리로다 여호와께서 너를 지켜 모든 환난을 면하게 하시며 또 네 영혼을 지키시리로다(시 121:5-7).

'믿음의 길'을 걸으며 주의 일을 감당하다가 버티지 못하고 쓰러질 때는 어떻게 해야 할까? 지금 지치고 피곤한 심령을 가지고 있는가? 말씀을 통해 하나님께서 탈진한 심령을 어떻게 위로하시고 회복시키시는지 깨달을 수 있을 것이다.

엘리야는 선지자로 부름을 받고 그 사명을 감당하기 위해 목숨까지 걸었다. 큰 승리 후 아합의 왕비 이세벨의 죽이겠다는 협박에 그동안 버텨왔던 심령이 완전히 무너졌다. 그 버틸 힘이 사라졌을 때 하나님의 라하프가 임했다.

북 이스라엘의 선지자 엘리야는 아합 왕(BC 876-854년)과 아하시야 왕 시대에 사역한 선지자로 오직 야훼 하나님만을 신실하게 섬겼던 선지자였다. 갈멜 산에서 바알 선지자 450명과 아세라 선지자 400명, 총 850대 1로 겨루어 이겼다. 바알과 야훼 중 누가 참된 하나님이신지, 과연 누가 살아있는 신인지 확인하는 자리였다. 엘리야가 승리함으로써 하나님이 참 신이심을 드러내었고, 우상을 섬기던 선지자들을 모두 도륙하였다. 거기다가 3년 6개월 동안 비가 내리지 않았지만 엘리야의 간절한 기도를 통해 큰비가 내리게 되었다(왕상 18:45; 약 5:17). 엘리야의 기도는 이스라엘이 당한 경제 문제, 신앙 문제를 해결하는 열쇠였다.

하지만 이 큰 승리 후, 반드시 엘리야를 죽이겠다는 이세벨의 말에 엘리야는 두려워서 브엘세바로 도망쳤다. 거기서 광야로 하룻길 더 들어가 로뎀 나무 아래에 앉아서 죽기를 바랐다.

여호와여 넉넉하오니 지금 내 생명을 거두시옵소서 나는 내 조상들보다 낫지 못하니이다(왕상 19:4).

지금 엘리야는 삶의 의욕을 완전히 상실하였다. 이런 현상을 '번아웃(Burn Out, 탈진)'이라고 한다. 엘리야 안에 있던 열정의 에너지가 다 타서 바닥나고 말았다. 며칠 전까지 갈멜 산에서 목숨 걸고 하나님을 섬겼던 엘리야에게 갑자기 영적 암흑기가 찾아온 것이다. 목숨 걸고 하나님을 섬겼던 엘리야가 생명의 위협 앞에서 도망쳤고 목숨을 부지하기 어렵다고 판단하여 하나님께 푸념과 항변을 늘어놓았다. 지금 엘리야는 심각한 영적 슬럼프, 영적 우울증에 걸린 모습이다. 그런데 이러한 영적 탈진이 언제 찾아왔는가? 갈멜 산의 승리 다음에다. 이러한 승리 뒤에 '영적 어려움, 영적 탈진'이 찾아왔다는 것은 놀라지 않을 수 없다. 등산을 할 때는 산을 오를 때보다 내려올 때 더 조심해야 한다. 챔피언 벨트를 따는 것보다 지키는 것이 더 어렵다고 한다. 인생은 도전할 때 어려운 것이 아니라 정복했을 때, 승리했을 때 더 어려운 법이다. 엘리야도 예외는 아니었다.

엘리야가 얼마나 위대한 선지자였는가? 모든 야훼 선지자들이 사라지고 오직 엘리야만 홀로 꿋꿋이 버텨왔다. 그런데 이제 버틸 힘이 사라졌다. 갈멜 산 대결 이전에도 '나만 홀로 남았다'(왕상 18:22)고 하더니, 갈멜 산 대결 이후에도 '오직 나만 남았다'(왕상 19:10, 14)고 항변한다. 엘리야는 갈멜 산 승리 이전과 이후에 변함없이 자신만 남았다는 외로움, 자기 연민으로 가득 차 있었다. 자신이 한없이 초라하고, 불

쌍해 보였다. '더 이상은 하나님의 선지자의 사명을 감당하지 못하겠다 …'

엘리야 같은 위대한 선지자도 낙심하고 절망한다. 삶의 의욕이 상실되고 우울감과 영적 탈진이 찾아왔다. 하물며 우리는 어떻겠는가? 우리도 얼마든지 그럴 수 있다. 그런 문제는 당연히 찾아온다. 그럴 때 어떻게 해야 할까? 이러한 영적 어려움, 탈진은 사람의 힘으로 어떻게 할 수 없다. 오직 하나님만이 라하프(רחף, hover)하시고 회복시켜 주실 수 있다. 하나님은 엘리야를 외면하지 않으셨다.

> 로뎀 나무 아래에 누워 자더니 천사가 그를 어루만지며 그에게 이르되 일어나서 먹으라 하는지라 본즉 머리맡에 숯불에 구운 떡과 한 병 물이 있더라 이에 먹고 마시고 다시 누웠더니(왕상 19:5-6).

하나님은 천사를 보내 엘리야를 어루만져 주셨다. 떡과 물을 먹고 누웠는데 천사가 또 찾아왔다.

> 여호와의 천사가 또 다시 와서 어루만지며 이르되 일어나 먹으라 네가 갈 길을 다 가지 못할까 하노라 하는지라(왕상 19:7).

'어루만짐'은 영어 성경에는 'Touch'로, 히브리어로 '나가(נגע)'라고 하는데 이 단어는 하나님의 어루만짐에 대하여만 사용하는 말이다(단 8:18, 10:10, 16, 18). 하나님은 엘리야를 어루만지시고 위로하여 주셨다. "엘리야, 너 외롭지? 엘리야, 너 힘들지? 그런데 내가 있잖아 … 내가 네 수고를 안다." 이러한 하나님의 어루만짐은 새로운 힘을 주시는 능력으로 작용한다. 엘리야는 그 위로를 통해 40일을 걸어 호렙 산에 이르고 거기에서 새로운 사명을 받았다. 또한 그렇게 외롭다고 하는 엘리야에게 "남은 사람이 너 혼자가 아니다. 네가 알지 못하는 바알에게 무릎 꿇지 않은 칠천 명을 남겨 놓았다."라고 하시며 힘을 더하여 주셨다. 결국 하나님의 위로는 엘리야에게 다시 버틸 힘을 주셨다.

혹 나만 힘들고, 나만 어렵다는 생각으로 엘리야처럼 하나님 앞에 아뢰고 있진 않은가? 더 이상 버틸 힘이 없어 낙심하는 엘리야 같은 처지를 호소하고 있는가? 하나님은 영적으로 탈진한 엘리야가 회복될 때까지 어루만져 주셨다. 그 하나님은 오늘 우리에게도 동일하게 역사하고 계심을 믿는다. 탈진한 엘리야, 버틸 힘이 사라진 엘리야를 어루만지신 하나님의 손, 하나님의 라하프가 우리 위에 있다.

오늘도 생명의 말씀과 기도와 찬양과 은혜 나눔을 통해 하나님은 우리를 어루만지신다. 하나님의 라하프를 날마다 경험하며 이 시대를 버티어 내고, 승리의 삶을 살아 나가자.

# 8장

# 당신은 하나님의 기쁨입니까?

믿음이 없이는 하나님을 기쁘시게 하지 못하나니 하나님께 나아가는 자는 반드시 그가 계신 것과 또한 그가 자기를 찾는 자들에게 상 주시는 이심을 믿어야 할지니라(히 11:6).

배꼽 없는 사람은 없다. 모든 사람에게 배꼽이 다 있지만, 배꼽이 좀 못생긴 사람도 있다. 참외 배꼽이 있는 친구가 있었다. 어렸을 때 물 장난을 하며 그 친구를 놀렸던 기억이 있다. 그런데 배꼽이 없는 사람이 한 명 있을 것 같다. 바로 아담이다. 왜냐하면 탯줄이 없었을 테니까! 그런데 또 아담은 배꼽이 있었을 것 같다.

딸이 아빠에게 물었다.

"아빠, 배꼽은 어떻게 생긴 거야?"

아빠가 대답했다.

"하나님이 너를 창조하신 후 너무 기뻐서 '너는 내 거야'라며 배를 꾹 눌러서 생긴 거야!"

하나님께서 아담을 창조하신 후 너무 기뻐서 "너는 내 거야!"라며 배 한가운데를 꾹! 꾹! 두 번 눌렀을 것 같다. 그래서 아마도 우리의 배꼽보다 더 깊이 들어갔을 것이다.

그리스도인은 하나님의 기쁨이 되는 사람이다. 우리 존재 자체를 보시고 하나님이 기뻐하신다. 우리 역시 하나님의 존재만으로 기뻐한다. 기쁨에 대한 찬양이 있다.

예수 나의 기쁨! 아멘! 할렐루야!
아멘! 할렐루야! 아멘! 아멘! 아멘!

예수 그리스도는 우리 기쁨의 근원일 뿐만 아니라 우리를 보고 한없이 기뻐하시는 분이다. 마치 부모가 자녀를 보고 기뻐하듯이 주님께서도 우리를 보고 기뻐하신다. 하나님께서 천지 만물을 창조하실 때 일곱 번 말씀하신 것이 바로 '좋았다(טוב, 토브)'이다. It was good! 히브리어 토브는 형용사로 선함, 위대한, 놀라운(욥 37:14), 완벽한(신 32:4), 아름다운(전 3:11) 등의 뜻이 있다. 하나님의 천지창조는 위대하며 놀랍고 완벽하였으며 좋지 못한 것(로 토브)이 하나도 없는 완전한 아름다움이었다. 모든 창조를 마치고 그 지으신 모든 것을 보시니 심히 좋았더라(토드 메오드)고 기록하고 있다(창 1:31). It was very good! 심히 좋았다는 것은 창조의 위대함과 합목적성을 나타내는 말이다. 심히 좋았다는 것을 심미적(審美的)으로 표현하면, 하나님께서 기뻐하셨다는 뜻이다. 하나님은 우주를 기쁨으로 창조하셨을 뿐 아니라 늘 기쁨으로 다스리고 계신다. 하나님은 사랑의 하나님이신 동시에 바로 기쁨의 하나님이시다.

목회의 우선순위는 먼저 하나님을 기쁘게 하는 것이다. 어떻게 해야 하나님의 기쁨이 되는 목회인가?

첫째, 하나님의 뜻을 알고 그 뜻에 순종하는 것이다. 제사보다 우선순위는 바로 하나님의 뜻에 순종하는 것이다.

> 순종이 제사보다 낫고 듣는 것이 숫양의 기름보다 나으니(삼상 15:22).

둘째, 영과 진리로 예배하는 것이다.

> 영과 진리로 예배할 때가 오나니 곧 이 때라 아버지께서는 자기에게 이렇게 예배하는 자들을 찾으시느니라(요 4:23).

'진리'를 헬라어로 '알레세이아'라고 하는데 이것은 '진실, 진정성'이라는 뜻이다. 곧 하나님께 예배할 때는 진정성 있게 예배를 드리라는 것이다. 진정성 있는 예배란 육으로 예배하는 것이 아니라 영으로 예배하는 것이다. 하나님의 존재 방식은 영으로 존재하시기 때문에 영으로 예배하지 않고 육으로 예배하는 것은 받으실 수 없다.

셋째, 사명에 충성하는 것이다.

나를 능하게 하신 그리스도 예수 우리 주께 내가 감사함은 나를 충성되이 여겨 내게 직분을 맡기심이니(딤전 1:12).

사도 바울이 주님께 감사하는 이유가 자신을 충성되이 여겨 직분을 맡기셨기 때문이라고 고백하고 있다. 하나님께서 기뻐하는 성도는 바로 주님께서 맡겨 주신 사명에 충성하는 성도이다. 우리는 맡기신 사명에 충성하고 늘 영과 진리의 예배자가 되며 하나님의 말씀에 순명(順命)하는 삶을 힘써야 한다.

그 다음으로 목회의 우선순위는 성도를 행복하게 하는 것이다. 성도를 행복하게 하는 목회란 목회자가 먼저 신앙과 삶의 모범이 돼야 한다. 또한 하나님의 말씀을 바르게 전함으로 성도들의 신앙이 성장하고 성숙하도록 돕는 것이다. 목사는 '하나님께 부름 받은 공동체가 그 공동체의 사명을 잊지 아니하도록 끊임없이 충동하는 사람'이다. 그 충동은 바로 하나님의 말씀을 성도들에게 바르게 운반하는 것이다. 하나님의 말씀이 바로 전달되면 이곳저곳에서 성도들의 영은 기쁨으로 반응한다. 치유와 소생과 회복의 역사가 일어나게 되는 것이다.

우리 교회에는 매일 새벽 배달을 하는 사람이 두 명 있다. 한 명은 신문을 배달하시는 분이다. 새벽기도를 마치고 행정실 앞에 들어서면 신문이 배달되어 있다. 신문을 배달하시는 분이 이 세상의 소식을 전해주고 간 것이다. 또 다른 한 명은 하나님 말씀을 전달하는 목사다. 목사는 하나님 나라의 소식, 구원과 영생의 기쁜 소식을 새벽부터 배달해주는 사람이다. 목사는 날마다 하늘의 기쁨의 샘, 은혜의 강에서 기쁨과 은혜를 길어 배달하는 사람이다. 그런 차원에서 목사는 유통업자이다. 목사는 하늘의 기쁨, 하늘의 사랑, 하늘의 은혜를 세상에 배달하는 사람이기 때문이다. 그러므로 목회자의 또 다른 직업은 '기쁨의 유통업자'라고 할 수 있다. 요즘 전도가 안 된다고 한다. 어렵다고 한다. 충분히 공감한다. 내가 받은 '하늘의 은혜'가 넘친다면, '하늘의 기쁨'이 충만하다면 그 은혜와 기쁨을 자연스럽게 가족과 이웃을 향해 흘려보낼 수 있다. 유통시킬 수 있다. 그것이 바로 전도요, 선교이다.

행복한 사람의 특징, 불행한 사람의 특징이 무엇인지 아는가? 행복한 사람은 시간 가는 줄 모르고 사는 사람이다. 신선놀음에 도낏자루 썩는 줄 모른다. 행복한 사람은 무엇을 먹어도 맛있고, 누구를 만나도 즐겁고, 무슨 일을 해도 신난다. 반면에 불행한 사람은 무엇을 먹어도 맛이 없고, 누굴 만나기도 귀찮고, 무슨 일을 해도 불평만 나온다. 행복이 무엇일까? 행복이란 '마음속에 기쁨이 충만한 상태'를 말한다. 기쁨은 '마음에 벅찬 느낌이 있어서 즐거운 기색이 얼굴로 나타나는 것'이다. 그렇다. 행복한 사람, 기쁨이 충만한 사람은 얼굴에 드러나게 되어 있다. 반면에 하늘의 기쁨을 담지 못한 얼굴에는 기쁨 대신 짜증, 원망, 불평의 표가 나게 되어 있다. 자신의 얼굴을 한 번 들여다 보자! 얼굴에 기쁨이 드러나 있는가? 짜증 가득한 얼굴인가?

사람이 건강을 잃은 신호가 무엇인지 아는가? 입맛부터 잃어버린다. 병든 영혼, 불행한 인생은 입맛도 잃어버린다. 입맛이 없다는 것은 삶에 기쁨이 없다는 것이다. 그래서 환자가 건강이 회복되기 시작하는 신호는 바로 입맛이라는 감각이 회복되는 것이다. 그리스도인의 영혼이 병들면 '신앙의 맛'을 잃어버린다. 무미건조한 종교적 행위만 반복하게 된다. 예배의 맛, 기도의 맛, 찬양의 맛, 말씀의 맛을 잃어버림으로 모든 것이 다 귀찮게 여겨진다. 눈을 감으면 1분도 기도할 수 없다. 남들이 힘차게 찬송할 때 하품하고, 말씀의 은혜를 받을 때 잠들고 만다. 예수님은 참된 믿음을 버린 세대를 향해 이렇게 말씀하셨다.

> 아이들이 장터에 앉아 제 동무를 불러 이르되 우리가 너희를 향하여 피리를 불어도 춤추지 않고 우리가 슬피 울어도 너희가 가슴을 치지 아니하였다(마 11:16-17).

하나님을 멀리 떠나 영혼의 감각을 상실한 시대의 사람들의 모습은 춤출 줄도 모르고 슬퍼할 줄도 모른다는 것이다. 결국 '영혼의 감각을 상실한 사람'이라고 말씀하신다. 오래전 인기 드라마 〈대장금〉에서 수라간 궁녀인 장금이가 한동안 미각을 상실하였다. 수라간 궁녀가 미각을 상실한 것은 사형 선고나 마찬가지였다. 다행히 벌침으로 미각이 회복되니까 눈물을 흘리며 기뻐하였다.

목양실에 커피나무가 한 그루 있었다. 그 나무는 지난겨울 죽었다. 너무 안타까워 커피나무를 만지며 기도했다. "하나님! 이 커피나무를 살려 주세요!" 그런데 약 두 달 전에 커피나무에 푸른 잎이 돋아나기 시작했다. 커피나무의 감각이 회복된 것이다. 죽었다 살아난 커피나무를 보는 것은 참으로 기쁘고 행복한 일이다. 때론 신앙생활 가운데 영적 감각, 은혜의 감각, 기쁨과 감사의 감각을 잃어버릴 때도 있다. 그때 하나님의 벌침, 곧 말씀을 들음으로 회복되기를 원한다. 영혼의 감각이 회복되었다는 사인(Sign)이 바로 기쁨이 충만한 것이다. 오늘 히브리서 기자는 하나님이 무엇을 기뻐하시는지 분명히 말씀하고 있다.

> 믿음이 없이는 하나님을 기쁘시게 하지 못하나니 하나님께 나아가는 자는 반드시 그가 계신 것과 또한 그가 자기를 찾는 자들에게 상 주시는 이심을 믿어야 할지니라(히 11:6).

사람이 하나님을 기쁘시게 하는 유일한 것은 믿음이다. 천지 만물을 창조하시고 주인 되신 하나님이 무엇이 부족하시겠는가? 하나님의 형상대로 지음 받은 사람이 하나님이 계신 것과 하나님이 우리의 주인이시요, 아버지시요, 구원자 되심을 알고 믿는 것을 기뻐하신다. 이러한 것을 믿고 사는 사람은 내 안에 하나님의 영이 임재한 사람 곧 예수의 믿음을 가진 성도이다. 추수감사 예배를 드리는 이유가 무엇인가? 하나님이 기뻐하시기 때문이다. 남녀가 만나 사랑을 하면서 서로에게 기쁨이 되는 존재가 되듯, 하나님이 나를 사랑하고 내가 하나님을 사랑하면서 서로에게 기쁨의 존재가 된다.

이렇게 창조주 하나님과 피조물인 우리의 기쁨의 만남과 교제가 바로 예배이다. 아벨은 가인보다 더 나은 제사를 드렸다고 하나님이 증언하신다. 가인의 제사는 하나님의 기쁨이 되지 못했지만 아벨의 제사는 하나님의 기쁨이었다. 에녹 역시 이 땅위에서 '하나님을 기쁘시게 하는 자'라는 증거를 받았다. 스바냐 선지자는 이렇게 노래하였다.

너의 하나님 여호와가 너의 가운데 계시니 그는 구원을 베푸실 전능자이시라 그가 너로 말미암아 기쁨을 이기지 못하시며 너를 잠잠히 사랑하시며 너로 말미암아 즐거이 부르며 기뻐하시리라 하리라(습 3:17).

웨스트민스터 소요리 문답 첫 번째 질문은 '사람의 제일 되는 목적이 무엇인가?'이다. 그 답은 '하나님을 영화롭게 하며 그를 영원토록 즐거워하는 것'이다. 사람의 존재 목적과 가치는 하나님의 기쁨이 되는 것이다.

사람이 무엇 때문에 즐거워하고 기뻐하고 행복할 수 있을까? 물질, 명예, 권력 … 물론 그럴 수 있다. 그러나 이러한 행복, 이러한 기쁨은 그것이 사라질 때 반대로 불행을 느끼게 한다. 사람이 만들어 낸 기쁨, 즉 소유, 명예, 권력을 통해 얻는 기쁨과 즐거움은 한계가 있지만 하나님의 기쁨과 즐거움은 끝이 없음을 기억하시기 바란다.

오늘 영과 진리로 드린 참된 감사의 예배를 하나님께서 받으시고 기뻐하시길 원한다. 그 하나님의 기쁨이 오늘 우리에게 전이되길 원한다. 그리스도인은 매일 하늘의 은혜와 기쁨을 가정과 이웃과 직장에 배달하는 유통업자의 사명을 받은 사람이다. 그 기쁨을 잘 운반하고 있는가? 당신의 믿음은 하나님의 기쁨인가?

## 9장

# 작은 믿음 VS 큰 믿음

이르시되 너희 믿음이 작은 까닭이니라 진실로 너희에게 이르노니 만일 너희에게 믿음이 겨자씨 한 알 만큼만 있어도 이 산을 명하여 여기서 저기로 옮겨지라 하면 옮겨질 것이요 또 너희가 못할 것이 없으리라(마 17:20).

자신이 믿음이 좋은 성도라고 생각하는가? 그럭저럭 괜찮은 믿음을 갖고 있다고 생각하는가? 우리는 겸양 문화 속에 살면서 종종 이런 말을 하곤 한다. "아직 제가 믿음이 부족해서요! 믿음이 약해서요!" 곤란한 경우에 처했을 때 그 원인을 믿음이 부족한 것으로 돌린다. 믿음이 좋다 또는 믿음이 부족하다고 할 때 그 좋은 믿음은 어떤 믿음을 말하는 것일까?

예수님께서 가이사랴 빌립보에서 "주는 그리스도시요 살아 계신 하나님의 아들이시니이다"(마 16:16)라는 유명한 베드로의 고백을 들으신 후, 베드로와 야고보와 요한만 데리고 다볼 산(해발 588m)에 오르셨다.

이 산에서 예수님의 용모가 영광스럽게 변화되어 변화산이라고도 한다. 산에서 내려오시면서 제자들에게 자신의 죽음과 부활을 말씀하셨다(막 9:9). 물론 제자들은 그 의미를 잘 깨닫지 못하였다. 그런데 산 아래에 있는 제자들에게 왔더니 큰 무리가 둘러싸고 서기관들과 논쟁을 하고 있었다(막 9:14). 제자들은 예수님을 보고 달려와 문안했고 예수님은 어떤 문제로 논쟁을 하는지 물으셨다. 그때 한 사람이 예수께 와서 꿇어 엎드려 말하였다.

> 주여 내 아들을 불쌍히 여기소서 그가 간질로 심히 고생하여 자주 불에도 넘어지며 물에도 넘어지는지라 내가 주의 제자들에게 데리고 왔으나 능히 고치지 못하더이다(마 17:15-16).

귀신 들린 자기 아들을 제자들에게 데리고 왔지만 쫓아내지 못했다고 말했다. 예수님은 제자들을 향해 이렇게 반문하셨다.

> 믿음이 없고 패역한 세대여 내가 얼마나 너희와 함께 있으며 얼마나 너희에게 참으리요(마 17:17).

주님은 믿음이 없는 사람들과 함께 하실 수 없으며, 자신을 믿지 못하는 것을 참는 것도 한계가 있다고 말씀하신다. 주님은 아이를 데리고 오라고 하셨다. 아이가 예수님 앞에 오자 심한 경련을 일으키고 땅에 엎드러져 구르며 거품을 흘렸다. 주님은 아이 아버지에게 언제부터 이렇게 되었느냐고 물으셨고 어릴 때부터인데 귀신이 그를 죽이려고 불과 물에 자주 던졌다고 대답하였다. 아이의 아버지는 주님을 향해 이렇게 간청하였다.

무엇을 하실 수 있거든 우리를 불쌍히 여기사 도와주옵소서(막 9:22).

할 수 있거든 도와 달라는 것은 예수님의 치유에 대한 확신에 찬 마음이 아니라 지푸라기라도 잡고 싶은 심정, 밑져야 본전이라는 마음이다. 예수님께서 그 요청에 이렇게 대답하셨다.

할 수 있거든이 무슨 말이냐 믿는 자에게는 능히 하지 못할 일이 없느니라(막 9:23).

내가 믿나이다 나의 믿음 없는 것을 도와주소서(막 9:24).

예수님의 대답에서 아이의 아버지가 깨달은 것이 무엇인가? 내가 믿음이 없는 사람이구나! 아이의 아버지는 자신의 믿음 없음을 고백하였다. 아이 아버지는 예수님에 관한 소문을 들었고 혹시나 고칠 수 있을지도 모른다는 생각으로 예수님에 대하여 실낱같은 믿음을 가지고 찾아 왔던 것이다. 자신의 믿음 없는 것을 도와 달라고 간청하였다. 그러나 단순히 예수님을 만났다고 해서 믿음이 생기는 것도 아니요, 예수님으로부터 능력과 역사가 일어나는 것도 아니다. 그냥 예수님이 불쌍한 사람을 만나면 이적과 능력을 베풀어 주시면 안 될까? 왜 꼭 이렇게 믿음을 요구하는 것일까? 그 이유는 하나님의 은혜와 능력은 '믿음'을 통해서만 역사하기 때문이다. 청주 시민이 사용하는 물은 대청호에서 온다. 가정에서 물을 사용하기 위해서는 상수도의 급수관이 각 가정에 연결되어 있어야 한다. 이처럼 하나님의 은혜는 믿음이란 관을 통해서 우리에게 쏟아지는 것이다. 가정의 수도꼭지를 순금으로 만들어 놓은들 급수관과 연결되어 있지 아니하면 그 수도를 통해서는 물을 얻을 수 없다. 우리의 모습도 마찬가지다. 아무리 많이 배우고, 사회적 지위가 높다 할지라도 믿음의 관이 믿음의 근원이신 예수님께 연결되어 있지 않으면, 풍성한 은혜를 얻을 수 없다. 예수님은 사람들이 몰려드는 것을 보시고 더러운 귀신을 향해 꾸짖으셨다.

> 말 못하고 못 듣는 귀신아 내가 네게 명하노니 그 아이에게서 나오고 다시 들어가지 말라 하시매(막 9:25).

아이에게 들어간 귀신은 말을 못하게 하고, 듣지 못하게 하는 귀신이었다. 주님이 명하시자 귀신은 아이로 심한 경련을 일으키게 하고 나갔다. 아이는 죽은 것 같이 되었다. 사람들이 죽었다고 하였으나 예수님께서 그 손을 잡아 일으키시니 일어섰다. 이제 무리는 돌아갔고 그 광경을 본 제자들이 조용히 물었다.

> 우리는 어찌하여 쫓아내지 못하였나이까(마 17:19; 막 9:28).

주님은 제자들을 향해서 이렇게 말씀하셨다.

너희 믿음이 작은 까닭이니라(마 17:20).

기도 외에 다른 것으로는 이런 종류가 나갈 수 없느니라(막 9:29).

마태는 마귀를 내쫓는 것이 '믿음'과 관련되어 있다고 기록하고 있고, 마가는 '기도'와 관련되어 있다고 기록하고 있다. 결국 '믿음'과 '기도'는 같은 맥락이라고 볼 수 있다. 마가복음이 마태복음보다 먼저 기록되었기 때문에 마태가 마가복음을 참고했을 것이고, 그렇다면 마태는 믿음 없는 기도는 아무런 능력이 나타날 수 없음을 말하고 있는 것이다. 믿음이 없는 기도가 무엇인가? 예수의 믿음과 상관없는 기도는 상수도관을 물의 근원이 아닌 산에다 대어 놓고 물이 나오기를 기다리는 것과 다를 바 없는 것이다. 제자들은 자신들도 예수님처럼 능력을 행할 수 있다고 착각하였다. 아이에게서 나가라고 기도도 하고 귀신에게 호통도 쳤을 것이다. 그러나 귀신은 들은 체도 하지 않았다. 왜 그랬을까? 제자들의 믿음이 예수님과 접속되어 있지 않았기 때문이다. 우리의 믿음은 하나님도 아시지만 동시에 귀신도 알아볼 수 있다. 이래 봬도 내가 예수님의 제자인데 … 라는 직함이 아무런 소용이 없다. 예수님과 접속되지 않은 믿음으로는 귀신을 쫓아내지 못하였다. 예수의 믿음을 소유하지 못한 제자들 앞에 마귀는 물러가지도 않았다. 제자들의 체면이 말이 아니었다. "네 안에 예수 없다. 네 믿음 가짜다! 믿는 척하는

구나!"

결국 마귀는 예수님의 말씀 앞에 물러갔다.

누가복음 1장에 보면 제사장 사가랴에게 가브리엘 천사가 나타나 아내 엘리사벳이 아들을 낳을 것이고 그 이름을 요한이라고 하라 했지만 자신이 늙고 아내도 나이가 많아서 믿지 않았다. 반면에 처녀 마리아에게 성령으로 잉태될 것을 고지했을 때 마리아는 "주의 여종이오니 말씀대로 내게 이루어지이다"(눅 1:38)라고 대답하였다. 나이가 많아 아이를 가질 수 없다는 것이나, 남자를 알지 못하는데 아이를 갖지 못한다는 것은 다 이성적으로 맞는 말이다. 이렇게 내 지정의(知情意)를 동원해서 믿어지는 믿음을 '내 믿음'이라고 하는 것이다. 내 믿음은 이성적이고 합리적인 믿음이다. 이러한 믿음을 주님은 작은 믿음이라고 말씀하시는 것이고, 그 이성과 합리성을 초월하여 하나님을 믿는 것을 큰 믿음 곧 예수의 믿음이라고 하신다. 결국 사가랴는 하나님의 말씀을 믿지 않은 벌로 세례 요한이 출생하기까지 말을 하지 못하였다. 믿음 없이 제사장 노릇을 하는 것이 얼마나 큰 죄인지 깨달았을 것이다. 하나님은 야고보 사도를 통해 이렇게 말씀하신다.

네가 하나님은 한 분이신 줄을 믿느냐 잘하는도다 귀신들도 믿고 떠느니라(약 2:19).

마귀는 우리의 겉모습을 보고 도망하지 않는다. 믿음이라고 다 같은 믿음이 아니다. 사탄의 믿음도 있고, 자기 자신의 믿음도 있고, 예수의 믿음도 있다. 귀신들도 하나님을 알아보고 하나님 앞에서는 벌벌 떨게 된다. 오늘 주님은 제자들에게 믿음이 작다고 말씀하셨다.

> 너희 믿음이 작은 까닭이니라(마 17:20).
> You have so little faith(Mat 17:20) - NIV
> You have such little trust(Mat 17:20) - CJB

믿음을 NIV 성경은 'faith'라고 번역했는데 크리스천 유대인 성경 (CJB)은 'trust'라고 번역했다. 주님은 제자들이 예수님에 대한 신뢰가 적다고 말씀하신다. 그러면서 다시 말씀하신다.

> 이르시되 너희 믿음이 작은 까닭이니라 진실로 너희에게 이르노니 만일 너희에게 믿음이 겨자씨 한 알만큼만 있어도 이 산을 명하여 여기서 저기로 옮겨지라 하면 옮겨질 것이요 또 너희가 못할 것이 없으리라(마 17:20).

마태는 예수님이 제자들에게 원하시는 것이 '겨자씨 한 알만큼의 믿음'이라는 것에 주목하고 있다. 겨자씨 한 알이 얼마나 클까? 씨앗 중에서도 가장 작은 씨앗이 겨자씨 아닌가? 자, 그렇다면 여러분의 믿음은 겨자씨 한 알만한가? 겨자씨 한 알보다 작은가? 그래도 겨자씨 한 알보다는 큰 믿음인가? 예수님은 제자들의 믿음이 작다고 하시면서 겨자씨 한 알만한 믿음도 없다고 지적하신다. 결국 주님이 말씀하시는 겨자씨 한 알의 믿음이란 그 믿음이 작으냐 크냐의 문제가 아니라 그 믿음이 '진짜 믿음인지 가짜 믿음인지'가 문제라는 것이다.

제자들의 믿음은 가짜 믿음은 아니었지만 예수의 믿음과는 상관없는 내 믿음이었기에 작은 믿음이라고 표현하신 것이다. 겨자씨 한 알의 믿음은 '진짜 믿음'을 비유한 것이요, 곧 예수의 믿음(Faith of Jesus)을 말하는 것이다.

겨자씨 한 알만한 믿음이 있다면 정말 거대한 산을 움직일 수 있을까? 겨자씨 아닌 태산 같은 믿음이 있어도 산을 절대로 움직일 수 없다. 그러나 천지 만물을 창조하신 예수의 믿음으로는 별것 아니다. 그렇다. 내 믿음의 능력으로는 불가능하지만 '예수의 믿음'이 내 안에 들어오면 그 믿음은 산을 움직이는 능력을 발휘한다.

얼마 전 뉴스에 금은방 강도 사건이 보도되었다. 강도가 금은방에 들어와 순식간에 유리를 깨고 금을 다 쓸어갔다. 그런데 그 강도가 가져간 것은 모두 도금한 가짜였다. 다이아몬드 크기도 중요하지만 더 중요한 것은 진짜냐 가짜냐이다. 아무리 큰 다이아몬드가 있다 할지라도 가짜는 가치가 없다. 가짜는 능력이 없는 것이다. 믿음도 마찬가지다. 아무리 큰 믿음처럼 보일지라도 '내 믿음'은 귀신 앞에 아무런 능력을 발휘하지 못한다. 그러나 '예수의 믿음' 앞에 귀신은 물러가게 된다.

만약 귀신 들린 아이의 아버지가 이 시대에 살았다면 이 찬양을 했을 것이다.

예수 이름으로 예수 이름으로 마귀는 쫓긴다!

주님은 이 세대를 믿음이 없는 세대라고 진단하셨다. 오직 '예수의 믿음(Faith of Jesus)'을 가진 사람만이 사탄과의 전쟁에서 승리할 수 있다. 오늘 나의 믿음은 어떤 믿음인가? 귀신이 우습게 여기는 제자들의 믿음, 곧 작은 내 믿음인가? 아니면 귀신이 물러가는 큰 믿음, 곧 예수의 믿음인가?

# 10장

# 예수의 믿음을 따라서

예수께서 집에 들어가시매 맹인들이 그에게 나아오거늘 예수께서 이르
시되 내가 능히 이 일 할 줄을 믿느냐 대답하되 주여 그러하오이다 하니
(마 9:28).

지금 이 순간 감사할 일이 무엇이 있을까? 많이 있겠지만 볼 수 있다
는 것은 참으로 감사한 일이다. 만약에 볼 수 없었다면 예배당에 나오
는 것이 상당히 어려웠을 것이다. 많은 감사할 일들이 있지만, 일평생
사는 동안 지속적으로 볼 수 있다는 것은 더욱 감사한 일이다. 살면서
실명의 위기에 처하거나 실명했을 경우에 엄청난 좌절과 고통을 겪게
된다. 태어나면서부터 이 세상을 보지 못한 분들은 그러려니 하며 살
수 있을지도 모르겠으나 살다가 실명을 하게 되어 평상시 볼 수 있었던
것을 보지 못하게 된다면 얼마나 가슴이 답답하고 절망적일까?

두 맹인이 있었다. 그들은 서로의 처지를 깊이 공감하였고 서로 친구

가 되었다. 어쩌면 이들은 세상에 태어나면서부터 앞을 보지 못하는 사람들이었을지도 모른다. 음성은 듣고 만질 수는 있지만, 사랑하는 가족들이 어떻게 생겼는지 보지 못하고 살아간다는 것은 참 고통스러울 것이다. 어느 날 이 두 맹인이 예수님에 관한 이야기를 들었다. 그냥 듣고 흘려버린 것이 아니라 '예수님이 우리를 고쳐주실 수 있는 분이구나!' 이런 차원을 넘어서서 '예수라는 분은 우리 유대인들이 그토록 대망하고 있던 메시아다!'라는 것을 깨닫게 된 것이다. 그래서 주님을 향한 간절함이 시작되었다. 예수님을 꼭 만나고 싶었다. 예수님을 만나서 고침 받아, 보게 되기를 간절히 원했다. 그 간절함의 응답이었을까? 예수님을 만나게 된 것이다. 사람들이 예수님이 왔다는 이야기를 하자 그들 역시 예수님을 찾아 나섰다. 그리고 예수님을 향하여 간절히 소리쳤다.

다윗의 자손이여 우리를 불쌍히 여기소서(마 9:27).

우리는 이것을 담담하게 이야기하고 있다. 아마도 두 맹인이 가지고 있었던 간절함이 우리에게 있지 않기 때문일 것이다. 왜냐면 우리는 맹인이 아니기 때문이다. 만약 정말 앞을 보지 못하는 분들이라면 수백 배, 수천 배 절절하게 와닿을 것이다. 그들은 주님을 향해서 소리 질렀다 "다윗의 자손이여 우리를 불쌍히 여기소서!" 얼마나 간절하게 외쳤겠는가? 그런데 이들은 예수님을 향해서 '다윗의 자손'이라고 부르고 있다. 다윗의 자손이라는 호칭은 유대인들이 가지고 있었던 메시아에 대한 별칭이었다. 그들은 예수님이 다윗의 자손, 곧 메시아요 그리스도임을 인정하고 있었다.

유대인들의 이 메시아 사상은 이사야서에 많이 나온다. 이사야 35장 5절에 메시아가 도래하면 '맹인의 눈이 밝을 것이며 못 듣는 사람의 귀가 열릴 것이며'라고 말씀하셨다. 맹인이 아닌 사람과 잘 들을 수 있는 사람에게는 그냥 평범한 구절로 스쳐 지나갈 수 있지만 맹인과 못 듣는 사람에게는 예사롭지 않았을 것이다. 눈이 번쩍 뜨이고 귀가 열릴 정도의 메시지였을 것이다. '우리가 지금은 보지 못하고 듣지 못하지만 메시아가 임하면 우리도 보게 되는구나! 듣게 되겠구나!' 이러한 설렘과 기대감으로 가득 차 있었을 것이다.

아이들이 놀이터에서 놀다가 투닥투닥 싸웠는데, 한 아이가 힘이 밀려서 몇 대 맞았다. 그 아이가 누군가를 기다린다. 누굴 기다릴까? 자기 형을 기다린다. 형이 오면 내가 얻어맞은 것을 갚아 줄 테니까 … 형이 오기를 기다리는 것처럼 이들은 메시아에 대한 간절함이 누구보다도 강했을 것이다.

장애를 가진 분들은 장애를 갖지 않은 분들보다 여러 가지 면에서 예리하게 발달 되어있다. 보지 못하는 분들은 눈으로 보는 사람들보다 훨씬 더 후각, 촉각, 청각, 미각이 예민하다. 어쩌면 이 두 맹인은 다른 유대인들보다 더 깊은 메시아 대망 사상을 가지고 있었을 수도 있을 것이다. 육신의 눈으로 볼 수 없는 영적인 세상, 영적인 세계, 영적인 빛을 볼 수 있었던 사람들이었다.

당시 팔레스타인 지방에는 뜨겁고 건조한 동풍이 많이 불었다. 출애굽 시에 홍해를 가른 바람이 바로 동풍이다. 요나가 불평했을 때에 박

넝쿨이 말라버렸다. 그것을 마르게 한 바람이 바로 동풍이다. 동풍 때문에 팔레스타인은 사람 살기에 쉬운 지역이 아니다. 그곳은 주로 석회암 지역으로 바람이 불면 먼지 정도가 아니라 석회암 가루들이 같이 날렸다. 그래서 안질 환자가 많았고, 바울의 안질도 그렇게 이해할 수 있지 않을까 싶다.

앞이 안 보이는 사람들이 예수님을 따라가면서 줄기차게 외친다. "다윗의 자손이여! 우리를 불쌍히 여기소서!" 얼마나 간절한 외침이었을까? 이 두 맹인이 결국 예수님으로 인해서 눈을 뜨게 되었다. 눈을 뜨게 된 시작점이 어디 있냐면 바로 간절함이다.

우리가 오늘 신앙생활을 하면서 잃어버린 것이 있다면 주님을 향한 간절함, 예배를 향한 간절함이다. 코로나 시대를 지나오면서 코로나로 인해 불편하고, 원망스럽고, 짜증나는 것도 있지만 오히려 예배의 자리, 찬송의 자리를 사모하는 간절함을 회복하는 기회가 되기를 소망한다. 한 번 한 번의 예배가 얼마나 소중한지, 얼마나 행복하고 감사한지 … 한 번 한 번의 예배를 사모하는 것은 우리의 영혼을 새롭게 회복시키는 시간이라고 믿는다. 예배를 통해서 우리는 하나님의 은혜를 받기 원한다. 하나님은 은혜와 복을 주시는 분이시다. 얼마만큼 은혜와 복을 주시는가? 간절히 사모하는 만큼 아니겠는가! 준비된 마음만큼 아니겠는가! 아무리 하나님의 은혜를 받고 싶어도 내가 준비한 그릇이 작은 컵 정도라면 컵이 다 찬 후에는 밖으로 흘러넘쳐 버리고 만다. 그러나 커다란 양동이를 준비했다면 그만큼의 은혜를 채워갈 수 있다. 하나님은 은혜 주시기를 원하시고 복 주시기를 원하신다. 따라서 하나님을 향한 간절함이 회복되기를 먼저 기도해야 할 것이다. 이것이 신앙의 회복이라고 생각한다. 찬양 중에 이런 찬양이 있다.

주께 가까이 날 이끄소서 간절히 주님만을 원합니다
채워 주소서 주의 사랑을 진정한 찬양 드릴 수 있도록
목마른 나의 영혼 주를 부르니 나의 맘 만져 주소서
주님만을 원합니다 더 원합니다 나의 맘 만져 주소서

우리는 이 세상을 살아가면서 먹을 것, 입을 것, 쓸 것을 채워 달라고 기도한다. 그런데 그에 앞서서 그의 나라와 그의 의를 구하는 기도가 필요하다. "주님만을 원합니다. 더 원합니다. 나의 맘 만져 주십시오. 주님으로 내게 채워 주십시오. 주님의 믿음을 내게 주십시오. 주의 영으로 내게 충만하게 해 주십시오." 이 기도가 먼저 그의 나라와 그의 의를 구하는 기도이다.

두 맹인은 예수님을 따라오며 소리쳤다. 자, 이쯤 되면 예수님께서 발걸음을 멈춰 서야 하는 것 아닌가? 그들의 간절한 외침에 예수님께서 반응해야 하는 것 아닌가? 어떻게 그렇게 모른 척하고 외면하고 지나갈 수 있단 말인가? 참 서운하고 섭섭했을 것 같다. 그렇게 간절한 마음으로 '다윗의 자손이여 나를 불쌍히 여겨주소서' 하고 외치는데, 메시아로 생각했던 그분은 아무런 반응도 하지 않고 계속 길을 가시다가 어느 집으로 들어가 버리셨다. 이쯤 되면 여러분은 어떻게 하시겠는가? '나 참! 안 가, 안 가.' 그럴 수도 있을 것이다. '사람을 무시해도 이렇게 무시할 수가 있나?' 이렇게 간절한 마음으로 매달리는데 메시아라는 사람이 대답도 하지 않나?

그런데 두 맹인은 포기하지 않았다. 집까지 따라 들어갔다. 믿음의 모습은 이래야 한다. 지금 누가 아쉬운가? 예수님이 아쉬운 것이 아니다. 내가 간절히 하나님을 찾는 것이다. 우리가 예배를 드리지 않으면, 하나님께 영광 돌리지 않으면, 하나님은 돌들에게라도 영광을 받으신다고 하셨다. 그러니까 두 맹인은 메시아를 만나고자 하는 열정, 그 목적을 끝까지 놓지 않았다. 지금 우리는 왜 예수님을 따라가는가? 예수님이 나를 만져 주실 수 있는 분이기 때문이다. 목적이 있는 성도, 목적이 이끌어가는 성도는 웬만한 일로는 그 걸음을 멈추지 않는 것이다. 평생 주님의 길을 갈 때에 그 십자가의 믿음의 길을 중단하지 아니하고 좇아갈 수 있기를 원한다. 맹인들은 집까지 따라 들어갔다. 결코 포기하지 않았다. 그랬더니 주님께서 바로 응답하셨다. 주님은 이 맹인들의 소원과 갈증이 무엇인지 알고 있었다.

내가 능히 이 일 할 줄을 믿느냐(마 9:28).

맹인들이 지체 없이 대답하였다.

주여 그러하오이다(마 9:28).

예수님은 이들의 믿음의 고백을 들으시고 눈을 만지셨다.

예수께서 그들의 눈을 만지시며 이르시되 너희 믿음대로 되라 하시
니 그 눈들이 밝아진지라(마 9:29-30).

할렐루야! 예수님이 "너희 믿음대로 되라" 하시니 그들의 믿음대로
눈이 밝아졌다. 주님은 말씀으로 천지 만물을 창조하신 분이시기 때문
에 지금도 주님은 말씀으로 역사하심을 믿는다.

주님께서 맹인의 눈을 어루만져 주시는 것을 상상해 보라. 주의 손
이 나의 눈을 만지실 때, 나의 눈을 덮으실 때, 얼마나 그 사랑이 따뜻할
까? 우리의 눈과 우리의 영을 만져주시는 주님의 손길을 느낄 수 있다.
주님의 사랑의 손길을 경험할 수 있다. 그렇게 냉정하게 지나가던 주님
을 집안에까지 따라갔더니 따뜻한 손길로 만져주실 때에 눈물 나지 않
았을까? 참 감격스러웠을 것이다. 내가 그토록 기다리던 메시아의 입
에서 선포되는 말씀이 "너희 믿음대로 되라!"였다. 말씀이 선포되자 그
말씀대로 그들은 즉시 눈을 뜨게 되었다

이 두 맹인이 가지고 있었던 믿음이 무엇인가? 메시아에 대한 믿음
이다. 예수 그리스도가 메시아라는 믿음이 있었고 그 메시아를 '나는
끝까지 따라간다!'는 믿음이 있었다. 헬라어 성경에 "너희 믿음대로 되
라"(마 9:29)는 κατα την πιστιν υμων(카타 텐 피스틴 휘몬)으로 영어로는
'According to your faith will it be done to you!'이다. 해석하면 '너
희의 믿음을 따라서 이 일이 너희에게 이루어질 것이다.'이다. 사람들
은 '믿음대로 된다'는 말을 많이 오해한다. '믿음에 따라'는 '믿음에 비
례해서'라는 말보다는 '믿고 바라는 대로'라는 의미다. 이들의 '믿음대

로'라고 한 말은 '예수님이 메시아라고 믿는 믿음'을 말하는 것이다.

맹인들은 메시아에 대한 믿음이 있었다. 그들이 소유한 믿음 자체로 자기들의 눈을 뜨게 할 수 있다는 것이 아니라 예수의 능력이 임할 때에 문제가 해결되리라는 것을 믿었다. 능력과 은혜는 오직 주님께로부터 나오는 것이다.

두 맹인은 메시아에 대한 자기들의 작은 믿음을 가지고 있었고 그 믿음의 관이 예수 그리스도와 연결되었을 때 이 세상에서 도무지 일어날 수 없는 역사를 경험하게 되었다. 동시대에 맹인이 이들뿐이었겠는가? 질병에 걸린 사람들이 얼마나 많았겠는가? 귀신에 사로잡힌 자들이 얼마나 많았겠는가? 그런데 그들이 다 고침을 받았을까? 그렇지 않다. 주님은 인격적이신 하나님이시기 때문이다. 주님은 마술사가 아니다. 주님이 이 두 맹인과 하길 원했던 것은 인격적인 만남이다. 즉, 주님과 나 사이에 영적인 교제가 있기를 바라신다. 그 인격적인 만남 속에, 어루만짐 속에 결국 그들의 소원도 응답받았고, 뿐만 아니라 자기들이 가지고 있었던 예수 그리스도가 메시아라는 믿음도 확인받게 되었다. 우리도 하나님 앞에 서게 될 때 그토록 사랑하고, 섬기고, 믿었던, 예수 그리스도가 바로 창조주 하나님이심을 확인받게 될 것이다. 그 큰 기쁨을 모두 맛보길 원한다.

두 맹인이 고침 받은 것은 돈도, 명예도, 권력도 아닌 메시아에 대한 믿음, 예수 그리스도를 향한 믿음이었다. 참된 믿음이라는 것은 불가능한 것에 초점을 두는 것이 아니라 가능한 것에 초점을 맞추는 것이다. 믿음의 사람들은 문제를 바라보는 것이 아니라 그 문제를 해결해 주시는 예수 그리스도께 초점을 맞춘다. 믿음이 있는 사람은 평탄한 길을 달라고 구하기보다 예수의 믿음을 주셔서 평탄한 길이 아닐지라도 그 것을 뛰어넘고 정복할 수 있도록 도와 달라고 기도한다. 그것이 진정한 예수의 믿음이다. 예수의 믿음을 가지고 있는 사람은 이 세상이 고난을 주고, 아픔을 주고, 상처를 준다고 할지라도 그 믿음의 행진을 절대로 멈추지 않는다. 왜냐하면, 내가 바라보는 예수님을 좇아가고 있기 때문이다. 어떤 어려움이 닥치더라도 나는 하나님을 신뢰하자. 어떤 문제가 발생한다 할지라도 여전히 하나님의 은혜와 긍휼을 구하자.

오늘 우리의 삶은 지나간 시간의 결과로 축적된 모습이다. 마찬가지로 현재 우리가 예수의 믿음으로 반응하고 좇아가는 삶이 축적되어서 미래의 모습으로 드러나게 될 것이다. 그러므로 오늘 어떤 믿음을 따라 살지를 신중하게 생각하고, 선택하고, 결정하시기를 주의 이름으로 촉구한다.

나는 무엇을 따라 살 것인가?

우리가 하나님을 믿고, 신뢰하고, 믿음의 씨앗을 뿌리는 삶을 살아간다면 언젠가는 풍성한 믿음의 열매를 거두게 될 것이다. 포기하지 말고, 낙담하지 말고, 절망하지 말고, 섭섭해하지 말고, 끝까지 주님을 좇아갈 때에 풍성한 삶이 주어질 것이다. 매일 내 생각이나 고집을 따라서가 아니라 예수에 대한 믿음을 따라 나서자! 그러면 내 믿음은 예수의 믿음과 만나게 될 것이다. 그 예수의 믿음이 내 안에 놀라운 회복과 기적을 가져올 것이다.

예수의 믿음을 따라서!

# 11장

# 양과 염소

여호와께서 이르시되 내가 하려는 것을 아브라함에게 숨기겠느냐(창 18:17).

롯이 나가서 그 딸들과 결혼할 사위들에게 말하여 이르기를 여호와께서 이 성을 멸하실 터이니 너희는 일어나 이 곳에서 떠나라 하되 그의 사위들은 농담으로 여겼더라(창 19:14).

프랑스의 철학자이자 수학자였던 블레즈 파스칼(Blaise Pascal)은 신앙심이 깊었던 아버지의 영향을 받았다. 파스칼은 늘 병약했던 탓에 39세를 일기로 생을 마감했는데 그가 세상을 떠났을 때 남은 것은 성경과 어거스틴의 책 몇 권뿐이었다. 어느 날 한 친구가 파스칼에게 물었다.

"나도 자네의 믿음을 갖고 싶네! 그래서 자네처럼 살고 싶네."

파스칼은 이렇게 대답했다.

"만약 자네가 나처럼 산다면 나의 믿음을 가지게 될 것일세. 하나님은 증명해야 믿는 것이 아니라 믿을 때 증명되는 것이네."

내 믿음이라고 말하는 믿음이 어디에서 시작되었는가? 그 믿음은 나로부터 출발하는 것이 아니라 하나님의 은혜로부터 나오는 것이다. 타인과 나 사이의 '관계적 믿음'은 서로가 만들어 내는 것이지만 '구원에 이르는 믿음'은 우리가 만들어 내는 것이 아니라 전적인 하나님의 선물이다.

> 관계적 믿음은 서로를 향해 만들어 내는 것이지만 구원에 이르는 믿음은 서로 만들어 내는 것이 아니라 전적인 하나님의 선물이다.

> 구원에 이르는 믿음은 오직 하나님의 말씀을 통해 주시는 은혜의 선물로서 그 선물을 받음으로 하나님을 믿게 되고, 알게 됨으로 섬기며, 예배하고, 헌신하는 그 믿음의 삶을 통해 영원한 구원에 이르게 된다.

그러므로 내 영혼이 구원 받는 데 이 세상의 지식이나 물질이나 명예나 힘 등 보탤 것은 아무것도 없으며 그 구원은 오직 전적인 예수 그리스도의 십자가의 은혜다. 그러므로 참된 믿음의 최종 결과는 구원이다.

그러면 믿음과 구원의 표준은 무엇일까?

성경이다. 성경은 하나님께서 우리에게 주신 편지요 약속이다. 성경은 구원의 길, 십자가의 길, 곧 예수 그리스도의 생명의 길로 안내하는 거룩한 책이다. 성경은 우리를 향한 '오트(אות), 세메이온(σημεῖον), 사인(Sign)'의 책이다.

성경은 우리를 구원하시기 위한 하나님의 사인(Sign)이다.

- 에덴동산의 선악을 알게 하는 나무와 생명나무는 하나님을 인식하고 살아라! 하나님의 말씀을 따라 살라는 '오트(אות), 세메이온(σημεῖον), 사인(Sign)'이었다. → 간접 사인(Sign)
- 노아의 방주는 하나님의 심판이 예비되어 있다는 120년 동안 사인(Sign)이었다. → 간접 사인(Sign)
- 홍수 심판 후에 주신 무지개는 물로는 다시 세상을 멸하지 않겠다는 사인(Sign)이었다. → 간접 사인(Sign)
- 소돔과 고모라 성의 심판은 하나님의 심판이 임박했다는 사인(Sign)이었다. → 직접 사인(Sign)

그렇다면 간접 사인과 직접 사인의 차이는 무엇인가? 간접 사인은 깨달을 시간이 주어지지만 직접 사인은 더 이상 시간이 주어지지 않으며 심판이 임박하였다는 뜻이다.

여호와께서 이르시되 내가 하려는 것을 아브라함에게 숨기겠느냐(창 18:17).

하나님은 소돔과 고모라 성의 죄악이 심히 무거워 심판하시려는 하나님의 계획을 아브라함에게 직접 말씀해 주셨다. 그 심판 앞에서 아브라함은 주께서 의인과 악인을 함께 멸하시지 마시고 의인 50명만 있어도 용서해 달라고 간청한다. 아브라함 생각에 아무리 타락한 성읍이라도 하나님을 섬기는 50명이야 없겠나? 이렇게 생각했다.

> 주께서 이같이 하사 의인을 악인과 함께 죽이심은 부당하오며 의인과 악인을 같이 하심도 부당하니이다 세상을 심판하시는 이가 정의를 행하실 것이 아니니이까(창 18:25).

이 기도가 성경에 나오는 최초의 중보적 기도이다. 아브라함은 끈질기게 의인 50명이 있으면, 45명이 있으면, 40명이 있으면, 30명이 있으면, 20명이 있으면, 10명이 있으면 하나님의 심판을 멈추어 달라고 여섯 번이나 간구한다. 이렇게 명수를 줄이며 기도할 때 아브라함은 참 당황했을 것 같다.

만약 나에게 이런 말씀을 하셨다면 나는 어떻게 했을까?

여러분은 어떻게 반응하시겠는가? 아브라함처럼 중보적 기도를 했을까? 나는 안했을 것이다.

"네 하나님! 하나님 뜻에 전적으로 동의합니다. 저 인간들은 심판을 받아 마땅한 놈들입니다."

이렇게 나와 같은 마음을 가진 사람이 요나 선지자다. 이스라엘의 원수 앗시리아의 수도 니느웨에 가서 심판이 임박했음을 알리고 구원하라는 명을 받자 거부하고 다시스로 가는 배를 탔다. 그래서 물고기 뱃속에서 삼일 동안 기합을 받은 후에야 억지로 그것도 딱 하루 동안 이렇게 외쳤다.

사십 일이 지나면 니느웨가 무너지리라(욘 3:4).

큰 소리로 외쳤겠는가? 마지못해 그냥저냥 했을 것이다. 그런데 놀랍게도 마지못해 억지로 가서 그것도 열정을 가지고 전한 것이 아니라 모기만한 목소리로 살짝 하나님의 심판을 전했는데 니느웨 사람들이 그 소리를 듣고 하나님을 믿고 왕은 금식을 선포하는 것이 아닌가? '아니, 이게 아닌데, 이렇게 나오면 안되는데 …' 요나는 어리둥절했을 것이다.

하나님이 그들이 행한 것 곧 그 악한 길에서 돌이켜 떠난 것을 보시고 하나님이 뜻을 돌이키사 그들에게 내리리라고 말씀하신 재앙을 내리지 아니하시니라(욘 3:10).

결국 니느웨 성 안의 12만 명이 구원 받았는데 그것도 모두 이방인이었다. 그래서 요나 선지자는 하나님의 구원하심에 대하여 감사가 아닌 불만을 토로하였다. 아니 선지자가 하나님의 구원을 보고 기뻐해야 하는 것 아닌가? 그런데 하나님의 구원에 대하여 불평한다.

'아니, 이러면 안 되는데. 회개하면 안 되는데 … 이 원수들은 하나님의 심판을 받아 멸망해야 되는데 … 아, 이거 표정관리 힘들다!'

나도 모르게 이런 마음을 품었다. 그런데 문제는 그 마음을 나에게 적용하면 나도 구원의 대상에서 제외된다는 사실이다. 나에게는 아브라함처럼 긍휼의 마음이 부족함을 회개했다.

나 같은 죄인이 용서함 받아서 주 앞에 옳다함 얻음은

확실히 믿기는 어린 양 예수의 그 피로 속죄함 얻었네

(새찬송가 257장 3절)

하나님이 온 세상을 향해 하시려는 것이 무엇일까? 구원이다.

인자가 온 것은 잃어버린 자를 찾아 구원하려 함이니라(눅 19:10).

그러나 이러한 아브라함의 간청에도 불구하고 소돔과 고모라에는 의인 10명이 없었다. 결국 소돔과 고모라 성은 유황과 불의 심판을 받게 되었다. 이러한 심판의 직접적인 원인은 그들의 죄악 때문만이 아니라 의인 10명이 없었기 때문이다.

죄악된 세상을 탓하는 것은 누구나 할 수 있다. 그러나 내가 의인으로 사는 것은 쉽지 않다. 그 온전한 믿음의 사람 한 명이 우리가 되기를 바란다.

이제 하나님은 소돔과 고모라 성의 심판에 대하여 아브라함에게 말씀하신 후 직접 천사들을 보내신다. 두 천사의 방문은 그 성을 향한 하나님의 임박한 심판의 직접적이고도 매우 강력한 사인이었다. 두 천사가 소돔 성에 방문할 때 소돔 성문에 앉아 있던 롯이 그 두 천사를 보고 일어나 영접하고 땅에 엎드려 절한다.

내 주여 돌이켜 종의 집으로 들어와 발을 씻고 주무시고 일찍이 일어나 갈 길을 가소서 그들이 이르되 아니라 우리가 거리에서 밤을 새우리라 롯이 간청하매 그제서야 돌이켜 그 집으로 들어오는지라 롯이 그들을 위하여 식탁을 베풀고 무교병을 구우니 그들이 먹으니라(창 19:2-3).

소돔 성에 사는 사람 중 오직 롯만이 두 천사를 볼 수 있는 영적 눈이 열려 있어, 두 천사를 영접하여 식탁을 베풀었다. 그런데 소돔 백성들이 노소를 막론하고 다 모여 원근에서 그 집을 에워싸고 롯에게 요구한다.

오늘 밤에 네게 온 사람들이 어디 있느냐 이끌어 내라 우리가 그들을 상관하리라(창 19:5).

누가 하나님의 심판을 받을까?
첫째, 육신의 정욕과 쾌락만 추구하고 살아가는 사람이다.

고모라(Gomorrah)는 '침몰' 또는 '멸망'이란 뜻이고, 소돔이란 말은 '남색'이란 뜻의 '소도미(Sodomy)'에서 온 말이다. 실제로 롯의 집을 찾아온 천사들을 보고 그곳 성읍 사람들은 그들에게 노골적으로 동성애를 강제했다. 결국 천사들은 그 악한 사람들이 불과 유황으로 심판 받기 전에 그들의 눈을 멀게 하였다.

둘째, 하나님의 말씀과 사인(Sign)을 우습게 여기는 사람이다.

롯이 나가서 그 딸들과 결혼할 사위들에게 말하여 이르기를 여호와께서 이 성을 멸하실 터이니 너희는 일어나 이 곳에서 떠나라 하되 그의 사위들은 농담으로 여겼더라(창 19:14).

롯은 사위들에게 '일어나 이 곳에서 떠나라'고 했지만 그 말을 농담으로 여겼다. 롯의 사위뿐인가? 롯의 아내도 천사의 말씀을 가볍게 여겼다. 천사가 롯과 그 가족에게 말한다.

도망하여 생명을 보존하라 돌아보거나 들에 머물지 말고 산으로 도망하여 멸망함을 면하라(창 19:17).

그러나 롯의 아내는 천사의 말을 가볍게 여기고 뒤를 돌아보아 심판받는 소돔 성을 보았고 즉시 소금 기둥이 되고 말았다.

롯의 아내는 뒤를 돌아보았으므로 소금 기둥이 되었더라(창 19:26).

그러면 롯의 아내는 왜 천사의 말씀을 무시하고 뒤를 돌아보았을까? 소돔 성에 남겨 놓은 집도 있고, 가축도 있고, 살림살이도 있고 ….

오늘 누가 하나님의 말씀을 무시할까? 롯의 아내처럼 하나님의 사인(Sign)을 받은 사람, 그리고 천사를 따라가던 사람, 그러나 세상에 많이 쌓아 놓은 사람, 하나님 나라와 세상을 동시에 바라보는 사람!

오늘 그 소금 기둥이 무엇을 의미할까? 말씀에 불순종한 사람들의 결과가 이렇게 된다, 하나님과 세상을 동시에 섬기는 사람은 이렇게 된다는 '오트(אוֹת), 세메이온(σημεῖον), 사인(Sign)'이다.

이처럼 오늘도 하나님의 심판을 받는 인생은 하나님의 사인도 깨닫지 못하고, 심판도 의식하지 않고, 그저 육신의 정욕과 안목의 정욕과 이생의 자랑과 쾌락에 몰두한다. 하나님의 종을 통하여 주시는 말씀을 가볍게 여기고, 농담으로 여기고 심지어 비난하고 조롱한다.

최근에 2007년 아프카니스탄 '샘물교회 선교팀' 텔레반 인질 사건을 모티브로 한 〈협상〉이란 영화가 개봉되었다. 주인공인 현빈과 그곳에서 현지인 행세를 하며 도움을 주는 하심이 곤경에 처하게 되었다. 하심이 아프간 사람들의 신에게 도움을 요청하는 기도를 하자 이렇게 비아냥거린다. "교회 집사였다며?"

하심이 이렇게 대답한다.

"그딴 게 뭐가 중요해! 이 동네 신한테 비는 거야!"

목숨이 위험한 상황에서 주님의 이름으로 임명 받은 집사라는 귀한 직분은 '그딴 게' 되어 버린다. '집사님에게 하나님은 없었다'. 영화 감독은 이 장면을 통해 그리스도인답지 못함, 집사답지 못함, 권사답지 못함, 장로답지 못함, 목사답지 못한 위선적인 가짜 그리스도인의 모호함을 날카롭게 꼬집는다. 어쩌면 비아냥거리는 것 같아 불쾌하기도 하지만 겸허히 수용하고 반성한다.

가을이 되어 추수가 끝나면 정부는 쌀 수매를 한다. 그러면 판정관들이 그 볏 가마에 검수기를 쑥 집어넣고 쌀을 몇 알 꺼내고 품질 등급을 정한다. 3등급, 2등급, 1등급, 특등급, 각 등급 별로 수매가가 매겨질 때마다 농민들의 표정은 달라진다.

오늘 Beyond Covid-19 시대를 살아가는 그리스도인의 모습, 한국 교회의 모습을 등급으로 판정한다면 어떻게 판정하실까? 내 믿음의 모습을 판정하신다면 나는 몇 등급이나 될까? 주님의 판정 등급은 심플하다. 곡식과 가라지(마 13장)! 롯의 아내는 롯과 같이 소돔 성을 빠져나왔다. 소돔 성의 심판에서 제외되었다. 그러나 완전한 구원을 받지 못했다. 하나님께서 주신 사인을 경홀히 여겼기 때문이다.

결국 최후 구원을 받지 못했다. 롯의 아내는 남편과 같이 살았지만 알곡이 아니라 가라지였다. 양이 아니라 염소였다. 두 딸의 예비 사위도 가라지였다. 그리고 후일에 롯과 그의 두 딸도 알곡의 모습이 아닌 가라지의 모습을 보이면서 성경에 더 이상 기록되지 않는다.

구원은 잠시 받는 것이 아니라 영원히 받아야 한다. 우리의 구원은 잠시 동안의 구원이 아니라 영원한 구원이다. 혹여 내가 롯의 아내 같은 사람이 되지 않을까 두렵다. 지금 하나님의 심판이 임하지 않았다면 참으로 감사한 일이다. 그러나 계속되는 하나님의 말씀을 통한 사인을 외면하며 순종하지 못하면 또 다른 심판이 기다리고 있음을 알아야 한다. 주님 심판 날에 알곡은 알곡으로 가라지는 가라지로 구별될 것이다. 양은 천국에 염소는 지옥으로 구별될 것이다. 알곡과 가라지, 양과 염소 사이에 중간은 없다.

이 시간 결단하고 선택하기를 바란다. 나는 중간에 심판 받을 등급의 성도인가? 아니면 영원한 구원을 받을 등급의 성도인가? 나는 가라지 성도인가? 알곡 성도인가?

# 12장

# 곡식과 가라지

둘 다 추수 때까지 함께 자라게 두라 추수 때에 내가 추수꾼들에게 말하기를 가라지는 먼저 거두어 불사르게 단으로 묶고 곡식은 모아 내 곳간에 넣으라 하리라(마 13:30).

신앙이란 '관계'를 말한다. 신앙이 좋다, 믿음이 좋다는 말은 좋은 관계를 이루고 있다는 뜻이다. 그러면 누구와 관계가 좋아야 하나?

첫째, 하나님과 관계가 좋아야 한다(수직적 관계).

신앙이 좋다, 믿음이 좋다는 말은 하나님과의 관계가 좋다는 뜻이다. 하나님과의 관계가 좋다는 말은 하나님과 지속적인 사랑과 신뢰의 관계가 온전하게 유지되고 있다는 뜻이다. 그 온전함이란 믿음과 사랑으로 충만한 순방향의 삶을 말한다. 그 온전함 안에는 평안과 기쁨과 자유와 행복이 있다. 그러나 이 관계가 온전하지 못하면 다시 말해 역방향의 삶을 살면 불안과 고통을 느끼게 된다.

그러므로 주님과의 관계가 좋으면 예배당에 오는 길이 감사하고, 찬송을 부르는 것이 가슴 벅차고, 기도하고 말씀을 받는 것이 행복하다. 그러나 그 관계에 이상이 생기면 교회에 오는 것도 싫고, 오되 억지로 끌려오고, 다른 성도는 힘차게 찬송을 부르지만 자신은 겨우 입술만 오물거리고, 찬양대의 아름다운 찬양에도 별 감흥이 없고, 기도할 때 눈을 감으면 졸음이 쏟아지고, 말씀을 받는 시간은 지루하기만 하다.

> 나를 사랑하는 자들이 나의 사랑을 입으며 나를 간절히 찾는 자가 나를 만날 것이니라(잠 8:17).

그러므로 좋은 신앙, 좋은 믿음을 유지하기 위해서는 하나님과의 바른 영적 관계가 우선해야 한다. 왜 하나님의 사랑과 은혜가 없나? 하나님을 간절히 찾지 않기 때문이다. 왜 찾지 않나? 배부르기 때문이다.

> 의에 주리고 목마른 자는 복이 있나니 그들이 배부를 것임이요(마 5:6).

의로우신 분은 오직 하나님 한 분이다. 하나님을 갈망하면, 마음과 영혼이 배부름의 은총을 입게 될 것이다.

둘째, 성도와 관계가 좋아야 한다(수평적 관계).
하나님과의 관계는 좋지만 성도들, 이웃과의 관계가 단절된 성도가 있다. 그러면 정말 하나님과의 관계가 좋을까? 하나님과의 관계가 좋은 사람은 이웃과의 관계도 좋다. 성도와의 관계를 바르고 아름답게 갖는다면 그 믿음도 복되고 좋은 믿음이지만, 그렇지 못하다면 그 믿음은 하나님과 상관없는 자기만족의 믿음일 뿐이다.

우리는 기쁨과 사랑과 행복을 어디에서 느끼나? 사람과의 관계에서 느낀다. 만약 그 관계에 문제가 생기면 기쁨과 사랑은 사라지고 고통과 슬픔을 느끼게 된다. 그런데 살다 보면 껄끄러운 관계가 있을 수 있다. 왜 껄끄러운지 대부분 그 문제를 제공한 사람은 잘 모른다. 아니 알고도 뻔뻔한 때도 있다. 오히려 피해를 본 사람만이 힘들어한다.

참된 예배는 하나님과의 코이노니아(Koinonia, 교제), 즉 영과 진리의 예배로 드러난다. 참된 예배는 성도와 이웃과의 코이노니아, 아름다운 교제, 섬나도*로 드러난다. 그러므로 하나님과의 코이노니아는 이웃과의 코이노니아로 확대되는 것이다.

하나님과 친밀한 관계, 깊은 사랑의 관계를 유지하고, 성도와의 친밀한 사랑을 나누면 그 안에 행복이 숨어 있다.

누가복음 12장에 나오는 '어리석은 부자'처럼 하나님도 찾지 아니하고 이웃과의 관계가 단절된 사람이 되지 말자! 이 부자는 하나님을 믿지도, 예배하지도 않고 성도의 사랑과 교제가 없이 얼마든지 잘 먹고 잘 살며 행복할 수 있다고 착각한다.

---

* 섬나도: '섬기고 나누고 도운다'의 줄임말로 청주서남교회에서 강조하는 구호이다.

영혼아 여러 해 쓸 물건을 많이 쌓아 두었으니 평안히 쉬고 먹고 마시고 즐거워하자(눅 12:19).

주님은 이 부자를 향해서 이렇게 정의했다.

어리석은 자여(눅 12:20).

왜 어리석다는 것인가?

오늘 밤에 네 영혼을 도로 찾으리니 그러면 네 준비한 것이 누구의 것이 되겠느냐(눅 12:20).

아무리 재물이 많아도 하나님 없는 재물, 이웃과 나눌 수 없는 재물은 결코 나를 행복하게 해줄 수 없다. 이 부자의 인생의 결론이 무엇인가? 어느 날 갑자기 그 삶이 스톱된다는 것이다.

인생의 결론, 인생의 열매가 무엇일까? 예수님께서 갈릴리 호숫가에 앉아 무리에게 가르치시다가 큰 무리가 모여들자 배에 올라가 씨 뿌리는 비유를 말씀하셨다. 예수님의 설교는 대부분 비유 설교가 많다. 비유란 어떤 감추어진 실체의 진리를 다른 것으로 바꾸어 표현하는 것이다. 그 대표적인 비유 중 하나가 마태복음 13장의 씨 뿌리는 비유, 가라지와 곡식 비유이다. 곡식은 하나님의 자녀, 가라지는 불신자, 또는 주님을 배반한 배교자다. 좋은 씨는 복음이요, 좋은 씨를 뿌리는 이는 예수 그리스도, 추수 때는 세상의 끝, 심판의 때를 말한다. 복음을 듣는 사람들의 심령에 따라 길 가에 떨어진 씨, 돌밭에 떨어진 씨, 가시떨기 위에 떨어진 씨, 좋은 땅에 떨어진 씨로 비유하셨다.

'가라지'는 팔레스티나('팔레스타인'의 라틴어 이름), 레바논, 시리아, 지중해 연안 등에서 보리나 밀밭에 흔히 섞여 나는 잡초로 목초에 섞이면 가축이 먹고 중독을 일으키기에 독보리라고 하는데 우리는 '피'라고 한다. 가라지의 열매를 먹으면 구토, 설사, 현기증 등을 일으킨다. 가라지는 이삭이 패어 익기 이전 생육 기간에는 그 생김새가 밀이나 보리와 분간이 되지 않을 정도로 흡사하다. 60-100cm까지 왕성하게 자라는데 밀과 생김이 흡사해 분간하기 어렵고 밀과 동일한 시기에 열매가 익기 때문에, 추수 때 곡식에 섞이기 쉽다. 그래서 중동지역에서는 지금도 여자들이 일일이 가라지를 뽑아서 제거한다. 그런데 밭에 심은 곡식은 추수 때까지 가라지에 의해 유혹과 괴롭힘을 받는다.

이처럼 우리 예수님은 이 땅에 복음을 심었지만 사탄은 가라지를 심어 곡식을 방해한다. 주님께서 이 땅에 천국 백성들을 심으셨으나 사탄 역시 자신을 따르는 악한 자들을 심어 하나님의 자녀들에게 고난과 핍박을 준다.

복음은 변할까? 변하지 않을까? 변하지 않는다. 변하지 않아야 복음이고 진리이지 않겠는가? 예수 그리스도는 어제나 오늘이나 영원토록 변함이 없다(히 13:8).

그러면 사람은 변할까? 변하지 않을까? 변한다. 그러면 어떻게 변해야 할까? 사람이 변하는 것은 두 가지다. '변질'이 있고 '변화'가 있다.

변질은 그냥 내버려두면 저절로 변질된다. 그러나 변화는 내 노력으로 되는 것이 아니라 복음으로, 그 복음의 은혜가 내게 임할 때 변화가 일어난다. 하나님은 이 땅 위의 모든 사람에게 시간을 주셔서 사용하게 하셨다. 그 시간을 어떻게 사용하느냐에 따라 둘 중 하나로 귀결된다. 변질되든지 아니면 변화 받든지! 변질은 부패요 변화는 성숙을 의미한다. 사람은 누구나 주어진 시간 속에서 변화냐 변질이냐를 선택할 수 있는 자유가 있다.

가라지가 변질과 부패의 열매라면 곡식은 변화와 성숙의 열매다.

변질은 하나님과 상관없고, 변화는 반드시 하나님과 상관있다. 하나님과 상관없이 살면 변질되고, 하나님과 영적 사귐을 가지면 변화가 일어난다. 하나님과의 영적 사귐은 말씀과 찬양과 기도를 통해서 일어난다. 여러분의 말.찬.기, 말씀과 찬양과 기도 전선에 이상은 없는가? 어떤 성도는 말씀을 듣지만 그 마음이 길 가 같아서 깨닫지 못하여 악한 자가 와서 그 말씀을 빼앗아 버린다. 어떤 성도는 말씀을 듣지만 그 마음이 돌밭 같아서 잠시 기쁨으로 받지만 환난이나 박해나 어려움이 닥치면 곧 넘어진다. 어떤 성도는 말씀을 듣지만 그 마음이 가시떨기밭 같아서 세상의 염려와 재물의 유혹에 막혀 열매를 맺지 못한다. 그런데 어떤 성도는 말씀을 듣고 깨닫는 좋은 땅 같아서 백 배, 육십 배, 삼십 배 열매를 맺는다.

우리는 모두 동일한 말씀을 듣지만 듣는 사람에 따라 그 말씀은 결코 동일한 말씀이 아니라 전혀 다른 말씀이 된다. 물론 지금은 별 차이 없어 보인다. 그러나 시간이 지나면 누구는 소출을 거두지만 어떤 이는 전혀 거둘 것이 없게 될 것이다.

그렇다면 오늘 내 심령은 길 가, 돌밭, 가시떨기, 좋은 땅 중 어떤 것에 해당될까? 옆 사람에게 물어 보자.

"저는 어떤 땅 같은 사람입니까? 제가 곡식처럼 보이십니까?"

매우 심각한 질문이다. 만약 옆 사람이 대답을 안 한다면 좋은 땅처럼 보이지 않기 때문이다. 그러나 좋은 땅으로 보인다면 "당신은 좋은 밭입니다."라고 말해 줄 것이다. 참 좋은 집사님, 참 좋은 권사님, 참 좋은 장로님, 참 좋은 목사님! 우리 모두 그렇게 되기를 주님의 이름으로 축원한다.

우리는 좋은 씨, 곧 예수 그리스도의 복음을 받은 좋은 밭이다. 그런데 문제는 그 좋은 밭에 좋은 씨만 뿌려진 것이 아니라 가라지가 생겼다는 것이다. 분명 주인은 좋은 씨만 뿌렸는데 가라지가 자라난다. 아니 이게 어찌 된 일일까? 우리 주님은 알고 계신다.

원수가 이렇게 하였구나(마 13:28).

여기서 원수는 사탄을 말한다. 우리의 심령에 복음의 씨만 뿌려져 있는 줄 알았는데 그것이 아니라 원수 마귀가 '가라지'를 뿌려 놓았다. 언제일까?

사람들이 잘 때에 그 원수가 와서 곡식 가운데 가라지를 덧뿌리고 갔
더니(마 13:25).

'잘 때'란 영적으로 게으를 때, 영적으로 나태할 때를 비유하는 것이
다. 신앙생활하면서 항상 깨어있기 어렵다. 나도 모르는 사이에 영적
게으름과 나태가 찾아온다. 그래서 자신의 영적 상태가 곡식인지 가라
지인지 잘 모른다. 그런데 언제 확실히 아느냐? 결실할 때다. 주인 되신
주님께서 천국 창고에 곡식을 거두어들일 때가 되면 내가 곡식 자녀인
지 아니면 곡식을 흉내된 '가라지'인지 드러나게 될 것이다.

종들이 주인을 향해 여쭈었다.

우리가 가서 이것을 뽑기를 원하시나이까(마 13:28).

주인이 대답한다.

가만 두라 가라지를 뽑다가 곡식까지 뽑을까 염려하노라 둘 다 추수
때까지 함께 자라게 두라(마 13:29-30).

왜 가라지를 가만 두라는 것일까? 가라지가 예뻐서? 가라지를 그냥
끝까지 두고 기다리면 곡식이 될 지도 모르니까? 아니다. 가라지를 뽑
다가 곡식까지 뽑을까 염려되기 때문이다. 주인이 참고 기다리는 것은
가라지를 위해서가 아니라 곡식을 위해서다. 가라지는 자신을 뽑아내

지 않아서 자신도 곡식처럼 주인의 창고에 추수하여 들일 줄 착각하고 살았다. 이런 망할 착각을 주인이 한 번에 깨뜨려 버린다.

추수 때에 내가 추수꾼들에게 말하기를 가라지는 먼저 거두어 불사르게 단으로 묶고 곡식은 모아 내 곳간에 넣으라 하리라(마 13:30).

곡식은 곡식이요, 가라지는 가라지로서 가라지가 곡식이 될 수 없다. 여기서 곡식과 가라지는 비유이다. 사람은 곡식과 가라지로 태어나는 것이 아니다. 어떤 사람은 곡식으로, 어떤 사람은 가라지로 태어날 때부터 정해졌다면 주님께서 애써 비유로 말씀하실 필요가 없다. 비록 현재 내 모습은 어쩌면 가라지 같은 모습일 수 있으나 얼마든지 곡식으로 변화 받기를 원하시는 간절한 마음 때문에 주님께서 하신 말씀이다. 가라지 같은 삶에서 돌이켜 회개하고 곡식 같은 삶으로 채워 나가라는 말씀이다. 누구는 태어날 때 가라지로 태어나고 누구는 태어날 때 곡식으로 태어난 것이 아니라 다시 말해 가라지와 곡식은 결국 우리의 선택이라는 것이다. 그 선택이 곧 내 믿음의 수준이다. 이렇게 곡식과 가라지 비유와 흡사한 것이 양과 염소의 비유이다. 어떤 사람은 양으로 어떤 사람은 염소로 태어나는 것이 아니다. 그러므로 하나님께서 나에게 주신 시간과 기회를 무엇으로 채우고 어떻게 사용하느냐에 따라 곡식과 가라지, 양과 염소로 구별된다.

그리스도인은 가라지 같은 인생에서 곡식 같은 인생으로, 염소 같던 사람이 양 같은 사람으로 변화되고 거듭난 사람을 말한다. 곡식과 양이 주님의 은혜로 변화된 성도라면 가라지와 염소는 주님의 은혜를 헛되이 받아 변질된 사람을 말한다.

곡식과 가라지는 추수 때까지! 주님의 심판 때까지! 함께 있다. 곡식과 가라지 비유에서 정말 중요한 키포인트는 이것이다. 곡식과 가라지는 주인과의 관계를 말한다. 가라지는 누구인가? 하나님과의 관계가 단절된 사람이다. 곡식은 누구인가? 하나님과의 관계가 아름다운 성도이다.

나는 곡식인가? 가라지인가? 주님께서 그 판정을 나를 위해 미루고 계신다.

# 13장

# 모리아에서 시온까지

아브라함이 아침에 일찍이 일어나 나귀에 안장을 지우고 두 종과 그의 아들 이삭을 데리고 번제에 쓸 나무를 쪼개어 가지고 떠나 하나님이 자기에게 일러 주신 곳으로 가더니(창 22:3).

제구시쯤에 예수께서 크게 소리 질러 이르시되 엘리 엘리 라마 사박다니 하시니 이는 곧 나의 하나님, 나의 하나님, 어찌하여 나를 버리셨나이까 하는 뜻이라(마 27:46).

밤에 갑자기 전기가 나가면 당황한다. 휴대폰의 라이트 기능을 사용하더라도 얼마 버티지 못한다. 살다 보면 종종 당황스러운 일을 겪게 된다. 당황(唐惶)이란 '놀라거나 다급하여 어찌할 바를 모르는 상태'를 말한다.

왜 당황할까?

내가 미처 예상하지 못한 일이나 상황이 전개되었기 때문이다. 원하는 대학 입학의 실패! 사업의 어려움! 사랑 고백의 거절당함! 사랑하는 사람의 상실! 믿었던 사람의 배신! 휴대폰 분실! 자동차 접촉 사고!

큰 질병 등 예기치 못한 많은 일이 발생한다. 그래서 예측할 수 없는 사고를 대비하여 각종 보험에 가입한다. 우리 교회도 전 시설과 공간에서 사고를 대비하여 보험에 가입하고 있다. 그럼에도 불구하고 실제로 어려움이 닥치면 당혹감(當惑感)에 어쩔 줄 모른다. 그래서 멘붕 상태에 빠지기도 한다. 멘붕은 '멘탈 붕괴'를 줄여 이르는 말이다. 우리는 왜 멘붕을 경험할까? 내 안에 그 상황을 해결할 능력이 없기 때문이다.

신앙의 토대 공동체 학습 중 모 집사님께서 자신이 멘붕에 대처했던 방법을 소개했다.

1) 맛있는 음식 먹기 – 결과는 살찐다.
2) TV 홈쇼핑 – 카드 값 왕창 나온다.
3) 친구와 수다 떨기 – 그 시간이 지나면 공허하다.

그 집사님은 이러한 방법으로는 멘붕 상황을 돌파할 수 있는 것이 아님을 깨닫고, 매일 성경 읽기, 365 감사하기, 새벽행진 참여 등을 하고 있다는 고백이었다. 시편 기자도 당혹스러운 일을 맞이하여 멘붕이 되었다. 그래서 자신의 힘으로 해결할 수 없어 그 눈을 들어 사방을 바라보며 누가 나를 도울 수 있는지 주변을 바라보고, 큰 산도 바라보았다.

그러나 산은 말이 없다. 나의 도움은 피조 세계가 아니라 창조주 하나님으로부터 오는 것임을 이렇게 노래한다.

내가 산을 향하여 눈을 들리라 나의 도움이 어디서 올까 나의 도움은 천지를 지으신 여호와에게서로다(시 121 :1-2).

아브람이 첫 번째 경험한 멘붕은 갈 바를 알지 못함(히 11 :8)이었다.
그 멘붕 상황에서 아브람은 어떻게 반응했는가?

아브람이 여호와의 말씀을 따라갔고(창 12 :4).

우르에서 잘 살던 데라의 가정은 아브람, 나홀, 하란 삼 형제를 두었
는데 하란은 롯을 낳고 일찍 죽었다. 아마 하란의 아내도 일찍 죽은 것
으로 추정된다. 그래서 데라는 아브람과 며느리 사래와 손자 롯을 데
리고 우르를 떠나 가나안 땅으로 향했다(창 11 :31). 이사 과정에서 둘째
나홀은 우르에 남았다(창 24:10).

데라는 왜 우르를 떠났을까? 성경에는 그 이유가 기록되어 있지 않
다. 잘 살다가 갑자기 이사한 이유가 무엇일까? 아마도 막내아들 하
란이 일찍 죽음을 하나님의 어떤 '오트(אות), 세메이온(σημεῖον), 사인
(Sign)'으로 이해하였거나 아들 하란에 대한 슬픔을 잊고자 함이 아니었
을까? 데라 가족은 가나안 땅으로 가다가 중간에 주저앉아 자리를 잡고
살아간다. 그곳이 '하란'이란 곳이다. '하란'이란 지명은 후에 데라가 막
내아들을 생각하고 지었을 가능성이 있다.

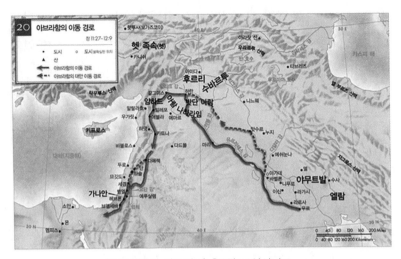

〈아브라함의 이동지도〉, 『두란노 성서지도』
최연수, 『세계사로 이해하는 성경역사』, CLC
'아브람의 이동 경로'(2023년 9월 25일 검색)
http://bolg.naver.com/ysckorea (세계사 세계여행 성경역사)

세월이 흐르고 하나님은 아브람에게 아버지 데라를 떠나 가나안 땅으로 들어갈 것을 명하셨다. 하나님은 아브람의 형편과 처지를 전혀 고려하지 않으셨으며 단순하고 간결했다.

아비 집을 떠나라! 가라!

75세의 적지 않은 나이에 하란에서 자리 잡고 잘 살고 있는데 삶의 자리를 떠나라고, 떠나면 큰 민족을 이루고 복을 받고 자신의 이름이 세상에 널리 알려진다고 말씀하신다(창 12:2). 그 말씀에 순종하는 것이 쉽겠는가? 나라면 하나님을 향해 하소연했을 것이다.

"아이고, 하나님! 그것은 저에게 과분합니다. 저는 그런 큰 인물이 못됩니다. 그냥 이렇게 소확행의 삶! 소소하지만 확실한 행복을 누리며 살겠습니다." 아브람에게는 이런 마음이 없었을까? 그런데 하나님께 왜 가야 하나? 지금 가야 하나? 꼭 가야 하나? 여기서 복 주시면 안되나? 이런 군소리가 일절 없었다.

사람은 누구나 안정된 삶의 터전을 떠나는 것에 대하여 불안감을 갖는다. 가나안으로 가라고 하시는데, 가나안은 가본 적도 없다. 그리고 가나안에 어떤 일이 기다리고 있는지도 모른다. 그런데 하나님은 하란에 머물지 말고 가나안으로 움직이라고 말씀하신다.

여러분은 무엇에 따라 몸을 움직이는가? 기분? 감정? 이익? 아브람은 '믿음의 원칙'에 따라 몸을 움직였다. 우리가 규칙적으로 말씀을 듣는 이유가 무엇인가? 하나님의 말씀이 내 심령에 들리면 배게 하고, 배게 되면 삶으로 드러나기 때문이다. 그 드러남이 바로 믿음의 모습이요, 그 믿음의 모습이 하나님의 영광이다. 그러면 현재 내 모습은 하나님의 기쁨이 되고 있는가? 하나님의 영광을 드러내고 있는가? 믿음의 원칙이라는 것은 쉽게 말하면 나보다 하나님 먼저다.

지금은 모두 고인이 되신 곽규석 씨(목사)와 구봉서 씨(장로)가 라면 광고를 이렇게 했다. 라면 한 그릇을 두고 "형님 먼저 드시오! 아우 먼저 드시오!" 그러다가 "내가 먼저!"

출처: "농심 New Story/Inside N"
(2015년 11월 25일)

사랑이란 나 먼저가 아니라 당신 먼저다.

신앙이란 하나님과의 사랑의 관계를 말한다. 참된 믿음은 '나보다 하나님 먼저'인 삶을 말한다.

참된 믿음은 나보다 하나님 먼저인 삶이다.

그렇다면 지금 나는 하나님과의 관계에서 '나 먼저인가? 아니면 하나님 먼저인가? 내가 하고 싶은 것 다 하고, 나머지 시간을 드리고 있는가? 내가 쓸 것 다 쓰고 남는 것이 있으면 드리려고 하는가?' 간혹 정년 퇴직하신 분들 가운데 이렇게 말하는 분들이 있다.

"내 남은 생애는 하나님만을 위해 살겠다! 주의 일을 하겠다!"

어찌 보면 참 귀한 말 같지만, 그렇다면 그동안 젊어서는 자신만을 위해 살았고 이제 늙어서는 주를 위해 살겠다는 말인가?' 퇴직 후에 하나님 위해 살겠다고 하지 말고 지금 하는 일이 하나님을 위한 삶이 되기를 바란다.

참된 신앙은 내 생각보다 하나님의 말씀을 우선으로, 나보다 하나님이 먼저인 삶이다.

아브람의 두 번째 멘붕은 아들 이삭을 번제로 드리라(창 22:2)는 명령 앞에서 왔다. 하나님은 아브람을 시험하시기 위해서 이삭을 제물로 요구하셨다.

> 여호와께서 이르시되 네 아들 네 사랑하는 독자 이삭을 데리고 모리
> 아 땅으로 가서 내가 네게 일러 준 한 산 거기서 그를 번제로 드리라
> (창 22:2).

"아니 시험할 것이 따로 있지 어떻게 아들을 바치라는 시험을 하십
니까? 어떻게 사람을 그것도 아들을 제물로 바칩니까? 이게 말이 되는
소리입니까? 이것이 도덕적, 윤리적으로 할 수 있는 일입니까? 그동안
내가 믿고 섬기고 따랐던 하나님이 인신공양(人身供養)을 받으시는 분
이라는 말입니까?"

아브람은 어떻게 반응했나? 믿음의 원칙을 따랐다. "나보다 하나님
이 먼저다!"

복 줄 테니 이사 가라! 이것은 쉽지는 않지만 억지로라도 순종할 만
하다. 그러나 다음의 요구는 받아들이기 힘들다. 아니 불가능하다. 하
나님은 아브람이 아들 이삭을 얼마나 사랑하는지 알고 계신다. 그래서
'사랑하는 독자 이삭'이라고 표현하신다. 그것을 아시는 하나님이 아들
을 인신공양(人身供養)으로 바치라니 아브람은 멘붕에 빠질 수밖에 없
었다.

"하나님! 차라리 늙었지만 저를 바치라고 하세요! 기꺼이 제가 제
물이 되겠습니다." 얼마든지 이런 항의를 할 수 있지 않았을까? 그런
데 질문조차도 없다. 아브람은 아침에 일찍이 일어나 나귀에 안장을 지

우고, 두 종과 그 아들 이삭을 데리고 번제에 쓸 나무를 쪼개어 떠난다. '아브라함이 아침에 일찍이 일어나'(창 22:3) 이 기록에 은혜가 되었다. 그냥 가슴이 먹먹해졌다. 늦잠 좀 자면서 시간을 끌 수도 있지 않은가? 아들을 제물로 잡아야 하는데 기쁨으로 걸어갔을까? 무엇이 그리 기쁘고 신난다고 아침 일찍 일어나서 서두른단 말인가?

아브람은 브엘세바에서 모리안 산(후일에 시온 산으로 불려진다)까지 약 75km 떨어진 거리로 3일간을 걸어갔다. 그 3일 길을 어떻게 걸어갔을까? 멘붕 상태!

이런 모습을 보면 아브람은 완전 바보였다. 아니 세상에 자식을 바치러 가는 바보 아빠, 무식한 아비가 어디 있겠는가? 자식을 제물로 요구하는 그런 신이 무슨 신이란 말인가? 상식 밖의 신, 이성 밖의 하나님이라고 생각되지 않는가?

나는 그렇다고 생각한다. 그러면 이것은 어떻게 생각하는가? 창조주가 피조물에 의해서 죽임을 당했다. 하나님의 아들로 오신 그 하나님이 친히 십자가에서 우리를 위하여 희생제물이 되셨다. 그러면 이런 십자가의 희생제물이 되는 것은 하나님 편에서 상식적이고, 이성적이고, 합리적인 결정일까? 내 이성과 하나님의 말씀이 충돌할 때 무엇을 따르겠는가?

이 땅의 수많은 남자와 여자 가운데 왜 하필이면 이 남자, 이 여자와 결혼해서 살까? 그것이 상식에 부합하기 때문인가? 결혼할 때 주변의 반대는 없었는가? 그 만남과 결혼은 누가 봐도 이성적이고, 합리적이고, 논리성을 갖추었는가? 꼭 기억하길 바란다. 사랑은 이성과 합리성과 논리성을 초월한다. 하나님은 우리의 이성을 무시하지 않으신다. 다만 초월하실 뿐이다.

사랑은 이성(理性)을 초월한다. 하나님은 이성(理性)을 초월한다.

모리아 산에서 이삭을 제물로 요구하신 하나님은 독생자로 오셔서 바로 2천 년 뒤에 시온 산에서 스스로 십자가의 화목제물로 드리셨다. 그러므로 이삭을 제물로 드리라는 것은 하나님의 사인(Sign)이었다.

모리아 산에서 이삭을 요구하신 것은 하나님의 '오트(אות), 세메이온 (σημεῖον), 사인(Sign)'이었다.

그 시온 산 십자가 위에서 주님께서 일곱 마디 말씀을 하셨다.

### 가상칠언(架上七言): 용락자기갈성혼
1. 아버지 저들을 사하여 주옵소서 자기들이 하는 것을 알지 못함이
   니이다(눅 23:34).
2. 내가 진실로 네게 이르노니 오늘 네가 나와 함께 낙원에 있으리라
   (눅 23:43).
3. 여자여 보소서 아들이니이다 … 보라 네 어머니라(요 19:26-27).
4. 엘리 엘리 라마 사박다니 … 나의 하나님, 나의 하나님, 어찌하여
   나를 버리셨나이까(마 27:46).

5. 내가 목마르다(요 19:28).

6. 다 이루었다(요 19:30).

7. 아버지 내 영혼을 아버지 손에 부탁하나이다(눅 23:46).

가상칠언의 핵심은 하나님의 구원 사역이 완성되었음을 선포하는 것이다.

여섯째 말씀 "다 이루었다"(요 19:30), 이 말씀은 예수님께서 십자가를 통해 성부 하나님의 구원 사역을 완성했음을 의미한다.

네 번째 말씀을 보면,

> 엘리 엘리 라마 사박다니 … 나의 하나님, 나의 하나님, 어찌하여 나를 버리셨나이까(마 27:46; 막 15:34; 시 22:1).

이 말씀은 하나님 스스로 자신을 버리심의 목적과 의미를 몰라서 하신 말씀이 아니다. 영광을 받기에 합당하신 하나님이 스스로 십자가의 고난과 죽음 가운데 버림받은 고통과 수치를 역설적 질문으로 드러낸 것이다. 예수님도 십자가를 통한 하나님의 선명한 구원 계획을 앞두고 멘붕에 빠졌다. 그래서 십자가를 지시기 전날 밤 시온 산 겟세마네 동산에서 이렇게 기도하셨다.

> 내 아버지여 만일 할 만하시거든 이 잔을 내게서 지나가게 하옵소서(마 26:39).

기도의 내용은 십자가를 잘 지게 해달라는 것이 아니라 피하고 싶다는 것이었다. 그러나 기도의 결론은 순종이었다.

그러나 나의 원대로 마시옵고 아버지의 원대로 하옵소서(마 26:39).

주님의 기도의 자리, 십자가의 자리는 멘붕의 자리였다.

성자 예수님께서 성부 하나님께 순종하는 시간은 육신적, 정서적, 정신적 멘붕을 가져왔다. 아브람만 멘붕을 겪는 것이 아니라 우리 예수님도 완전한 인성을 지니셨기 때문에 멘붕을 경험한 것이다. 생각해 보자! 어떻게 창조자가 피조물에 의해 고통을 받고, 죽임을 당할 수 있는가? 피조물에 의해 창조주가 희생하는 신은 세상에 없다. 오직 사랑이 충만하신 하나님만이 그러실 수 있다.

부모는 자식을 위하여 자신의 간이든, 신장이든 내어놓을 수 있다. 그런데 주님은 우리를 위하여 신체의 일부가 아닌 그 몸 전체를 제물로 내어놓으셨다. 이것이 십자가의 사랑이다.

깨달았다. 아브람만이 아들을 내어놓는 바보 아빠가 아니라 우리 하나님도 그 아들을 십자가에 내어놓는 바보 하나님이신 것을! 할렐루야!

멘붕에 관한 아주 중요한 키포인트가 있다. 일반적으로 사람들은 삶의 고난을 당할 때 멘붕을 경험하지만 그리스도인은 하나님의 말씀을 들었을 때 멘붕을 경험한다. 아브람이 멘붕에 빠졌을 때는 하나님의 말씀을 듣지 못했을 때가 아니라 말씀을 들었을 때다. 만약 아브람이 하나님을 믿고 섬기지 않았다면 이런 멘붕에 빠지지도 않았을 것이다.

우리는 살아가면서 멘붕의 상황이 오지 않기를 바란다. 그러나 여러분이 살아있는 하나님의 말씀을 듣는다면 그 말씀은 지금까지의 삶에 마치 호수에 던져진 돌멩이처럼 파장을 일으킬 것이다. 우리는 하나님의 말씀을 통해 삶의 위로와 격려와 용기를 얻기를 원한다. 그러나 오히려 하나님의 말씀을 들으면 멘붕을 경험한다. 그것은 내 생각이나 계획과는 다르기 때문이다. 그래서 열심히 신앙생활 하려고 하면 잔잔했던 삶에 오히려 어려움이 닥치고, 순종할 수 없는 멘붕 상황도 일어난다. 그렇다! 내가 하나님의 구원에 초대받고 하나님의 뜻을 이루는 삶을 살려고 하면 때로는 멘붕의 시간을 겪어야 한다. 왜냐하면 내가 무너져야 하나님의 뜻을 이룰 수 있기 때문이다. 그러므로 아브람의 멘붕, 예수님의 멘붕은 창조적 멘붕이었다.

그리스도인에게 멘붕은 두려움의 시간이 아니라 하나님의 뜻대로 쓰임받는 순종과 축복의 창조적 시간이다.

# 14장

# 더디 믿는 자들에게

이르시되 미련하고 선지자들이 말한 모든 것을 마음에 더디 믿는 자들이여(눅 24:25).

사기(詐欺)나 배신당한 경험 있는가, 아니면 사기를 치거나 배신(背信)을 한 적 있는가. 누구에게 사기를 당하고 배신을 당하는가? 믿었던 사람이다. 믿었으니까 사기를 당하고, 배신을 당하는 것이다. 사기나 배신은 그 사람이 나에게 그럴 줄 몰랐기 때문에 당하게 되고, 그것으로 큰 상처를 받고, 그다음부터는 사람을 잘 믿지 못하게 된다.

그러면 사기를 당하는 사람이 좋은 사람일까, 안 당하는 사람이 좋은 사람일까? 당하는 사람이 좋은 사람이다. 왜냐하면, 사람을 믿을 줄 아는 사람이기 때문이다. 이것은 똑똑함의 문제가 아니다. 사기를 당하지 않는 사람은 웬만하면 사람을 믿지 않는다. 다시 말해 사기나 배신도 사람에 대한 믿음이 있는 사람이 당하는 것이다. 그러므로 믿음 없이 사는 사람보다 믿음 있게 사는 사람이 훨씬 좋은 사람이다.

혹 사기나 배신을 당해 보았다면 예수님을 생각해 보라! 주님도 배신을 당했다. 먼저 자신의 길과 예수의 길이 다르다고 판단한 가룟 유다는 예수님을 은 삼십에 대제사장에게 팔았다. 가룟 유다만 배신을 한 것이 아니라 주님의 십자가 앞에서 요한을 제외한 모든 제자들은 다 배신의 발걸음을 하였다.

> 모두 주를 버릴지라도 나는 결코 버리지 않겠나이다(마 26:33).

베드로의 결단과 고백이었다.

> 우리도 주와 함께 죽으러 가자(요 11:16).

도마의 결단과 고백이었다. 그러나 베드로도 도마도 다른 제자들도 다 십자가 앞에서 등을 돌렸다. 글로바 역시 십자가 앞에 보이지 않았다. 믿음을 배신하였다. 그런데 주님은 그들의 행동에 대하여 실망감이나 어떤 책망도 하지 않으셨다. "어떻게 나를 버릴 수 있느냐?"라고 따지거나, "어찌 믿음이 그 모양이냐? 정말 그럴 줄 몰랐다!"라고 원망하거나 따지지 않으셨다. 우리 같으면 어떻게 하겠는가?

나라면 백번 그럴 것 같다. 따지고 욕하고!

예루살렘에서 엠마오로 걸어가는 두 제자가 있다. 그 발걸음은 힘이 빠졌고 터벅터벅 걷고 있다. 삶은 절망으로 가득하다. 그동안 예수님을 믿고 따른 것이 허망해졌다. 그들은 자신들의 걸음이 정당하다고 생각했다. 그러나 부활하신 주님이 보시기에 그 걸음은 주님을 등지는 배신의 걸음이었다. 주님은 그 배신의 길에 자연스럽게 동행하셨는데, 주님을 알아보지 못했다. 부활하신 주님 입장에서는 이 두 제자의 행동이 매우 실망스럽지 않을까? 아니 안타깝지 않을까? 그 안타까운 마음이 사랑이며, 그 사랑의 마음이 충만하니 동행하신 것이다. 그 절망의 시간, 그 배신의 길, 엠마오의 길 위에서 상상하지도 못한 은혜가 있었다. 부활하신 주님이 동행하셨다!

우리가 꼭 기억해야 할 것은 그리스도인의 최고의 복은 부활의 복, 영생의 복이라는 것, 부활하신 주님께서 나와 동행하고 계시다는 사실이다.

그리스도인의 삶은 부활하신 주님과의 동행이다.

부활하신 주님의 동행은 그 두 제자의 걸음을 다시 예루살렘으로, 믿음의 자리로 돌아가게 했다. 주님은 부활 후 두 번째로 엠마오로 낙향하는 두 제자에게 나타나셨다.

그날에(that same day, 눅 24:13).

그날은 예수님께서 부활하신 날이다. 21절을 보면 더 분명하다.

이 일이 일어난 지가 사흘째요(눅 24:21).

    예수님께서 십자가를 지고 죽으신 지 사흘째 된 날에 글로바와 또 한 제자는 예루살렘에서 이십오 리 떨어진 엠마오로 가고 있다.
    엠마오*의 위치는 칼로니에, 아부고쉬, 암와스와 라트룬, 예루살렘 북서쪽 엘쿠베이바(Al-Qubeiba)등이 있다.

허수월, 신앙 안에서 '예루살렘 엠마오'(2023년 9월 25일 검색)
https://blog.naver.com/ricebank/222568899480

---

\* 유대 역사학자 유세비우스는 이것을 예루살렘에서 32km 떨어진 암와스와 라트룬이라고 주장한다.

엠마오의 거리는 누가의 기록에 의하면 헬라어 성경에는 σταδίους ἑξήκοντα(헥세콘타, 60), 1스타디온은 185.2m, 그러므로 60스타디온은 11.112km이다. 영어 성경에는 Seven Miles, 11.27km, 개역개정에는 이십오 리로 번역하였는데 이상을 종합하면 엠마오는 오늘날의 엘쿠베이바로 추정이 된다.

13절을 보면 그들 중 둘이 엠마오로 가고 있었다. 여기서 그들이란 예수님의 열한 제자를 의미하며, 이 두 사람은 그 열한 제자 외에 또 다른 제자였음을 알 수 있다. 그 두 제자 중 18절을 보면 한 사람의 이름은 글로바라고 기록하고 있다.

그러면 부활하신 주님은 왜 많은 제자 가운데 특별히 엠마오로 가는 두 제자에게 나타나셨을까? 무엇인가 분명한 이유가 있지 않을까? 예수님을 따르던 사람들이 한둘이었겠는가? 주님을 따르던 제자, 따르던 무리가 얼마나 많았는가! 그런데 그들 가운데 하필이면 왜 엠마오로 향하는 두 제자에게 나타나셨는가 하는 것이다. 매우 가까운 사람들, 결코 포기할 수 없는 사람들이었기 때문이다.

믿음의 자리에서 결코 포기할 수 없는 사람이 누구인가? 바로 가족이다. 요한복음 19장 25절에는 예수의 십자가 곁에서 마지막까지 자리를 지킨 사람이 그 어머니 마리아와 이모, 그리고 글로바의 아내 마리아와 막달라 마리아라고 기록하고 있다.

> 예수의 십자가 곁에는 그 어머니와 이모와 글로바의 아내 마리아와
> 막달라 마리아가 섰는지라(요 19:25).

가정에 장례가 나면 장례식장을 지키는 것은 가족이다. 그렇다면 이 글로바는 예수님의 가정과 떼려야 뗄 수 없는 사람, 즉 가족일 가능성이 매우 높다. 예수님의 십자가 앞에서 제자들이 다 도망갔지만 누가 남았느냐? 가족들이 남았고 믿음의 여인들이 남았다. 남자들은 요한 사도를 제외하고 다 도망갔다. 글로바도 안보인다. 예수의 아버지 요셉은 예수님의 12살 이후 찾아볼 수 없다.

요한복음 2장, 공생애를 시작하는 가나의 혼인 잔치에서도 아버지 요셉의 흔적을 찾아볼 수 없는 것으로 보아 아마도 일찍 세상을 떠난 것으로 추정된다.

어머니 마리아의 자매가 살로메요, 남편은 세베대, 그 아들들이 야고보와 요한인데 이 야고보가 큰 야고보이며 후에 최초의 순교자가 된다.* 아버지 요셉의 형제는 글로바요 아내 이름은 마리아다. 글로바의 히브리식 이름이 알패오이다. 글로바와 마리아의 아들들이 작은 야고보와 요셉(요세)이다. 2세기의 초기 기독교 문서 가운데 글로바는 예수의 아버지 요셉의 형제라는 문서가 있다. 이 글로바는 동생 요셉이 일

여러 명의 마리아 / 야고보

찍 세상을 떠나자 제수씨인 마리아 가정을 옆에서 후원하였을 것이다. 그리고 예수님의 동생들처럼 처음에는 조카가 메시아인 것을 인정하지 못했지만, 예수님의 사역을 통해 메시아인 것을 인정하고 믿고 따랐을 것이다. 그러나 그 예수가 메시아인줄 알았는데 십자가에 무력하게 죽임을 당했으니 얼마나 절망에 빠졌겠는가? 그래서 글로바와 그의 아내 마리아는 부활의 아침까지 절망 가운데 있었고, 엠마오로 향하였다.

절망에 빠지면 어떤 일이 생기냐 하면, 주님을 몰라본다!

> 예수께서 가까이 이르러 그들과 동행하시나 그들의 눈이 가리어져서 그인 줄 알아보지 못하거늘(눅 24:15-16).

영적인 눈이 가리어지면 깨닫지 못하고 그저 자신의 길만 바쁘게 걸어간다. 주님이 동행하셔도 알아보지 못한다. 나아가 부활의 소식을 들어도 믿지 못한다. 그 부활의 아침, 예수님의 무덤에 향품을 바르러 갔던 여인들 중에 누가 있었는가 하면 글로바의 아내 마리아가 있었다.

> 그중에는 막달라 마리아와 또 야고보와 요셉의 어머니 마리아와 또 세베대의 아들들의 어머니(살로메)도 있더라(마 27:56).

야고보와 요셉의 어머니 마리아! 바로 이 마리아가 글로바의 아내다. 그래서 마태복음 27장 56절과 누가복음 24장 10절, 마가복음 16장 1절을 종합하여 보면 예수님의 무덤에 향품을 가지고 간 여인들을 알

수 있다. 막달라 마리아, 요안나, 야고보와 요셉의 어머니 마리아, 살로메, 다른 여자들.

아무리 믿음이 좋은 여인들이라도 새벽에 예수님의 시신에 향품을 바르기 위해 무덤에 가는 일이 무서웠을 것이다. 그래서 여러 명의 여자들이 같이 갔다. 그런데 무덤은 텅 비어 있었고 천사를 만났는데 이렇게 말씀했다.

여기 계시지 않고 살아나셨느니라(눅 24:6).

그리고 이 여인들이 예수 부활의 소식을 열한 사도와 다른 모든 이에게 알렸다.

무덤에서 돌아가 이 모든 것을 열한 사도와 다른 모든 이에게 알리니
(눅 24:9).

그러나 사도들은 그 여인들의 말이 허탄한 듯이 들려 믿지 않았다.

사도들은 그들의 말이 허탄한 듯이 들려 믿지 아니하나(눅 24:11).

아니 예수님을 따르면서 나사로의 부활, 나인성 과부의 아들의 부활, 회당장 야이로의 딸의 부활을 보지 않았는가? 그렇게 많은 생명의 말씀을 들었고, 이적을 보았다. 그러나 주님의 부활을 믿지 못했다. 심지어

주님께 향유를 바르기 위해 무덤을 찾아갔던 글로바의 아내 마리아도 천사를 만났지만, 그 부활의 소식을 믿지 못하고 그 남편을 따라 고향으로 갔던 것이다.

이 부부의 모습, 이 제자들의 모습이 바로 우리들의 모습, 즉 보고도 믿지 않는 모습이 아니겠는가? 두 제자가 엠마오로 가면서 주고받는 이야기의 내용이 무엇이었나?

이 모든 된 일을 서로 이야기하더라(눅 24:14).

두 제자의 대화의 주제는 정치 문제도 경제 문제도 로마제국 이야기도 아닌 예수님 이야기였다.

우리는 이 사람이 이스라엘을 속량할 자라고 바랐노라(눅 24:21).

이스라엘을 속량할 자라고 바라보았는데 그것이 물거품이 되고 말았다. 속량(贖良, Redemption)은 바로 몸값을 받고 종을 풀어 주어 양민이 되게 하는 것을 말한다. 22절에 보면, 어떤 여자들이 새벽에 무덤에 갔는데 천사를 보고 예수님이 살아나셨다 함을 들었다. 또 함께한 제자들 중 두어 사람이 무덤에 가 보니 과연 여자들이 말한 것과 같음을 보았지만 부활하신 예수님은 보지 못했다. 그 말을 들은 주님이 이렇게 대답하셨다.

이르시되 미련하고 선지자들이 말한 모든 것을 마음에 더디 믿는 자들이여(눅 24:25).

더디 믿는 것은 천천히 믿는 것이다. 안 믿는 것은 아니지만 믿는 것도 아닌, 안 가는 것도 아닌 가기는 가는 ….

며칠 전 운전을 하는데 1차선을 50km 정도로 운행하는 앞차가 있었다. 세월아 네월아! 얼마나 답답하던지 ….

선지자들이 말한 것을 듣고도 더디 믿고, 텅 빈 무덤을 보고도 더디 믿고, 천사의 말을 듣고도 더디 믿는 사람이 누구냐 하면 바로 이 시대의 우리들이다. 이렇게 영의 눈이 가리어져 믿지 못하고, 부활의 소식을 듣고도 더디 믿는 자들에게 주님이 하신 방법이 무엇인가?

**첫째, 성경을 풀어 주셨다.**

그들이 서로 말하되 길에서 우리에게 말씀하시고 우리에게 성경을 풀어 주실 때에 우리 속에서 마음이 뜨겁지 아니하더냐 하고(눅 24:32).

말씀을 들을 때 마음이 뜨거운가? 아니면 그저 그런가?

그저 그런 이유가 무엇일까? ① 말씀이 시원찮아서? ② 전하는 목사가 시원찮아서? ③ 듣는 내가 시원찮아서?

하나님의 말씀을 들을 때에 사람의 말로 받지 아니하고 하나님의 말씀으로 받을 때에 하나님의 영이 역사하신다. 그러므로 말씀을 들을 때마다 매시간 뜨거워지기를 축복한다.

둘째, 식탁 공동체를 가지셨다.

그들과 함께 음식 잡수실 때에 떡을 가지사 축사하시고 떼어 그들에게 주시니 그들의 눈이 밝아져 그인 줄 알아 보더니(눅 24:30-31).

주님은 글로바와 그의 아내 마리아와 함께 식탁공동체를 가지셨다. 주님이 빵을 가지사 축사하시고 떼어 그들에게 주실 때 그들의 눈이 밝아졌다. 이 장면은 4일 전 최후의 만찬을 연상하게 한다.

참된 교회는 식탁 공동체이어야 한다. 참된 그리스도인은 주님이 초대하여 베푸시는 말씀의 식탁과 빵의 식탁에 참여해야 한다. 주님은 믿음을 버리고 엠마오로 가는 제자들에게 말씀의 식탁과 빵의 식탁을 베풀어 주셨다. 그리고 그 식탁 공동체 속에 주님의 사랑이 듬뿍 들어 있다. 그러므로 식탁 공동체는 '사랑 공동체'다.

혹 앞이 캄캄한 일이 있는가? 절망 가운데 있는가? 우리 주님은 우리가 더딘 믿음으로 절망의 시간을 보내고 있을 때 엠마오 시간으로 찾아와서 동행하시며, 더불어 말씀의 식탁과 빵의 식탁으로 초대하신다. 동행과 초대! 그 자리가 바로 믿음을 회복시키는 자리, 다시 부활의 소망으로 살아가게 하는 자리다.

2부

# 살고

행함으로 유턴(U-turn)

# 1장

# 리턴(Return)

만일 내게로 돌아와 내 계명을 지켜 행하면 너희 쫓긴 자가 하늘 끝에
있을지라도 내가 거기서부터 그들을 모아 내 이름을 두려고 택한 곳에
돌아오게 하리라 하신 말씀을 이제 청하건대 기억하옵소서(느 1:9).

　신앙생활은 나 혼자 하는 것이 아니라 공동체와 함께 하는 것이다.
가장 미련한 그리스도인이 내 신앙 내가 지킨다는 사람이다. 내 나라는
내가 지키는 것이 아니라 국군 장병이 지켜 주는 것처럼 내 신앙도 공
동체가 지켜 주는 것이다. 그래서 주님은 믿음의 공동체인 교회를 세워
주셨다. 주님께서는 이렇게 말씀하신다.

두세 사람이 내 이름으로 모인 곳에는 나도 그들 중에 있느니라(마
18:20).

그리스도인 한 사람은 천하보다 더 귀하다. 천하보다 귀한 영혼이 두 명, 세 명 모였다면 그 가치는 그만큼 더 상승할 것이다. 그런데 두세 사람이 모인다는 것이 중요한 게 아니다. 세상에서도 두세 사람이 얼마든지 모일 수 있다. 두세 사람 아니 이삼십 명이 모였다고 해서 교회가 되는 것은 아니다. 그것은 친교 단체일 수는 있다. 두세 사람이 예수의 이름으로 모일 때, 예수 그리스도가 모임의 주인이요 중심이 될 때 비로소 '에클레시아', '교회'라고 부를 수 있는 것이다.

오늘날 많은 그리스도인이 모이는 것에 관심도 없지만, 더 나아가 어떻게 모여야 하는지를 올바로 알지 못한다. 교회 공동체의 핵심은 예배에 있다. 그리스도인은 예배를 통하여 하나님께로 돌아가는 것이다. 믿음 생활이란 결국 피조물이 조물주에게, 사람이 창조주 하나님께 돌아가는 과정이다. 돌아감을 '회복(return)'이라고 하는 것이다.

돌아감이 얼마나 큰 은혜인가? 아침에 집을 나서 일터로 향한 부모님은 저녁이면 집으로 돌아와야 한다. 학교에 간 자녀들도 집으로 돌아와야 한다. 군대 간 아들도 때가 되면 집으로 돌아오게 된다. 만약 돌아오지 못한다면 무슨 문제가 발생한 것이다. 이처럼 사람은 하나님께 돌아가야 한다. 회복의 과정이 곧 구원의 여정이다.

연어는 생의 마지막 때에 다다르면 자신이 태어난 고향으로 돌아가 산란(産卵)을 하고 죽음을 맞이한다. 그러나 모든 연어가 돌아가는 것은 아니다. 중간에 높은 폭포도 만나고 곰 같은 포식자에게 잡아먹히기도 한다. 이처럼 모든 사람이 하나님께 돌아가는 것은 아니다. 중간에 사탄의 시험에 무너지기도 하고, 세상의 유혹에 넘어지기도 한다. 창조주 하나님께 돌아가기 위한 능력이 바로 '믿음'이다. 믿음이 없이는 수많은 방해와 장애물을 뚫고 하나님께로 돌아갈 방법이 없다.

> 믿음이 없이는 하나님을 기쁘시게 하지 못하나니 하나님께 나아가는 자는 반드시 그가 계신 것과 또한 그가 자기를 찾는 자들에게 상 주시는 이심을 믿어야 할지니라(히 11:6).

왜 하나님이 우리의 예배를 기뻐하실까? 하나님께 돌아왔으니까! 하나님께 돌아와서 예배하니까! 3년여의 COVID-19 이후 다시 공동체 예배의 자리로 돌아왔다. 예배를 통해서 세상을 이기는 믿음, 하나님 나라로 돌아가는 믿음을 회복해야 할 때다!

사울, 다윗, 솔로몬이 다스리던 통일 이스라엘 시대를 지나 여로보암 중심의 북이스라엘과 르호보암 중심의 남유다로 나라가 분열되었다. 북이스라엘은 19대 마지막 왕 호세아 9년(BC 722년)에 앗시리아에 의해 멸망 당하고 만다. 남유다의 20대 마지막 왕 시드기야는 21세에 즉위하여 11년 동안 재임하였다(BC 597-586년). 시드기야(본명은 '맛다니야', '여호와의 선물'이라는 뜻)는 여호와 보시기에 악을 행하고 선지자 예레미야가 여호와의 말씀을 일러 주어도 그 앞에서 겸손하지 아니하였다(대하 36:12). 나아가 예루살렘 성전을 가증한 일로 더럽혔다. 왕뿐만이 아니라 제사장들도 함께 타락하였다. 백성들도 하나님의 사자들을 비웃었고 말씀을 멸시함으로 여호와의 진노를 사 회복 불가능의 상태가 되었다. 결국 BC 586년 시드기야 왕 제십일 년에 바벨론 왕 느부갓네살에 의해 멸망 당했다. 시드기야 왕은 바벨론까지 포로로 잡혀가 눈 앞에서 그의 아들들이 죽는 것을 보았고, 자신의 두 눈도 뽑혀 결국 감옥에서 죽게 되었다(왕하 25:7; 렘 52:10-11). 이것은 하나님 보시기에 악을 행한 결과요, 말씀에 불순종한 결과였다. 누구든지 악을 행할 자유도 있고 말씀에 불순종할 자유도 있지만, 그 결과는 심판이요, 멸망임을 기억해야 한다.

당시 강대국 바벨론 제국은 유다 패망을 전후로 수차례에 걸쳐 유다 백성을 포로로 삼아 바벨론으로 이주시켰다. 그 약탈 과정이 크게 네 번 있었다.

> 1차 포로: 여호야김 3년(BC 605년)에 다니엘과 왕족 및 귀족 계급 사람들을 끌고 갔다(단 1:1-6).
>
> 2차 포로: 여호야긴 1년(BC 597년)에 여호야긴, 방백과 군사, 기술자 및 백성들을 끌고 갔다(왕하 24:15).
>
> 3차 포로: 시드기야 11년(BC 586년)에 예루살렘 성을 함락하고 왕과 백성들을 끌고 갔다(왕하 24:10-16).
>
> 4차 포로: BC 581년에 느부갓네살의 시위 대장 느부사라단이 남아 있던 유다인들을 포로로 잡아갔다(왕하 25:20).

구약성경 느헤미야는 바로 4차 때 포로로 잡혀갔던 하가랴의 아들 느헤미야의 이야기다. 유다 나라가 멸망하고 하가랴의 아들 느헤미야는 포로 2세로 태어나 자라게 되었다. 그리고 바벨론 제국의 뒤를 이어

페르시아 제국의 아닥사스다 왕의 술 맡은 관원이 되었다(느 1:11, 2:1). 술 맡은 관원이란 단지 술 시중을 드는 것만을 의미하는 것이 아니다. 누군가 왕이 즐기는 술에 독을 넣어 살해할 수 있기 때문에 왕이 철석같이 신뢰하는 신하가 그 자리를 맡았다. 왕이 먹고 마시는 빵 맡은 관원과 술 맡은 관원은 왕의 절대적인 신임을 받는 중요한 직분이었다. 그런데 어느 날 유다가 멸망한 지 141년이 지난 BC 445년에 예루살렘으로부터 '하나니'라고 하는 느헤미야의 친족이 몇 명의 친구들과 함께 느헤미야에게 도움을 청하러 오게 되었다. 예루살렘 백성 중 남은 자들은 큰 환난을 당하고, 예루살렘 성은 허물어지고, 성문들은 불탔다는 소식을 전해 주었다. 이 소식을 들은 느헤미야의 반응은 이러했다.

> 내가 이 말을 듣고 앉아서 울고 수일 동안 슬퍼하며 하늘의 하나님 앞에 금식하며 기도하여(느 1:4).

우리의 믿음은 삶의 반응으로 드러난다. 느헤미야는 가 본 적도 없는 조국 유다와 그 백성들의 일에 대하여 나와 상관없는 일로 여기지 않았다. 큰마음 먹고 먼 길을 찾아온 친척과 그 일행에게 따뜻한 잠자리를 제공하고 먹을 음식을 풍성히 제공해 준 뒤 며칠 쉬게 한 후에 돌려보낼 수도 있었을 것이다. 그런데 느헤미야의 반응을 보자! 느헤미야는 안타까운 소식을 듣고 울며 수일 동안 슬퍼하였다. 그것으로 끝나지 않고 무너진 유다 나라의 백성들을 위하여 금식하며 기도하였다. 이것이 느헤미야의 삶의 수준, 신앙의 수준이었다. 느헤미야는 개인적 신앙의 차원을 뛰어넘어 공동체를 생각하는 신앙의 수준을 가지고 있었다.

살다 보면 그리스도인에게도 많은 문제가 찾아온다. 그때 우리가 첫 번째로 반응해야 할 일이 무엇일까? 하나님을 찾는 것이다. 하나님께 기도하는 것이다. 기도를 언제 해야 할까? 우리는 내 힘으로 하다 안 되면 기도하려고 한다. 그러나 느헤미야는 먼저 하나님을 찾았다. 진짜 성경적 기도는 내 생각, 내 방법, 내 능력보다 먼저 하나님을 찾는 것이다.

느헤미야의 기도 내용이 1장 5절부터 11절에 나오는데 차례로 살펴보려고 한다.

> 1) 우리 하나님은 주를 사랑하고 주의 계명을 지키는 자에게 언약을 지키시며 긍휼을 베푸시는 분이시다(느 1:5).

하나님은 누구에게 언약을 지키고 긍휼을 베푸실까? 주를 사랑하고 주의 계명을 지키는 자다.

> 2) 이스라엘 자손이 주께 범죄함을 자복하였다. '나와 내 아버지의 집'이 범죄하여 악을 행하였고 모세에게 명하신 계명을 지키지 않았다고 고백하고 있다(느 1:6).

아니, 언제 느헤미야가 주께 범죄하였는가? 유다 백성들이 범죄했지! 그런데 느헤미야는 자기 동족의 아픔을 자기의 아픔으로, 자기 동족의 죄를 자기의 죄로 동일시하는 모습을 보인다. 이것이 하나님을 사랑하고 섬기는 사람의 모습일 것이다.

> 3) 만일 너희가 범죄하면 내가 너희를 여러 나라 가운데에 흩을 것
> 이요 만일 내게로 돌아와 내 계명을 지켜 행하면 … 내 이름을 두
> 려고 택한 곳에 돌아오게 하리라 하신 말씀을 … 기억하옵소서
> (느 1:8-9).

지금 느헤미야는 자기 민족이 왜 바벨론 포로, 그리고 페르시아의 포
로로 살고 있는지를 분명히 알고 있었다. 그래서 하나님을 향해 하나님
당신의 말씀을 기억해 달라고 읍소하고 있다. 우리가 하나님의 말씀을
기억하지 못하는 것이지 하나님께서 당신이 하신 말씀을 기억하지 못
하시겠는가? 하나님께 기억해 달라는 것은 곧 자신이 기억하고 있다는
것을 강조한 어법인 것이다. 느헤미야에게 있어 하나님은 약속을 지키
시는 하나님, 긍휼을 베푸시는 하나님, 죄를 용서하시는 하나님, 말씀
을 지키면 돌아오게 하시는 하나님이셨다. 우리에게 하나님은 어떤 하
나님으로 역사하고 계실까?
이스라엘 백성들이 왜 바벨론 포로로 잡혀갔을까? 9절에 해답이 있
다. 하나님의 계명을 지켜 행하지 못하였기 때문이다. 왜 하나님의 계
명을 지켜 행하지 못했을까? 자기 뜻대로 자기 생각대로 살고 싶어서
다. 우리도 다를 바가 없다. 하나님의 말씀에 순종하지 아니하면 언제
든지 세상의 포로가 되고, 물질의 포로가 되고, 사탄의 포로가 되게 된
다. 이러한 포로에서 해방되는 유일한 방법은 바로 하나님의 말씀을 다

시 지켜 행하는 것, 곧 내 심령에 하나님의 말씀을 회복하는 것이다.

이스라엘 백성들 심령에 하나님의 말씀이 회복되면 하나님의 이름을 두려고 택한 곳으로 돌아오게 하시겠다고 말씀하신다. 그러면 하나님 께서 당신의 이름을 두려고 택한 곳은 어디일까? 예루살렘 성전이다.

> 너희는 너희가 하나님의 성전인 것과 하나님의 성령이 너희 안에 계 시는 것을 알지 못하느냐 누구든지 하나님의 성전을 더럽히면 하나 님이 그 사람을 멸하시리라 하나님의 성전은 거룩하니 너희도 그러 하니라(고전 3:16-17).

예루살렘 성전은 예수 그리스도의 십자가 대속의 은혜를 통하여 그 리스도인의 몸으로 대체가 되었다. '우리'가 하나님의 이름을 두시려고 택함을 받은 성전인 것이다. 하나님은 우리를 성전 삼으셔서 우리 안에 거하기를 기뻐하신다. 여기까지는 얼마나 좋은지 모르겠다. 그런데 그 다음 말씀을 보면 경기(驚氣)를 일으키게 된다. 하나님의 성전을 더럽히 면 그 사람을 멸하신다는 말씀 때문이다. 이스라엘 백성들이 예루살렘 성전을 더럽혀서 멸망하고 포로가 되어 수치를 당한 것처럼 오늘 성령 이 거하시는 우리의 몸을 더럽히면 이 땅에서 멸망의 심판이 임한다는 것이다.

하나님의 성전을 더럽히는 것이 무엇일까? 이스라엘 백성들처럼 예 레미야 선지자를 통해 주신 하나님의 말씀을 듣고도 순종하지 않는 것 이다. 하나님의 말씀에 관심도 없고 지키지도 않는 것이다.

4) 종이 형통하여 이 사람 앞에서 은혜를 입게 하옵소서(느 1:11).

느헤미야는 자신이 하나님의 종임을 분명히 고백하고 있다. 종의 기도를 들어 주시고, 종을 형통하게 하여 이 사람, 곧 왕의 은혜를 입게 해 달라는 것이다. 하나님께서 느헤미야의 기도를 들으시고 아닥사스다 왕을 든든한 지원군으로 붙여 주셨다.

140여 년 동안 회복되지 못했던 무너진 예루살렘 성벽을 신실한 종 느헤미야 한 사람을 통해 불과 52일 만에 재건하게 하셨다. 사람의 힘으로 하려고 하면 100년이 지나도 안 되는 것도 하나님이 성전 삼으신 종이 헌신하면 52일 만에도 회복될 수 있다.

하나님께서는 그 이름을 두시기 위하여 우리를 불러 성전 삼으셨다. 그리고 예배의 자리, 회복의 자리로 초청하신다.

# 애타는 사랑에게

왕에게 아뢰되 왕이 만일 좋게 여기시고 종이 왕의 목전에서 은혜를 얻었사오면 나를 유다 땅 나의 조상들의 묘실이 있는 성읍에 보내어 그 성을 건축하게 하옵소서 하였는데(느 2:5).

존경하는 사람이 있는가?

살면서 닮고 싶은 사람이 있는가?

있다면 참 겸손하고 지혜로운 사람일 것이다. 그러나 존경하는 사람도 없고 닮고 싶은 사람도 없다면 게으른 사람, 교만한 사람이다. 왜냐하면, 그 사람은 자기 자신이 가장 잘났다고 생각하고 살기 때문이다. 이런 사람은 천상천하유아독존(天上天下唯我獨尊)형 인간이다. 천상천하에 나보다 높은 사람이 없다는 태도가 '교만의 끝판왕'이라고 생각한다.

초등학교 4학년 때 교실은 학교 도서관을 겸하고 있었다. 나는 반장이었고, 문고 관리를 맡고 있었다. 그래서 책을 마음껏 가져다가 읽을 수 있었다. 을지문덕, 강감찬, 서희, 이순신, 김유신, 계백, 세종대왕, 오성과 한음, 퇴계 이황, 율곡 이이, 한국 전래동화, 세계명작동화 ··· 주로 나라를 구한 영웅들의 전기를 많이 읽었고 나도 훌륭한 사람이 되어야 겠다는 생각을 하곤 했다.

우리가 성경을 읽고, 성경 공부를 하고, 말씀을 듣는 이유가 무엇일까? 하나님의 사랑을 알고, 하나님을 사랑하고, 하나님을 섬기기 위해서다. 성경에 나오는 아브라함처럼, 요셉처럼, 예수님처럼, 바울처럼, 베드로처럼, 마리아처럼, 바나바처럼, 아굴라와 브리스길라처럼, 루디아처럼 말이다. 그들의 삶을 배우고 그들의 삶을 따라 살고 싶은 마음이 있기 때문이다.

느헤미야를 묵상하면서 느헤미야의 마음, 느헤미야의 영성, 느헤미야의 삶의 태도와 행위를 참으로 본받고 싶은 강렬한 열망이 솟아났다. 무엇을 닮고 싶은가? 충만한 사랑을 닮고 싶다. 느헤미야는 사랑이 충만한 사람이었다. 하나님을 사랑했고 이스라엘 공동체를 사랑한 사람이었다. 출셋길에 올랐지만, 개인의 안위에 만족하지 않고 이스라엘 공동체를 사랑하였다. 그렇게 사랑했기 때문에 '느헤미야의 기도(느 1:5-11)'가 탄생될 수 있었던 것이다.

'느헤미야의 기도'를 영어 첫 글자를 따서 'ACTS 기도'라고 부른다. A는 adoration(5-6절), 찬양이다. 느헤미야의 기도는 하나님의 통치와 사랑, 신실하심과 능력에 대한 찬양으로 시작한다. C는 Confession(6-7절), 고백과 회개다. 느헤미야는 이스라엘 백성들의 죄와 조상들의 죄를 자기의 죄로 받아들여 애통하며 회개하였다. T는

Thanksgiving(8-9절), 감사다. 느헤미야는 하나님의 언약, 즉 모세에게 말씀하신 신명기 28장과 30장의 약속인 '축복과 심판'을 기억하면서 감사드리고 있다. 말씀에 대한 순종은 축복이며 불순종은 심판임을 언급하고 있다. S는 Supplication(11절), 탄원이다. 느헤미야는 아닥사스다 왕의 마음을 하나님께서 움직이셔서 예루살렘 성벽 재건을 돕게 해 달라고 탄원하고 있다. 느헤미야는 예루살렘의 형편을 듣고서 울고 슬퍼하고 금식하며 기도하였다.

> 내가 이 말을 듣고 앉아서 울고 수일 동안 슬퍼하며 하늘의 하나님 앞에 금식하며 기도하여(느 1:4).

이러한 느헤미야의 기도는 기슬르월*에 시작되어 니산월**에 이르기까지 4개월가량 지속된 것이다. 그렇게 기도를 하면서 아닥사스다 왕에게 포도주를 드리게 되었다. 그런데 왕이 포도주를 먹으면서 느헤미야에게 관심을 보였다.

---

\* 태양력으로는 11-12월, 종교력으로는 아홉 번째 달

\*\* 태양력으로는 3-4월, 종교력으로는 첫 번째 달(아빕월)

| 종교력 | 제1월 | 제2월 | 제3월 | 제4월 | 제5월 | 제6월 | 제7월 | 제8월 | 제9월 | 제10월 | 제11월 | 제12월 |
|---|---|---|---|---|---|---|---|---|---|---|---|---|
| 민간력 | 7월 | 8월 | 9월 | 10월 | 11월 | 12월 | 1월 | 2월 | 3월 | 4월 | 5월 | 6월 |
| 바벨론식 (가나안식) | 니산 (아빕) | 이야르 (시브) | 시완 | 담무스 | 압 | 엘룰 | 다스리 (에다님) | 마르 헤쉬안 (불) | 기슬르 | 데벳 | 스밧 | 아달 |
| 태양력 | 3-4월 | 4-5월 | 5-6월 | 6-7월 | 7-8월 | 8-9월 | 9-10월 | 10-11월 | 11-12월 | 12-1월 | 1-2월 | 2-3월 |

네가 병이 없거늘 어찌하여 얼굴에 수심이 있느냐 이는 필연 네 마음에 근심이 있음이로다(느 2:2).

여기서 우리는 두 가지 사실을 알 수 있다.

첫째, 하나님의 마음에 합한 기도는 하나님의 때에 하나님께서 응답하신다. 느헤미야가 친족 하나니를 만난 후 적어도 서너 달 이상이 지났는데 그동안에 왕이 포도주를 찾은 일이 없었을까? 적어도 일주일에 서너 번, 아니면 식사 때마다 포도주를 마셨을 수도 있다. 그런데 왜 그동안은 느헤미야의 상태를 몰라보았을까? 결국, 느헤미야의 끈질긴 기도를 통해서 하나님께서 아닥사스다 왕의 마음을 열어 그날따라 포도주를 따르는 느헤미야를 볼 수 있도록 역사하셨다는 것을 알 수 있다. 다시 말해 하나님의 일에는 다 때가 있다는 것이다. 우리가 기도할 때 하나님이 내 때에 맞추어 역사하시는 것이 아니라 하나님의 때를 깨닫고 나를 맞추어야 함을 명심하자.

둘째, 하나님을 사랑하는 자는 하나님의 사랑을 받는다. 행복은 사랑하고 사랑받는 데 있다. 지금 아닥사스다는 왕이요, 느헤미야는 신하다. 그렇다면 누가 누구의 안색을 살펴야 할까? 당연히 신하인 느헤미야가 왕의 건강과 왕의 심기를 살펴야 한다. 그런데 놀랍게도 아닥사스다 왕이 느헤미야의 얼굴을 살피고 있다. 아니 신하가 왕의 안색을 살펴야지 왕이 신하의 안색을 살펴 묻는다는 것이 가당(可當)한 일인가? 또한 신하가 왕 앞에서 수심 띤 얼굴을 보였다는 것은 당시의 사회, 문화에서는 용서받지 못할 죄였다. 그래서 느헤미야는 크게 두려워하였다. 이 정도면 주인공은 아닥사스다 왕이 아니라 느헤미야임을 알 수 있다. 느헤미야는 분명 수심(愁心)이 없도록 표정관리를 하였을 것이다. 그런 느헤미야의 안색을 왕이 알아챈 것이다. 하나님의 역사가 시작되려면 이렇게 신기한 일이 일어나게 된다. 인간의 이성으로는 설명할 수 없는 일이 일어난다. 왕의 질문에 느헤미야는 먼저 왕의 안녕을 기원하였다. 그리고 자신이 가진 수심의 문제를 조심스럽게 아뢰게 되었다.

> 왕께 대답하되 왕은 만세수를 하옵소서 내 조상들의 묘실이 있는 성읍이 이제까지 황폐하고 성문이 불탔사오니 내가 어찌 얼굴에 수심이 없사오리이까 하니(느 2:3).

이 말을 들은 왕은 한 걸음 나아가 이렇게 묻는다. "네가 무엇을 하기를 원하느냐?" 이 말은 "내가 어떻게 도와줄까?"라고 묻는 것이다. 이것은 느헤미야가 신하로서 왕의 절대적인 신임을 얻고 있으며, 왕이 느헤미야를 사랑하고 있다는 증거였다.

사랑을 하면 어떤 일이 일어날까? 그 사랑의 대상을 위하여 무엇인가 해 주고 싶은 마음이 들 것이다. 사랑에 빠진 청춘남녀를 보자. 부모에게도 하지 않는 행동을 서로를 위해서 하게 된다. 사랑이 시작되면 그 사랑을 지키기 위한 행동을 하게 된다. 호랑이 담배 피우던 시절의 이야기이지만 우리 어머니 시절에 세탁기가 어디 있었는가? 추운 겨울에 빨랫감을 가지고 시냇가에 가서 손빨래를 하셨다. 산에 가서 땔감을 구해 불을 지폈다. 자식들을 위하여 별의별 고생을 다 하셨다. 왜인가?

사랑해서다. 흔히 '여자는 약하나 엄마는 강하다'고 말한다. 왜 똑같은 여자인데 엄마는 강할까? 지켜야 할 자식이 있기 때문이다. 사랑은 두려움, 고난, 어떤 환경도 이기는 힘이 있다. 사랑은 자신보다 그 사랑의 대상을 위해 살도록 인도하는 힘이 있다. 온전한 사랑은 온전한 헌신을 가져오게 된다.

예수 그리스도를 사랑하는가? 무엇인가 주님을 위하여 살고 싶은 욕구가 솟구쳐 오르는가? 그러면 주님을 사랑해서 감사함으로 예물을 준비하고, 헌신하고, 섬김의 자리를 찾게 된다. 주님을 사랑해서 주님이 주신 직분을 감당하게 된다. 주님을 사랑해서 선교사가 되어 문화와 언어와 역사가 다른 타국에 가서 이름도 없이 빛도 없이 복음을 전하게 된다. 그러나 주님을 사랑하는 마음이 없으면 예물 드리는 것도 아깝고, 헌신과 섬김은 쓸데없는 낭비처럼 여겨진다. 그래서 사랑을 이렇게 정의해 보았다.

"사랑이란 그 사람을 위한 행동이다."

하나님께서 아닥사스다 왕의 마음에 느헤미야를 사랑하는 마음을 주셔서 신하인 느헤미야를 위해서 무엇을 도와줄까 하고 묻게 하셨다. 왕의 질문에 느헤미야는 하나님께 잠시 기도하였다. 그리고 아뢰었다.

> 왕에게 아뢰되 왕이 만일 좋게 여기시고 종이 왕의 목전에서 은혜를 얻었사오면 나를 유다 땅 나의 조상들의 묘실이 있는 성읍에 보내어 그 성을 건축하게 하옵소서 하였는데(느 2:5).

지금 술 맡은 신하가 왕에게 무엇을 구하고 있는가? 자기 선조들의 고향 땅으로 보내 달라고 하고 있다. 그리고 무너진 예루살렘 성벽을 건축하게 해달라고 하고 있다. 이러한 간청은 느헤미야의 목숨을 내어놓고 하는 말과 같다. 느헤미야 이전에 왕후 에스더가 아하수에로 왕에게(BC 486-465년) 유대 민족의 구원을 위하여 '죽으면 죽으리이다'라는 각오로 나아간 것과 동일한 것이다.

BC 537년, 1차 포로 귀환을 한 이스라엘은 스룹바벨과 예수아를 중심으로 BC 536년에 성전을 건축하다가 대적들의 방해로 건축이 중단된 적이 있었다(BC 534-520년, 스 4:23-24).* 느헤미야(BC 445년)도 분명히 그 일을 알고 있었을 것이다. 이런 상황에서 다시 예루살렘 성벽을 재건하게 해달라는 것이 반역의 의도로 해석되면 목숨이 위험할 수도 있는 간청이었다. 그런데 느헤미야가 얼마나 지혜로운지 직접 예루살렘 성이라고 언급하지 않고 '나의 조상들의 묘실이 있는 성읍'(느 2:5)이라고 표현하였다. 이러한 표현은 왕의 심기를 건드리지 않는 완곡한 표현이었다. 결국 아닥사스다 왕은 느헤미야를 이스라엘에 보내는 것을 좋게 여겨 총독들에게 느헤미야가 유다에 가는 것을 도와주도록 하였다. 성전에 속한 영문의 문과 집을 지을 재목도 주도록 하였다. 느헤미야를 지키는 군사도 내어 주었다. 그것을 느헤미야는 단순히 왕이 허락했다고 말하지 않고 이렇게 고백하고 있다.

---

\* BC 520년에 다시 재개하여 BC 516년에 스룹바벨 성전이 완공되었다.

내 하나님의 선한 손이 나를 도우시므로 왕이 허락하고(느 2:8).

    하나님께서 돕지 아니하셨으면 왕이 허락할 리가 없다는 고백인 것이다.
    느헤미야가 예루살렘의 총독으로 부임한 지 사흘 만에 경호원들만 데리고 밤에 시찰을 나갔다. 그것은 예루살렘을 위해 무엇을 해야 할지를 확인하기 위해서였다.

내 하나님께서 예루살렘을 위해 무엇을 할 것인지 내 마음에 주신 것을 내가 아무에게도 말하지 아니하고(느 2:12).

    예루살렘을 위해 무엇을 할 것인지 하나님께서 느헤미야의 마음에 주신 것이 있었다. 하나님께서 느헤미야를 왕의 술 맡은 관원에서 유다의 총독으로 세우신 것은 느헤미야가 하나님을 사랑하고 동족을 사랑하는 마음이 충만했기 때문이다. 느헤미야의 마음이 그 사랑하는 자들을 위하여 무엇을 할 것인지를 품고 있었다. 그 마음이 하나님의 사랑, 곧 이스라엘 백성을 사랑하는 마음이었다. 불타버린 성문과 무너진 예루살렘 성벽을 다시 세우는 것이었다. 한마디로 이스라엘의 회복을 위해 쓰임 받는 마음을 주신 것이다.
    세상의 주인공이 누구일까? 왕이요, 대통령이요, 권력자요, 유명한 사람, 잘난 사람들이다. 세상의 관점으로 보면 당연히 그들이 주인공이다. 그러나 하나님의 관점에서 보면 누가 주인공일까? 하나님의 뜻을 구하는 사람, 하나님의 뜻대로 사는 사람이다. 하나님이 주신 마음대로 순종하며 사는 사람이 주인공이다. 느헤미야가 바로 그런 사람이었다. 만일 느헤미야가 아닥사스다 왕의 술 맡은 관원으로서 자신의 안위만 도모하였다면 하나님의 역사에 쓰임 받지 못했을 것이다. 느헤미야는 하나님께서 자신의 마음에 주신 대로 예루살렘을 위하여 행하였다.

오늘 하나님께서 내 마음에 주신 것이 무엇인가? 우리의 마음에 주시는 그 무엇대로 행하는 인생이 되기를 바란다.

# 3장

# 선한 손에 이끌려

또 그들에게 하나님의 선한 손이 나를 도우신 일과 왕이 내게 이른 말씀
을 전하였더니 그들의 말이 일어나 건축하자 하고 모두 힘을 내어 이 선
한 일을 하려 하매(느 2:18).

『아무것도 하지 않으면 아무 일도 일어나지 않는다』의 저자 기시미
이치로는 "현실에 안주하지 않고 새로운 것에 도전하라"고 말한다. 어
떤 일이 우리 삶에서 일어나기 위해서는 누군가는 일해야 한다. 『역사
의 연구』의 저자 아놀드 토인비는 "인류 문명의 역사는 도전과 응전의
역사"라고 말했다. 새로운 역사의 지평을 열기 위해서 누군가는 새로운
일에 앞장서서 끊임없는 창조적 도전을 해야 한다. 그런데 왜 어떤 사
람은 도전하고 어떤 사람은 현실에 안주하며 살아갈까? 인간의 생애 가
운데 어떤 일을 하게 하는 원동력은 바로 사랑이다. 요즘에야 전기밥솥
에 쌀만 넣으면 알아서 맛있는 밥이 된다지만 불과 30-40년 전만 해도

부엌에서 불을 때든지 아니면 가스레인지 전신인 풍로(곤로)에 밥을 해 먹었다. 고등학교 시절 자취할 때 바로 이 곤로에 밥을 해서 먹었다. 부모가 학교 가는 자녀에게 밥을 먹이기 위해서는 자녀보다 먼저 일어나서 식사를 준비한다. 그렇게 먼저 일어나 식사 준비를 하는 이유는 자식을 사랑하기 때문이다. 부모는 자식을 사랑해서 일한다. 그 사랑으로 놀라운 삶의 기적을 만들어 내곤 한다. 하나님께서 이 땅에서 십자가의 수난으로 우리를 구원하신 동기는 바로 사랑이었다.

왜 어떤 사람은 일하고 어떤 사람은 일하지 않을까? 그것은 사명과 관련이 있다. 길거리에서 한 여성이 남성으로부터 머리채를 잡힌 채 폭행을 당하고 생명의 위협을 받고 있었다. 여성은 도와달라고 소리치고 있다. 그 남자는 "가던 길 가세요!"라며 눈을 부라린다. 한 시민이 용감하게 나서 보지만 이내 칼을 빼 들고 위협하자 더는 어떻게 하지 못한다. 그 순간 한 남자가 용감하게 나서 격투 끝에 이 소매치기범을 제압했다. 그 사람이 허리춤에서 수갑을 꺼내 체포했다. 그는 사복을 입은 경찰관이었다. 그런데 그 사람의 팔에서 피가 흐르고 있었다. 소매치기범이 휘두르는 칼에 팔을 다친 것이다. 이 경찰관도 사복을 입고 있었기 때문에 다른 시민들처럼 그냥 방관할 수도 있었다. 그러나 그 경찰관은 생명의 위협을 무릅쓰고 용감하게 폭행범을 제압하였다. 왜 그렇게 했을까? 그가 경찰이라는 사명을 잊지 않고 있었기 때문에 그 사명 따라 행동한 것이다.

가정, 회사, 경찰, 공무원, 군인, 교사, 의사와 간호사 등 어떤 직업이든 일을 충성스럽게 하는 사람은 사명감으로 가득찬 사람이다. 그러나 사명감이 없는 사람은 일을 하지 않는다. 누가 진짜 사명 받은 사람인가? 일하는 사람, 그 사람이 바로 사명자다.

하나님의 일도 마찬가지일 것이다. 누가 하나님의 일을 감당하는가? 하나님을 사랑하고, 하나님께 사명을 받은 사람이다. 느헤미야가 바로 그런 사람이었다. 아닥사스다 왕의 신임을 받는 신하로서 얼마든지 편안한 삶을 선택할 수 있었다. 그런데 그는 친척 동생인 하나니로부터 예루살렘에 남아있는 자들의 어려움과 예루살렘 성벽이 허물어지고 성문이 불탔다는 소식을 듣고 얼굴에 수심이 가득했다(느 1:2-4). 얼마든지 나와는 상관없는 일로 여길 수 있었으나 그 소식을 들은 즉시 자신이 무엇을 해야 하는지 깨달았다. 그런 차원에서 보면 하나니는 하나님이 보내신 사명의 사인(Sign)이었던 것이다.

하나님은 페르시아 아닥사스다 왕으로 하여금 느헤미야를 살피게 하셨다. 아닥사스다 왕은 느헤미야에 관해 두 가지 정보를 알고 있었는데 느헤미야의 건강에 문제가 없다는 것과 마음에는 근심이 있다는 것이었다. 그래서 아닥사스다 왕 제이십 년(BC 445년)에 느헤미야를 유다의 총독으로 임명하고 예루살렘에 가서 무너진 성을 보수하도록 허락하였다. 이것이 3차 포로 귀환이다.*

---

* 바벨론 포로 귀환
  가스펠서브, '바벨론 포로에서의 귀환', 『라이프성경사전』(생명의말씀사, 2006.8.15.)

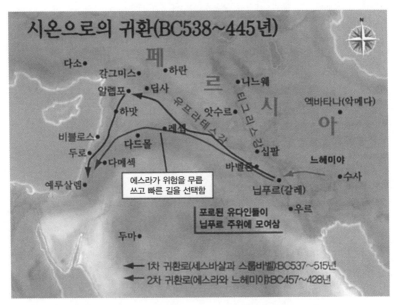

이원희, 『연대기 통독 성경(구약)』, 위즈덤바이블, p.1287

| 구분 | 1차 귀환 | 2차 귀환 | 3차 귀환 |
|---|---|---|---|
| 귀환 연대 | BC 537년 | BC 458년 | BC 444년 |
| 인솔자 | 스룹바벨(세스바살), 예수아 | 에스라 | 느헤미야 |
| 바사 왕 | 고레스 | 아닥사스다 1세(7년) | 아닥사스다 1세(20년) |
| 조서 내용 | • 포로들의 귀환 허가<br>• 성전 재건 허가<br>• 성전 기물들 반환<br>• 성전 건축 자재 지원 | • 포로들의 귀환 허가와 그에 따른 국고 지원<br>• 성직자 세금 면제<br>• 관리 조직 허용 | • 예루살렘 성벽 중건 허용<br>• 건축 자재 지원 |
| 귀환자 수 | 49,897명<br>(백성 42,360명, 종 7,337명, 노래하는 자 200명) | 1,754명<br>(남자 1,496명, 레위인 38명, 성전 일꾼 220명) | 일단의 무리<br>(통계 없음) |
| 귀환 후 사역 | • 성전 건축공사 시작(BC 536년)<br>• 사마리아인들의 방해로 공사 중단 (BC 534-520년)<br>• 제사 재개<br>• 장막절 준수<br>• 성전 공사 재개 및 완공 (BC 520-516년) | • 에스라의 종교개혁<br>• 여호와 신앙의 순수성 회복 | • 예루살렘 성벽 중건(사마리아인들의 방해에도 불구하고 52일 만에 완성)<br>• 에스라의 율법 낭독과 교육 |
| 참조 구절 | 에스라 1-6장 | 에스라 7-10장 | 느헤미야 1-13장 |

BC 586년에 남유다는 바벨론 제국의 느부갓네살에 의해 멸망 당하였고, 예레미야 선지자의 예언대로 바벨론 제국은 70년 만에 페르시아 제국에 의해 멸망 당하였다(렘 25:12, 29:10).

하나님은 바벨론 제국을 무너뜨린 페르시아 왕 고레스(키루스 2세) 원년(BC 538년)에 왕의 마음을 감동시키셔서 포로로 잡혀 있는 유다 백성들을 1차로 귀환시켰다. 귀환자는 49,897명이었다. 1차 귀환 시 바벨론 신당에 두었던 여호와의 성전 그릇 5,400개를 유다 총독 세스바살을 통해 가져왔다. 세스바살의 뒤를 이은 스룹바벨은 바벨론 포로로 잡혀간 여호야긴 왕의 손자(대상 3:17-19)이고, 스알디엘의 아들이다(느 12:1).

스룹바벨 총독의 주도로 BC 536년에 예루살렘 성전 재건이 시작되어 2년 동안 진행되었지만, 대적들의 방해로 중단되었다(BC 534년). BC 520년에 다시 공사가 시작되어 다리오 왕 6년(BC 516년)에 완공되었다(스 6:13-15). 첫 번째 성전을 솔로몬 왕이 지어 솔로몬 성전이라고 하고 포로 귀환 이후 20여 년에 걸쳐 재건한 성전을 스룹바벨 성전이라 한다.

1차 포로 귀환(BC 537년)부터 3차(BC 444년)까지 93년에 걸쳐 포로 귀환이 이루어졌다. 하나님은 1차 포로 귀환을 통해 성전을 건축하게 하심으로 유다 백성을 구속사의 주역으로 회복시키셨다. 그리고 2차 귀환은 1차 귀환 후 79년이 지난 BC 458년 학사 겸 제사장 에스라(스 7:11-12)의 인도로 아닥사스다 왕 제칠 년에 실행되었다. 2차 포로 귀환 때는 에스라 선지자를 통하여 신앙 개혁과 회복을 이루셨다. 3차 귀환은 BC 444년에 느헤미야를 유다 총독으로 임명하면서 이루어졌다. 느헤미야는 무너진 예루살렘 성벽과 성문을 재건하였다. 3차 포로 귀환을 통해 불탄 성문과 무너진 성벽을 재건하여 이스라엘 공동체의 결속을 회복하고 부흥을 이루었다.

BC 444년 느헤미야는 예루살렘에 도착한 후 삼 일 만에 예루살렘 성을 순찰하러 나갔다. 그리고 무너진 예루살렘 성벽을 보수하기 시작하였다. 왜 그렇게 서둘러 보수를 했을까? 예루살렘 백성을 사랑해서 그 백성을 지키기 위해서다. 사명을 받았기 때문이다. 성벽을 재건하기에 앞서 느헤미야가 유다 백성들에게 이렇게 고백한다.

내 하나님의 선한 손이 나를 도우시므로(느 2:8).

하나님의 선한 손이 나를 도우신 일과 왕이 내게 이른 말씀을 전하였더니(느 2:18).

이때 유다 백성들의 반응이 어땠을까? "일어나 건축하자"(느 2:18)하고 모두 힘을 내어 이 선한 일을 시작하였다. 하나님은 사명을 주시면 끝이 아니라 하나님의 선한 손으로 그 사명을 감당하도록 도우신다. 하나님의 선한 손을 경험하고 있는가? 하나님은 느헤미야에게 사명을 주실 뿐 아니라 그 일을 감당할 만한 힘을 주시고, 또 선한 손으로 도우시는 분이다. 할렐루야!

하나님의 일을 함에 있어 그저 일이 술술 풀리면 얼마나 좋겠는가? 하나님의 역사를 보면 언제나 방해하는 세력, 반대하는 세력이 있기 마련이다. 북쪽 사마리아 지역의 총독인 호론 사람 산발랏과 요단 동쪽에 있는 암몬 지역의 관원인 도비야와 아라비아 사람 게셈은 이스라엘 성벽의 재건에 반대하였다. 느헤미야서 2장 10절을 보면 산발랏과 도비야는 이스라엘 자손을 흥왕하게 하려는 느헤미야가 왔다는 소식을 듣고 심히 근심하였다고 기록하고 있다. 이 사마리아 사람들은 90여 년 전 스룹바벨 총독이 예루살렘 성전을 재건축할 때 방해하여 14년 동안 중단시켰던 사람들이었다.* 그리고 곧 그들의 반대에 직면하게 되었다.

> 또 그들에게 하나님의 선한 손이 나를 도우신 일과 왕이 내게 이른 말씀을 전하였더니 그들의 말이 일어나 건축하자 하고 모두 힘을 내어 이 선한 일을 하려 하매 호론 사람 산발랏과 종이었던 암몬 사람 도비야와 아라비아 사람 게셈이 이 말을 듣고 우리를 업신여기고 우리를 비웃어 이르되 너희가 하는 일이 무엇이냐 너희가 왕을 배반하고자 하느냐 하기로(느 2:18-19).

이러한 방해에 대한 느헤미야의 대답은 이것이었다.

> 하늘의 하나님이 우리를 형통하게 하시리니(느 2:20).

---

* BC 586년 유다 멸망
  BC 536년 성전 재건 시작
  BC 534년 성전 공사 중단
  BC 520년 성전 공사 재개
  BC 516년 성전 완공(제2성전, 스룹바벨 성전)

우리가 하나님의 일을 하고, 복음 사역을 감당하고, 그리스도인으로 이 세상에 살 때 반드시 겪게 되는 것이 바로 나를 반대하고, 교회를 반대하고, 예수를 반대하는 사람들을 만나는 것이다. 그러나 두려워하지 말라! 하나님께서 우리에게 형통의 은혜를 부어 주실 것이기 때문이다.

산발랏과 도비야 같은 사람이 느헤미야 시대에만 있었던 것은 아니다. 예수님 당시에도 수많은 바리새인, 사두개인, 서기관들이 예수님의 복음 사역을 방해하였고, 예수를 반대하고 미워하였다. 심지어 사탄이 베드로에게 들어가 예수님이 십자가 지는 것을 반대하게 했다. 또 가룟 유다에게 들어가 예수님을 은 30에 팔고, 배반하게 했다. 대제사장 가야바와 안나스는 예수님을 방해하였을 뿐 아니라 죽이려고 의논하였고 결국 십자가에 죽이고 만다.

> 그때에 대제사장들과 백성의 장로들이 가야바라 하는 대제사장의 관정에 모여 예수를 흉계로 잡아 죽이려고 의논하되 말하기를 민란이 날까 하노니 명절에는 하지 말자 하더라(마 26:3-5).

로마서 16장에 보면 사도 바울의 복음 사역에 동역했던 사람들이 34명 기록되어 있다. 그런데 디모데전서와 후서에 보면 사도 바울의 복음 사역에 동역했지만 믿음의 길에서 떠난 사람도 나온다. 세상을 사랑하여 바울을 버리고 반대한 후메내오와 빌레도, 데마를 향해 그들의 말이 악성 종양과 같다고 말했다(딤전 1:20; 딤후 2:17, 4:10). 특별히 그 가운데 구리 세공업자 알렉산더는 사도 바울에게 많은 해를 입혔다. 바울은 알렉산더가 행한 대로 주님이 갚으실 것을 믿었다(딤후 4:14).

하나님의 일에 반대하는 교인을 만나 보았는가? 반대자는 왜 반대할까? 그것이 하나님의 뜻이기 때문일까? 아니다. 자기 뜻을 하나님의 뜻인 양 포장할 뿐이다. 그들이 반대하는 이유는 반대를 통한 쾌감을 맛보기 때문이다. 이것을 지옥의 쾌락이라고 한다. 필로폰을 맞아 본 일이 있는가? 앞으로 기회가 되면 한 번 맞아 볼 계획이 있는가? 필로폰을 맞는 것은 불법이다. 그런데 불법 이전에 필로폰은 사람을 망치는 마약(痲藥)이다. 그런데 왜 필로폰을 맞을까? 쾌락 때문이다. 필로폰을 맞는 순간 쾌락을 맛보지만, 그 약의 효능이 끝나고 나면 지옥의 맛을 보게 된다. 그래서 계속 필로폰을 맞게 되고 결국 중독에 이르고 파멸에 이르고 만다. 반대자도 이와 똑같다. 반대를 통한 쾌감을 얻기 위해서 계속해서 반대를 하는 것이다.

오늘 누가 하나님의 일을 방해하는가? 사탄과 사탄의 유혹에 넘어간 사람들이다. 사탄이 어떤 존재인가? 하나님을 반대하고, 하나님의 구원 사역을 방해하는 타락한 천사들이다. 사탄은 왜 하나님을 반대할까? 지옥의 심판이 예정되어 있기 때문이다. 왜 산발랏과 도비야가 예루살렘 성벽을 재건하는 일을 반대할까? 자신들의 이익이 감소할까 봐서다. 그래서 하나님을 대적하는 사탄 편에 선 것이다.

그러므로 성도는 하나님의 일에 반대하는 사탄의 미혹을 경계하며 사탄의 편에 서지 않도록 영적으로 깨어 있어야 한다. 바울 사도는 이렇게 선포하였다.

평강의 하나님께서 속히 사탄을 너희 발 아래에서 상하게 하시리라
(롬 16:20).

선한 일을 하기 원하는가? 사탄이 그 일을 대적하고, 사탄의 역사에 동조하는 사람들이 당신을 방해할 것이다. 그러나 그렇게 방해를 받는 것이 오히려 우리에게는 하나님의 선한 일을 감당하고 있다는 외적 증거가 된다. 이러한 악의 방해에 대하여 주님은 이렇게 말씀하셨다.

악에게 지지 말고 선으로 악을 이기라(롬 12:21).

우리가 선을 행하되 낙심하지 말지니 포기하지 아니하면 때가 이르매 거두리라(갈 6:9).

하나님의 선한 손이 도우셔서 하나님의 선한 일을 이루실 것이다.

# 4장

# 헌신에서 기적으로

성벽 역사가 오십이 일 만인 엘룰월 이십오일에 끝나매(느 6:15).

사람이 어떠한 일을 할 수 있는 원동력은 첫째는 사랑이요, 다음은 임무이다. 직장인이나 공무원들은 각자의 임무가 있다. 그 임무를 성실히 수행하는 것이 기본이다. 임무를 수행하기 불가능하면 그 조직에서 퇴출당하고 만다. '임무'를 그리스도인은 '사명'이라고 부른다. 이렇게 뜨거운 사랑과 불타는 사명으로 삶을 살아내는 사람은 행복한 사람이다. 그런 차원에서 느헤미야는 참으로 행복한 사람이었다. 물론 그러한 행복함 속에 사탄의 훼방과 대적자들의 방해도 있었다. 사명을 감당할 때 아무런 어려움이나 고난이 없는 편안함이 사역자의 행복이 아니다. 어떠한 방해 가운데서도 하나님의 도우심으로 이겨 나가는 과정에서 얻어지는 기쁨이 행복인 것이다.

가정, 교회, 직장, 사회에서 사명을 감당하며 사는 사람은 행복한 사람이다. 특별히 하나님께서는 하나님의 선한 역사를 위한 사명을 주시고 그 사명을 감당하도록 '성령'으로 함께 하신다. 사명을 감당하고자 하는 자에게 성령 하나님께서 함께하심으로 다가오는 수많은 시험과 환난과 방해와 대적을 믿음으로 능히 감당할 수 있다. 사탄이 좋아하는 그리스도인은 '사명을 회피하는 그리스도인', '아무 일도 하지 않는 그리스도인'이다.

참된 복음의 역사가 있는 곳에는 반드시 악한 사탄의 방해가 있음을 잊지 말고 영적 전쟁을 해야 하는 것이다. 그렇게 영적 전투에 앞장서는 자에게 성령 하나님께서 도우심으로 승리하게 하신다. 느헤미야서에 나타난 세 가지 기적이 있었다.

첫 번째 기적은 아닥사스다 왕의 마음을 움직이셔서 느헤미야의 근심을 풀어 주신 것이다. 느헤미야를 예루살렘의 총독으로 파견하고 무너진 예루살렘 성을 중수할 수 있도록 허락한 것이다.

두 번째 기적은 느헤미야가 편안한 페르시아 수산궁에서의 삶을 뒤로하고 1,600km 떨어진 황폐한 예루살렘으로 가겠다고 결심한 것이다. 사람은 누구나 편안한 삶, 평탄한 길을 원하지 고단한 삶, 가시밭길을 원하는 사람은 없을 것이다. 그러나 느헤미야는 쉬운 길을 포기하고 힘든 길을 택하였다. 이것이 기적인 것이다. 이것은 하나님과 동족을 사랑하고 하나님이 주신 사명을 삶의 우선순위로 두었다는 뜻이다.

세 번째 기적은 BC 586년, 예루살렘 성이 함락되고 성벽이 무너진

지 142년이 지나도록 방치 되었던 성벽을 BC 444년 엘룰월 25일에, 단 52일 만에 중수(重修)한 것이다. 142년 동안 못한 일을 52일 만에 완성 했으니 이것이야말로 기적 중의 기적이 아니겠는가? 이런 놀라운 기적 으로 말미암아 이방 족속들이 도리어 낙담하고 하나님께서 이 역사를 이루신 것을 알게 되었다.

참된 신앙은 하나님의 기적을 경험하는 신앙이어야 한다. 기적이 신 앙의 목적이나 전부는 아니지만 참된 믿음은 삶 속에 하나님의 기적을 가져온다. '기적'의 사전적 의미는 '상식으로 생각할 수 없는 기이한 일, 신에 의해 행해졌다고 믿어지는 불가사의한 현상'이다. 오늘 하나님의 기적을 경험하고 있는가? 지금 호흡하고 있는 것, 두 발로 예배당에 나 온 것, 음식을 먹고 소화할 수 있는 것, 이런 일상의 삶이 건강을 잃고 병원에 계신 분들에게는 기적인 것이다.

아닥사스다 왕 20년에 신하 느헤미야가 예루살렘 성벽 재건을 간청 하게 된다. 전능하신 하나님께서 아닥사스다 왕의 마음을 감동시키셔 서 느헤미야를 예루살렘에 파견하게 하신다. 백성들의 마음이 느헤미 야를 따르게 되었고 성벽 재건 공사는 일사천리로 진행이 되어 갔다. 문제는 이 성벽 공사를 방해하는 세력이 등장한 것이다. 산발랏, 도비 야, 게셈 등이다. 하나님의 역사를 방해하고 대적하는 세력이 누구일 까? 바로 사탄이요, 마귀다. 대적의 역사는 언제나 이어지고 있었다.

유유상종(類類相從)이란 말을 아는가? 서로 닮은 사람끼리 어울린다 는 말이다. 깡패는 깡패끼리 어울린다. 공부를 잘하는 아이들은 잘하는 아이들끼리 어울린다. 좋은 믿음, 느헤미야 같은 믿음의 사람이 되고자 한다면 믿음이 좋은 사람과 어울려야 한다.

누가 믿음이 좋은 사람인가? 말씀에 순종하는 사람, 말씀대로 헌신하는 사람이다. 왜 내 믿음이 성장하지 않고, 성숙하지 않나? 내가 믿음의 친구들과 어울리지 못하기 때문이다. 누구와 어울리는가가 자신의 삶을 결정한다고 해도 과언이 아니다. 내가 어떤 사람과 어울릴지 선택의 자유가 있지만 그 선택의 결과에 대한 책임은 오롯이 자신이 지는 것이다.

산발랏, 도비야, 게셈은 하나님의 역사에 반대하는 것에 의기투합하였다. 느헤미야의 성벽 중수 소식을 들은 사마리아의 산발랏은 크게 분노하고 사마리아 군대 앞에서 이렇게 비웃었다.

> 미약한 유다 사람들이 하는 일이 무엇인가, 스스로 견고하게 하려는가, 제사를 드리려는가, 하루에 일을 마치려는가 불탄 돌을 흙 무더기에서 다시 일으키려는가(느 4:2).

암몬 사람 도비야가 이렇게 거들었다.

> 그들이 건축하는 돌 성벽은 여우가 올라가도 곧 무너지리라(느 4:3).

당시 성벽의 두께는 2.75m였다. 여우가 올라가면 무너질까? 소가 올라가도 무너지지 않는다. 어쨌든 느헤미야는 주변의 비난에 아랑곳하지 않고 공사를 감행하였고, 공사가 절반 정도 이르게 되었을 때 산발랏과 도비야와 게셈과 암몬 사람들, 아스돗 사람들이 연합하여 예루살렘 성을 치기로 결정하였다. 그리고 그 원수들의 근처에 사는 유대인들조차 동조하여 느헤미야를 열 번이나 오라고 유인하였다(느 4:12). 모든 유대인이 다 느헤미야의 성벽 중수에 참여한 것이 아니라 반대 세력에 동조한 유대인들도 있었다. 그러나 느헤미야는 꾐에 속지 않고, 가지 않았다. 예루살렘 성벽의 중수가 예상과 달리 빠르게 진행되어 성의 문짝만 달면 거의 완성이 되는데 산발랏과 도비야와 게셈은 느헤미야 제거 작전에 돌입하였다. 우리가 잊지 말아야 할 사실은 악한 자들도 그 악함을 끈질기게 고수한다는 것이다. 그러므로 선을 행하되 낙심하지 말고 포기하지 아니하면 때가 이르매 거두게 됨을 믿어야 한다(갈 6:9).

느헤미야를 제거하기 위한 작전이 무엇일까?

첫째, 암살 작전이다. 느헤미야에게 오노 평지에서 만나자고 제안하였다. 오노 성읍은 예루살렘에서 서북쪽으로 40km 떨어진 곳이었다. 오고 가는 길에 느헤미야를 죽이기 용이했다. 이러한 제안이 네 번이나 반복이 되었지만, 느헤미야는 '큰 역사'를 핑계로 가지 않았다(느 6:3).

둘째, 악성 유언비어 작전이다. 암살 계획이 네 번이나 실패로 돌아가자 작전을 바꾸었다. 사마리아에서 예루살렘까지 오는 도중에 많은 사람이 읽을 수 있도록 봉인되지 않은 편지를 보냈다. 유언비어를 유포함으로써 느헤미야를 곤경에 빠뜨리려는 작전이었다. '가스무'('게셈'의 아라비아식 발음)가 말하기를, 느헤미야와 유다 사람들이 모반하여 왕이 되려 하고, 선지자를 세워 유다에 왕이 있다고 하니 이 일에 대하여 의논하자고 제안하였다. 오늘날로 말하면 '가짜 뉴스' 작전인 것이다. 느헤미야는 그런 일은 없으며 그것은 지어낸 것이라고 한마디로 말하였다(느 6:8). 느헤미야는 유언비어에 일희일비(一喜一悲)하지 않았다.

셋째, 공포와 두려움 작전이다. 산발랏과 도비야는 므헤다벨의 손자, 들라야의 아들 스마야에게 뇌물을 주어 거짓 예언을 하게 하였다. 적들이 밤에 느헤미야를 죽이러 오니 하나님의 성전 안으로 들어가서 문을 닫고 몸을 숨기라고 하였다. 느헤미야에게 적들에 의해 암살당할 것이라는 두려움과 공포를 주어 그 활동을 위축시키려는 계획이었다.

> 이 후에 므헤다벨의 손자 들라야의 아들 스마야가 두문불출 하기로 내가 그 집에 가니 그가 이르기를 그들이 너를 죽이러 올 터이니 우리가 하나님의 전으로 가서 외소 안에 머물고 그 문을 닫자 저들이 반드시 밤에 와서 너를 죽이리라 하기로(느 6:10).

외소는 성소로서, 율법에 따르면 제사장만 들어갈 수 있었다(민 18:1-7). 제사장도 제사장 복을 입고 들어가지 않으면 죽음을 면치 못하였다. 느헤미야는 제사장이 아니었기 때문에 성소에 들어갈 수도 없었으며 그렇게 율법을 어기라는 것 자체가 스마야 선지자가 거짓 선지자라는 표시였다. 느헤미야는 이스라엘의 총독으로서 도망하지도 숨지도 않았다.

자! 이제 정리해 보자. 총독 느헤미야가 파악한 예루살렘의 문제는 다음과 같았다.

1) 안전 문제 – 예루살렘 성벽이 무너져서 예루살렘 백성들의 안전이 위협을 받고 있었다.
2) 패배주의 – 바벨론 침략으로 예루살렘 성벽은 무너진 지 142년이나 지났으며 백성들은 성벽을 중수할 엄두를 꿈에도 생각하지 못했다. 백성들에게는 중수할 힘조차 없었다.
3) 경제 문제 – 이스라엘 백성들의 삶은 매우 가난하고 곤고하였다.
4) 정치 문제 – 대적들은 끊임없이 두려움과 비방과 악한 말과 모반(謀反)의 죄를 뒤집어씌우려고 하였다.

그때 느헤미야는 어떻게 반응하였는가? 대응 전략은 무엇이었는가? 기도하고, 일하고, 전투하고! 이것을 '기일전 전략'이라 부르고 싶다.

첫째, 기도한다. 느헤미야는 기도의 사람이었다. 친척 동생 하나니로부터 예루살렘의 형편을 들었을 때 가장 먼저 기도하였다. 심지어 페르시아 왕의 면전에서도 거리낌 없이 하나님께 기도하였다.

내가 이 말을 듣고 앉아서 울고 수일 동안 슬퍼하며 하늘의 하나님 앞에 금식하며 기도하여(느 1:4).

왕이 내게 이르시되 그러면 네가 무엇을 원하느냐 하시기로 내가 곧 하늘의 하나님께 묵도하고(느 2:4).

우리가 우리 하나님께 기도하며 그들로 말미암아 파수꾼을 두어 주

야로 방비하는데(느 4:9).

키에르케고르는 이런 말을 하였다. "기도는 호흡이다. 나는 왜 호흡
하는가? 하지 않으면 죽기 때문이다." 느헤미야는 기도보다 사역이 앞
서지 않았다. 모든 일의 시작은 기도였다. 가장 위험한 사역자가 누구
인가? 기도 없이 사역에 앞장서는 사람이다. 어떤 사역도 기도보다 앞
설 수 없다. 예수님도 모든 사역에 앞서 먼저 기도하셨음을 잊지 말아
야 한다.

둘째, 일한다. 느헤미야서 3장에 보면 예루살렘 성벽 중수에 참여한
주요 가문이 50여 가문 이상이 나온다. 각자의 분량만큼 자원함으로 일
했고, 작은 벽돌 하나하나를 쌓아 드디어 튼튼한 성벽을 이루었다.

성을 건축하는 자와 짐을 나르는 자는 다 각각 한 손으로 일을 하며
한 손에는 병기를 잡았는데(느 4:17).

셋째, 동시에 전투태세를 갖추어 경계를 늦추지 않았다. 건축하는 자
는 허리에 칼을 차고, 느헤미야 옆에는 나팔 부는 자를 두었다. 마치 우
리나라의 예비군들 같이 일하면서 싸운다는 전략이었다.

너희는 어디서든지 나팔 소리를 듣거든 그리로 모여서 우리에게로
나아오라 우리 하나님이 우리를 위하여 싸우시리라 하였느니라(느
4:30).

느헤미야는 우리가 싸울 때 하나님께서 우리를 위하여 싸우신다는 확고한 믿음이 있었다. 이뿐이 아니다. 느헤미야는 치열하게 싸우는 백성들의 경제적 어려움을 알고 고통을 분담하고자 12년 동안 녹봉(祿俸)을 거두지 않는 모범을 보여 백성들로부터 신뢰를 받았다. 자신을 대적하는 자들을 향하여는 예루살렘 총독으로서의 권력을 행사하지 않고 하나님께서 그 소행을 판단하고 심판해 달라고 기도하였다(느 6:14).

자! 드디어 갖은 방해를 이겨내고 무너진 성벽이 중수되었다. 성벽 재건 공사는 북쪽 중간에서 시작하여 시계 반대 방향으로 약 2.4km를 다시 쌓았다. 동쪽 성벽은 포로기 이전보다 더 높이 완전히 새로 쌓았다(느 3:15-16).

> 성벽 역사가 오십이 일 만인 엘룰월 이십오일에 끝나매 우리의 모든 대적과 주위에 있는 이방 족속들이 이를 듣고 다 두려워하여 크게 낙담하였으니 그들이 우리 하나님께서 이 역사를 이루신 것을 앎이니라(느 6:15-16).

느헤미야는 문제를 해결함에 앞서 먼저 기도하고, 백성들과 동역하고, 불의와 타협하지 않고 단호한 결단력과 추진력으로 실천하였다. 142년 동안 방치되었던 예루살렘 성벽을 불과 52일 만에 중수하였다. 느헤미야의 전적인 헌신 위에 하나님의 손이 도우신 결과다.

하나님의 선한 손이 도우시며(느 2:18), 하나님께서 형통하게 하시고(느 2:20), 하나님께서 이 역사를 이루셨다는 것(느 6:16)이 바로 느헤미야의 신앙이었다. 하나님의 기적은 우리의 헌신 위에 더해지는 것이다. 믿음의 헌신 없는 하나님의 기적은 없다. 느헤미야처럼 하나님과 백성을 사랑하며 사명을 감당하고자 하는 믿음의 헌신이 있다면 어떤 방해가 있다 할지라도 하나님의 도우심의 기적을 맛보게 될 것이다.

"하나님이 주신 사명을 감당하고자 하는 헌신 위에 하나님의 기적이 더해진다."

# 5장

# 하나님이 주시는 기쁨

느헤미야가 또 그들에게 이르기를 너희는 가서 살진 것을 먹고 단 것을
마시되 준비하지 못한 자에게는 나누어 주라 이날은 우리 주의 성일이
니 근심하지 말라 여호와로 인하여 기뻐하는 것이 너희의 힘이니라 하
고(느 8:10).

여러분은 행복하게 살고 있는가? 행복과는 거리가 멀게 살고 있는
가? 아니면 그저 그렇게 살고 있는가? COVID-19가 시작되면서 우리
가슴에 잃어버린 것이 바로 기쁨이다. 기쁨이 사라진 자리에 짜증, 우
울감, 불평, 분노 등이 대신하고 있다. 이 시대는 기쁨을 상실한 시대라
고 해도 과언이 아니다. 경제, 정치, 교육, 문화, 사회, 종교계 등 어디를
보아도 기쁜 일을 찾기 어려운 상황이다.

그런데 그리스도인의 삶의 특징은 기쁨이다. 행복이란 내면의 세계
가 기쁨으로 충만한 상태라고 할 수 있다. 예배를 드리고 나오면서 기
쁨이 충만한 성도들의 얼굴을 보는 것은 참으로 행복한 일이다. "저 사

람은 왜 늘 기쁨이 가득한 얼굴일까?" 아직 하나님을 믿지 않는 가족이나 지인들에게 항상 기쁨이 충만한 얼굴을 보인다는 것 자체가 바로 전도의 시작이다. 거울에서 자신의 얼굴을 1분만 관찰해 보자. 얼굴에 기쁨이 배어 있는가? 아니면 짜증과 분노가 배어 있는가? 혹시 기쁨을 잃어버린 얼굴은 아닌가?

우리는 언제 기쁨을 느낄까? 서로의 사랑을 확인할 때다. 결혼할 때, 아이가 태어났을 때, 원하는 대학에 합격했을 때, 좋은 회사에 입사했을 때, 군인이 전역할 때, 맛있는 것을 먹을 때 등이다. 아기는 부모가 눈만 맞추어도 방긋방긋 웃음을 터트리며 기뻐한다. 아기들은 웬만하면, 기뻐하고 웬만하면 웃는다. 그래서 어린아이 같은 마음을 가진 성도는 잘 웃는다. 배드민턴 대회 시상식에서 부목사님 한 분이 배드민턴 라켓을 받게 되었다. 아이처럼 팔짝팔짝 뛰며 기뻐하였다. '라켓 하나에 얼마 한다고?' 혹시 이렇게 생각하는 분이 있다면 이분은 기쁨을 돈으로 환산하는 분이다. 웬만하면 기뻐하지 않고, 웬만하면 웃지 않는다. '뭘 그리 기뻐하지?', '뭐가 좋다고 웃지?' 이 정도면 심각한 질병에 걸린 것이다. 그 질병의 이름은 무감각이다. 찬양을 불러도 무감각, 말씀을 들어도 무감각하다. 더 안타까운 것은 신앙생활하면서 날마다 구원의 기쁨으로 충만하기는커녕 점점 구원의 감격을 잃어가는 것이다. 이것이 '영적 무감각증'이다.

최근에 기쁨으로 충만했던 적이 있었는가? 정말 기뻐서 팔짝팔짝 뛰었던 적이 언제였을까? 지금 여러분의 가슴에는 기쁨이 있는가? 그 기쁨은 어떤 기쁨인가? 그 기쁨은 충만한가? 이런 질문을 나에게 하고 보니 가슴이 먹먹해진다.

기쁨이 충만하면 찬양 부를 때도 기쁘고, 기도할 때도 감사하고, 말씀을 들을 때에 행복해한다. 기쁨을 누리기 위해서는 먼저 우리의 기쁨의 감각이 회복되어야 한다. 아이의 얼굴을 보고 또 보아도 질리지 않는 이유가 무엇일까? 그 얼굴을 보면 기쁘기 때문이다. 아이의 얼굴을 바라볼 때 그 아이의 기쁨이 나에게 전이된다. 그래서 아이는 '복덩이', '기쁨둥이'다. 우리는 영과 진리로 예배하길 원한다. 마음과 뜻과 힘과 정성을 다해 하나님을 예배할 때, 하나님께서 우리의 영혼을 어루만져 주시며 다시 기쁨의 감각이 회복된다.

성경은 기쁨의 책이다. 성경에는 하나님께서 당신의 백성들을 구원하시는 기쁨과 즐거움으로 가득 차 있다. 창세기 1장의 천지창조는 하나님의 기쁨으로 시작한다. 하나님께서 천지를 창조하시면서 기뻐하셨다. 빛, 하늘과 땅과 바다, 채소와 열매 맺는 나무, 해와 달과 별, 어류와 조류, 짐승과 사람을 지으시면서 "보시기에 좋았더라"고 여섯 번 말씀하셨다. 여기에 "심히 좋았더라"까지 총 일곱 번이나 기쁨을 표현하셨다. 하나님의 천지창조는 '기쁨의 창조'였다.

> 하나님이 지으신 그 모든 것을 보시니 보시기에 심히 좋았더라(창 1:31).

이사야 선지자를 통해 이 땅에 임하실 예수님을 향해 이렇게 말씀하셨다.

내가 붙드는 나의 종, 내 마음에 기뻐하는 자 곧 내가 택한 사람을 보라(사 42:1).

예수 그리스도는 하나님의 영원한 기쁨이시다. 예수님은 죄로 인한 '영원한 죽음'에서 '영원한 생명'으로 옮겨 주신 우리의 기쁨의 근원이시다.

BC 444년에 이스라엘 백성들은 무너진 예루살렘 성벽을 52일 만에 완공하고 하나님 앞에서 기쁨의 잔치를 벌이고 있었다. BC 536년, 스룹바벨의 주도로 예루살렘 성전 공사가 시작되어 20년 만인 BC 516년에 완공되었다. 그러니까 성전 공사가 완공된 후 72년 만에 유다 온 백성들이 기뻐서 춤출 일이 생긴 것이다.

페르시아 수산 궁의 편안한 삶을 뒤로하고 이스라엘의 총독으로 부임한 느헤미야는 방해 세력 가운데서도 성벽을 쌓기 시작하였다. 하나님이 주신 사명이기 때문에 그 사명을 감당할 때 행복했다. 그 사명을 감당하는 것이 하나님의 기쁨이요, 백성들의 기쁨이었기 때문이다. 그로 인해 백성의 안전을 확보할 수 있게 되었고, 백성들의 신앙도 회복되었다. 말씀을 통해서 느헤미야를 비롯한 모든 사명자가 가진 핵심 감정을 발견하였는가? 그것은 바로 기쁨이다.

성벽 공사를 마친 백성들은 일곱째 달 초하루(새해 1일), 수문 앞 광장에 모였다. 에스라는 율법책을 새벽부터 정오까지 읽었고, 남자나 여자나 알아들을 만한 모든 사람이 그 율법책에 귀를 기울였다. 날이 밝자마자 정오까지 대략 6시간 이상 하나님의 말씀을 듣는 열심을 보여 주었다. 에스라가 율법책, 곧 하나님의 말씀을 펼 때 유대 백성들은 일어섰다. 일어서는 것은 하나님에 대한 경외를 의미한다. 에스라가 위대하신 하나님 여호와를 송축하매 모든 백성이 손을 들고 "아멘, 아멘!" 하고 몸을 굽혀 얼굴을 땅에 대고 경배하였다. 레위 사람 13명은 백성들에게 그 율법의 의미를 깨닫게 하였다. 백성들은 말씀을 듣고 다 울었다.

> 백성이 율법의 말씀을 듣고 다 우는지라 총독 느헤미야와 제사장 겸 학사 에스라와 백성을 가르치는 레위 사람들이 모든 백성에게 이르기를 오늘은 너희 하나님 여호와의 성일이니 슬퍼하지 말며 울지 말라 하고(느 8:9).

말씀을 들을 때 운 것은 유다 백성들이 영적 무감각에서 감각이 회복되기 시작했다는 증거다. 백성들은 하나님의 말씀을 듣고 자신들의 죄를 깨닫고 울며 회개하였다. 이렇게 회개하는 백성들을 향해 느헤미야와 에스라와 레위 사람들이 두 가지를 말하였다. 첫째, 오늘은 하나님 여호와의 성일이니 슬퍼하지 말며 울지 말라는 것이다. 나팔절은 마땅히 기뻐하며 즐거워하는 절기였기 때문이다(레 23:24; 민 29:1-6; 신 12:7, 12). 둘째, 여호와로 인하여 기뻐하는 것이 우리의 힘이라고 한다. 하나님이 주신 진정한 기쁨은 바로 회개의 눈물 다음에 오는 기쁨이다. 진정한 회개 없이는 하나님의 기쁨에 참여할 수 없다. 느헤미야가 사명에 충성을 다한 것은 바로 그 사명을 감당하는 것이 하나님의 기쁨이었기 때문이다.

느헤미야는 왜 성벽 공사를 단기간에 밀어붙였을까? 보이는 것은 유다 백성들의 안전을 위한 것이었지만 보이지 않는 것은 성벽 재건을 통해 야훼 신앙을 회복하는 비전이 있었기 때문이다.

자! 52일 만에 기적적으로 성벽이 완공되었다. 기적을 맛보았다. 그러면 그것으로 끝일까? 이제 성 안에서 편안히 먹고 살기만 하면 될까? 그 기적이 지향하는 것이 무엇일까? 바로 야훼 신앙의 회복이다. 야훼 신앙의 회복이란 하나님으로 인하여 기쁨의 삶을 살아가는 것이다. 삶의 중심에 하나님의 임재, 하나님과의 동행이 있는 것이다.

BC 516년에 예루살렘 성전을 재건하였지만, 그것으로 유다 백성들의 신앙이 온전히 회복되지는 않았다. 성전은 세워졌지만, 제사장들은 타락하였으며 유다 백성들은 율법, 곧 하나님의 말씀을 듣지 못했다. 결국, 하나님께서 느헤미야를 통해서 원하시는 것은 바로 신앙의 회복, 여호와로 인한 기쁨의 회복이었다. 어떻게 회복시키셨나? 에스라와 제사장들에 의해 하나님의 말씀을 들려주는 것이었다. 하나님의 말씀이 들릴 때 유다 백성들은 영적 무감각에서 벗어나 기쁨을 회복하게 되었다.

그리스도인의 기쁨은 하나님이 주시는 것이다. 하나님이 주시는 기쁨은 하나님의 말씀을 들을 때 창조된다. 우리의 삶 가운데 왜 기쁨이 없을까? 첫째, 먹고 살기 바빠서 일상의 삶에 매몰되면 하나님을 기뻐하는 것을 잊어버린다. 선택받은 백성, 하나님의 백성, 하나님의 자녀라는 기쁨과 감격을 놓치게 된다. 둘째, 세상 쾌락에 중독되어서다. 세상의 쾌락에는 강한 중독성이 있다. 그러나 그 쾌락은 일시적이고, 중독은 파괴적이다. 술, 담배, 마약, 게임, 쇼핑, 성 중독 … 이러한 쾌락의 죄를 이길 수 있는 유일하고 강력한 무기는 바로 '하나님의 기쁨'이다. 배고픈 사람이 상한 빵을 먹을 때 먹지 말라고 하는 것은 의미가 없다. 신선하고 맛있는 빵을 주면 되는 것이다. 이처럼 하나님은 쾌락이라는 일시적 만족을 추구하는 사람들에게 더 좋은 기쁨, 영원한 만족을 주심으로 죄를 이기게 하신다.

> 주께서 생명의 길을 내게 보이시리니 주의 앞에는 충만한 기쁨이 있고 주의 오른쪽에는 영원한 즐거움이 있나이다(시 16:11).

기도의 선구자 '조지 뮬러'는 사역하면서 자신의 영혼이 지치는 것을 깨달았다. 열심히 봉사와 헌신을 하지만 정작 그의 마음에는 기쁨이 없었다. 그러나 하나님 안에서 기쁨을 누리게 되었을 때 그의 영혼은 회복되었다고 한다.

느헤미야서를 읽고 묵상하면서 스스로에게 물어 보았다. '나는 과연 하나님의 말씀을 읽으면서 회개하고 있는가? 여호와로 인하여 기뻐하고 있는가? 주님으로 인하여 기쁨의 우물을 마시고 있는가?' 지금 내 안에 기쁨이 없다면, 기쁨이 실종되었다면 그것은 주님을 갈망하지 않는다는 것이요, 갈망하지 않는다는 것은 주님을 사랑하지 않는다는 것이다. 주님을 사랑하지 않는 상태가 바로 영적 무감각, 영적 교만의 상태를 말하는 것이다.

그리스도인의 힘과 능력이 어디서 오는가? 세상을 이기는 힘, 고단한 삶을 이기는 힘이 어디서 올까? 여호와를 기뻐하는 것이다. 우리의 심령 가운데 하나님의 기쁨이 회복되길 원한다.

"주님! 나도 모르는 사이 기쁨이 사라지고 영적 무감각에 빠지고 말았습니다. 이제 구하오니 감각을 회복시켜 주십시오! 기쁨을 회복시켜 주십시오! 이 땅 위에서 살아가는 동안 그리고 사역하면서 불평 충만이 아닌 감사로 충만, 기쁨으로 충만하게 하옵소서! 주님! 주님이 저를 사랑하는 것의 천분의 일, 만분의 일만큼이라도 사랑하길 원합니다. 날마다 주님을 더 깊이 사랑하고 기뻐하길 원합니다. 저에게 주님을 향한, 주님의 말씀을 향한 영적인 목마름을 주십시오! 주님을 기뻐함으로 느헤미야처럼 주신 사명을 충성스럽게 감당하길 원합니다. 에릭 리델이 달릴 때 주님의 기쁨이 되고 싶다는 고백처럼 저도 사역할 때 주님의 기쁨이 되고 싶습니다."

## 6장

# 신앙의 재건

율법에 기록된 바를 본즉 여호와께서 모세를 통하여 명령하시기를 이스
라엘 자손은 일곱째 달 절기에 초막에서 거할지니라 하였고(느 8:14).

한 주간 기쁨으로 살았는가? 잠시 기뻤다가 세상과 주변 환경에 기
쁨을 빼앗겨 버렸는가? 왜 하나님이 주신 기쁨이 지속되지 못하는 것
일까? 그것은 우리가 영원성을 갖지 못한 피조물이라는 한계성 때문이
다. 그래서 한 번 경험한 기쁨이 영원히 지속되지 않는다. 기쁨으로 가
득 찼다가도 시간이 지나면 그 기쁨이 어느새 사라져 버린다. 한 달 전,
아니 일주일 전의 기쁨, 어제의 기쁨조차도 내게 머물러 있지 못할 때
가 얼마나 많은가? 히브리서 기자는 이렇게 권면한다.

그러므로 우리는 긍휼하심을 받고 때를 따라 돕는 은혜를 얻기 위하

여 은혜의 보좌 앞에 담대히 나아갈 것이니라(히 4:16).

성숙한 그리스도인은 하나님의 말씀을 듣고 그 기쁨을 잘 유지할 수 있는 지혜를 가져야 한다. 하나님의 은혜는 '때를 따라 돕는 은혜'다. 하나님의 은혜를 한 번 받았다고 영원히 지속되는 것이 아니라, 때마다 일마다 계속 공급받아야 한다는 말이다. 결국, 하나님의 자녀들은 육신을 위한 음식만 소비하는 것이 아니라, 영을 위하여 하나님의 은혜를 소비하며 살아가는 것이다. 이 말씀을 이렇게 적용해 볼 수 있을 것이다.

때를 따라 돕는 기쁨을 얻기 위하여 은혜의 보좌 앞에 담대히 나아갈 것이니라(히 4:16).

이런 생각을 해보았다. '알약 하나만 먹어도 배가 부르고 모든 영양도 공급된다면 얼마나 좋을까?' 만약 알약 하나를 먹는 것으로 배부르고 영양이 공급된다면 알약과 음식 중에 무엇을 택하겠는가? 만약 알약 하나로 식사를 한다면 식당에서 이런 일이 일어날 것이다. "목사님! 식사 어떤 것을 주문하시겠어요? 식사 종류가 만 원, 이만 원, 삼만 원 …"
"예, 저는 간단히 만 원짜리 먹겠습니다."
"목사님! 가끔 대접하는 식사이니 삼만 원짜리 드세요!"
그리고 알약 하나씩 꿀꺽 삼키자마자 식사는 끝이 났다. 얼마나 허무할까? 알약 하나로 식사를 대체하고 싶다는 생각의 원천은 바로 게으름에서 비롯된 것이다. 음식을 먹을 때 맛을 느끼는 것이 얼마나 행복한 일인가! 성도 간의 식탁 공동체가 얼마나 따스한 담소를 나누는 자리인가? 한 끼의 식사는 위로요, 격려요, 사랑인 것이다.

신앙생활도 마찬가지다. 한 번 하나님의 은혜를 받고 그 은혜가 일평생 지속된다면 얼마나 좋을까? 이런 생각은 애당초부터 영적 게으름에서 나온 것이다. 받은 은혜가 한 달, 아니 일주일이라도 유지된다면 얼마나 좋을까마는 예배를 통해 은혜를 받지만 예배당 문을 나서기가 무섭게 그 은혜를 땅에다 쏟아 버리기가 일쑤이다. 주님은 이렇게 말씀하신다.

거룩한 것을 개에게 주지 말며 너희 진주를 돼지 앞에 던지지 말라 그들이 그것을 발로 밟고 돌이켜 너희를 찢어 상하게 할까 염려하라 (마 7:6).

거룩한 것, 진주는 가치 있는 것, 즉 하나님이 주시는 은혜다. 반면 그 은혜의 가치를 모르는 사람을 성경은 개나 돼지로 비유하고 있다. 우리는 개와 돼지 같은 성도가 되지 말아야 할 것 아닌가.

하나님의 기쁨을 지속적으로 유지하는 삶의 비결은 '날마다' 하나님께서 주시는 은혜를 공급받는 것이다. 신령한 그리스도인은 하나님의 기쁨의 우물에서 '날마다' 기쁨을 공급받는 사람이다. 모든 기계나 장치는 그 동력을 일으키는 에너지를 공급받아야 한다. 자동차는 전기나 가스, 수소, 휘발유를 넣어야 엔진이 힘을 발생시킨다. 수력 발전소는 물을, 화력 발전소는 석탄을, 원자력 발전소는 우라늄을 공급받아야 발전할 수 있다. 우리는 기쁨의 창조자가 아니라 소비자다. 하나님은 무한자요, 나는 유한자인 것이다. 그러므로 유한한 우리는 무한하신 하나님으로부터 그 동력을 공급받아야 한다.

이스라엘 백성들이 40년 광야 생활 가운데 하나님이 주시는 만나를 어떻게 받았는가? 매일매일 만나를 수확해야 했다. 그 말은 매일 만나를 수확하면서 하나님을 기억하고 하나님께 감사하라는 뜻이다. 이스라엘 백성들은 그저 거두는 수고만 하면 되었다. 거두는 수고 정도도 하지 않고 만나를 먹겠다는 것은 도둑놈 심보이다. 우리가 하나님의 은혜를 받기까지 무슨 수고를 하는가? 예배당에 기쁨의 발걸음을 옮기는 수고 정도이다. 우리 하나님은 그런 작은 수고 위에 때를 따라 돕는 은혜를 부어 주신다. 할렐루야!

BC 444년 엘룰월 이십오일, 52일 만에 무너진 성벽을 재건한 백성들은 기쁨으로 충만하였고, BC 443년 일곱째 달 초하루(새해 첫날)에 예루살렘 성전 수문 앞에 모여 에스라와 제사장들에 의하여 하나님의 말씀을 장장 6시간 동안 들었다. 하나님의 말씀을 들을 때 회개의 눈물이 터져 나왔고 그 회개의 눈물은 기쁨의 눈물로 바뀌었다. 그리고 서로 음식을 나누는 잔치를 벌였다. 이튿날 일곱째 달 2일, 즉 새해 1월 2일, 백성의 족장들과 제사장들, 레위 사람들이 다시 자발적으로 에스라 곁에 모였다. 왜 에스라에게 모였는가?

율법의 말씀을 밝히 알고자 하여 학사 에스라에게 모여서(느 8:13).

이것이 하나님 말씀의 기쁨을 맛본 사람의 태도인 것이다. 하나님의 기쁨을 지속해서 맛보는 방법이 바로 하나님의 말씀을 듣고 깨닫는 것이다.

1517년 루터의 종교개혁이 무엇에서 시작되었는가? 하나님의 말씀을 밝히 알고자 하는 마음에서 시작되었다. 하나님 말씀을 사모하는 것! 그것이 바로 진정한 기쁨과 부흥의 시작이다. 그렇다. 참된 믿음, 참된 부흥의 역사는 하나님의 말씀으로 돌아가는 것이다. 백성의 지도자들이 하나님의 말씀을 밝히 알고자 하는 열망으로 자발적으로 모였다. 성벽 재건 사건은 그것으로 끝난 것이 아니라 이스라엘 백성들의 신앙 회복, 신앙 부흥, 신앙 재건의 역사로 이어졌다. 이들은 말씀을 읽으면서 여호와께서 모세를 통하여 명령하신 초막절(일곱째 달 15일부터 지키는 절기)이 곧 바로 눈앞에 다가왔다는 것을 발견하게 되었다. 또한 애굽의 포로에서 해방된 것을 감사하는 초막절이 지금 유다 백성들에게는 바벨론 포로에서 해방됐다는 의미로 바벨론 포로에서의 귀환은 제2의 출애굽과도 같다는 것을 깨달았다.

> 사로잡혔다가 돌아온 회중이 다 초막을 짓고 그 안에서 거하니 눈의 아들 여호수아 때로부터 그날까지 이스라엘 자손이 이같이 행한 일이 없었으므로 이에 크게 기뻐하며(느 8:17).

여호수아 때(BC 1400년 무렵)부터 그날(BC 444년)까지 이스라엘 자손이 이같이 행한 일이 없었다는 것은 약 천 년 동안 이스라엘 백성들이 초막절을 지킨 적이 없었다는 뜻은 아니다. 1차 포로 귀환 때에 돌아온 스룹바벨과 백성들도 초막절을 지킨다(스 3:4). 다만, 느헤미야와 에스라 시대의 초막절이 하나님이 원하시는 율법의 정신대로 합당하게 지켜졌다는 뜻이다.

율법을 읽던 중 일곱째 달 절기에 초막에 거하라는 말씀을 발견하였다. 초막절(레 23:34; 민 29:12; 신 16:13)은 이스라엘 3대 절기 중 하나로 광야 생활 동안 지켜주신 하나님을 기억하고, 감사하는 절기다. 모든 추수가 끝나고 수확물이 창고에 들어간다 하여 수장절(收藏節)이라고도 하였다.

이스라엘 20세 이상 모든 남자는 1년에 세 번(유월절, 칠칠절, 초막절) 예루살렘 성전에 모여 제사를 드려야 했다. 초막절은 새해 첫 달 15일부터 7일 동안 지키는데 특별히 하루를 더 지켜 8일째에는 첫날과 같이 성회를 가졌다. 초막을 짓고 그 안에 들어가 일주일을 살았다. 선조들이 광야에서 초막을 짓고 살던 때를 기억하며 하나님께 감사와 기쁨으로 지냈다. 이 절기에는 종들과 이방 사람들까지도 함께 음식을 나누고 기뻐하는 절기였다. 어떤 일도 하지 않았고 화제(번제, 소제, 전제, 속죄제)를 드렸다.

그리스도인이 기쁨을 누리는 비결이 여기에 있는 것이다. 하나님의 말씀을 읽고, 듣고, 깨닫고, 깨달은 대로 행동하면 된다. 바벨론 포로에서 돌아온 회중이 모두 수문 앞 광장(동쪽)과 에브라임 문 광장(북서쪽)에 초막을 지었다. 조상들을 애굽의 포로에서 해방시켜 주시고 광야에서 인도하여 주신 하나님께 감사했다. 그리고 천 년이 지난 후 여전히 바벨론 포로에서 해방시켜 주신 하나님의 은혜를 기억하며 크게 기뻐하였다.

우리 일상의 삶에도 기쁜 날이 많이 있었다. 어렸을 때 생일, 소풍, 성탄절, 운동회, 설날, 추석 등을 기다리는 것은 행복이었다. 그날은 기쁜 날이었기 때문이다.

하나님께서 우리에게 절기를 주신 이유가 무엇일까? 하나님으로 인하여 기쁨이 지속되기를 원해서다.

# 7장

# 회개에서 경배까지

이날에 낮 사분의 일은 그 제자리에 서서 그들의 하나님 여호와의 율법
책을 낭독하고 낮 사분의 일은 죄를 자복하며 그들의 하나님 여호와께
경배하는데(느 9:3).

지금 흥하는 인생을 살고 있는가? 아니면 망하는 인생을 살고 있는
가? 흥하는 인생을 살고 싶은가? 망하는 인생을 살고 싶은가? 망하는
인생을 살고 싶은 사람이 누가 있겠는가? 모든 사람은 다 흥하는 인생
을 살고 싶어 한다. 몸도 건강하고, 공부도 잘하고, 진학도 잘하고, 사업
에도 성공하고 …

그러면 누가 망하고, 누가 흥하게 살까? 삶의 버킷리스트에 회개가
있는 사람은 흥하게 살지만, 회개가 없는 사람은 망하는 인생을 살게
된다고 확신한다. 세상의 나라들, 권력자들도 마찬가지다. 세계를 호령
하고 지배했던 제국들, 역사의 권력자들이 멸망한 것은 바로 '성찰하는

능력' 곧 '회개'가 없었기 때문이다.

하나님의 말씀과 이 시대는 '죄'에서 충돌하게 된다. 죄를 향해 하나님의 말씀은 죄라고 말씀하시고, 그 죄에서 돌이키라고 말씀하신다. 그러나 이 시대는 죄를 죄라고 말하지 말라고 한다. 그것은 혐오스러운 표현이기 때문이다. 잘못되었거나 틀린 것도 '다를 뿐'이라고 말한다. 틀린 것도 없고, 잘못된 것도 없다고 한다. 오히려 잘못되었다고 생각하는 그 사람을 문제라고 한다. 예를 들어 하나님은 동성애를 향해 '죄'이니 그 가증한 일에서 돌아서라고 말씀하신다. 그러나 이 시대는 동성애는 죄가 아니라 그저 성적 취향일 뿐이라고 말한다. 이를 싫어하거나 미워하거나 반대하는 것은 차별이기 때문에 나쁘다고 항변한다. 그리고 '포괄적 차별금지법'을 만들어서 '죄'를 죄라고 말하지 못하게 한다. 어느 시대나 사람들은 '죄'라는 말을 싫어한다. '죄인'이라는 말은 더 싫어한다. 요즘은 '죄', '죄인'이라고 말하는 것은 '혐오(嫌惡)스러운 표현'이라고 한다. 인권을 차별받는다고 말한다. 죄를 싫어하고, 죄를 미워하는 것이 도리어 죄인가? 죄를 미워하는 표현을 하는 것이 차별인가?

목회하면서 가장 안타깝게 여겨지는 성도는 회개할 줄 모르는 성도이다. 왜 회개할 줄을 모를까? 복음을 온전히 받지 못했기 때문이다. 초대교회 아나니아와 삽비라가 왜 망하는 부부가 되었을까? 복음을 온전히 받지 못했기 때문이다. 복음을 온전히 받았다면 베드로 사도의 책망을 들었을 때 자신들의 잘못된 마음과 행위를 회개하였을 것이다. 베드로가 책망했을 때는 변명이나 거짓말을 할 것이 아니라 회개하며 돌이켰어야 했다. 그러나 아나니아와 삽비라는 그 회개의 시간을 거짓의 시간으로 사용하였고, 결국 회개하지 못하고 죽음을 맞이하게 되었다. 오늘날은 죄의 기준이 모호해져 죄를 자랑하고, 죄를 퍼뜨리고, 죄를 부추기는 시대다. 시대의 조류에 휩쓸리기보다 언제나 우리는 하나님의 말씀이 기준이 되어 살아야 할 것이다.

회개 없는 믿음을 본회퍼(Dietrich Bonhoeffer) 목사님은 "값싼 은혜"라고 말하였다. 값비싼 은혜는 죄를 죄라고 말한다. '죄인'을 예수의 십자가의 값으로 산 '의인'이라고 인정한다. 그러나 값싼 은혜는 죄를 의롭다고 포장한다. 그래서 회개 없는 설교, 공동체의 징계가 없는 세례, 죄의 고백이 없는 성찬, 개인의 참회가 없는 죄 사함, 본받음이 없는 은혜, 예수의 십자가 없는 은혜를 추구한다.

누가 망하는 인생을 사는가? 삶의 목록에 '회개'가 결여된 성도이다. 왜 회개가 결여되었을까? 첫째는 하나님의 말씀을 들을 수 없어서다. 말씀을 듣지 못하니 말씀에서 무엇이라 말하는지 알 수가 없다. 자신의 모습을 비추어볼 수 없어 자신의 죄가 무엇인지를 도무지 알지 못한다. 자신은 하나님 앞에 당당히 살아갈 수 있는 존재인 줄 착각하며 살아간다. 말씀을 듣지 못했는데 무슨 회개가 있겠는가? 회개가 모자란 두 번째 이유는 말씀을 듣지만, 그 말씀을 깨닫지도 못하고 순종하지 않기 때문이다. 말씀을 깨닫지 못하는 것은 결국 영적 무감각증이라는 병에 걸린 것이다. 아무리 말씀이 선포되어도 하나님이 주시는 은혜를 깨닫지 못한다. 자신은 아무리 생각해도 회개할 것이 없다고 생각하며 살아간다.

지금 여러분의 삶에 회개가 없는가? 그렇다면 대단히 죄송하지만 교만한 삶을 사는 것이다. 교만한 삶이란 자기 생각과 힘만이 절대적이고 영원하다고 믿고 사는 것을 말한다. 내 생각이 절대적이고, 내 생각이 옳은데 무슨 회개가 있겠는가? 그저 타인을 비난하고, 흉보고, 욕하고, 다 남 탓을 한다.

> 하나님은 교만한 자를 대적하시되 겸손한 자들에게는 은혜를 주시느니라(벧전 5:5).

> 하나님이 교만한 자를 물리치시고 겸손한 자에게 은혜를 주신다 하였느니라(약 4:6).

그렇다면 누가 흥하는 인생을 사는 것인가? 삶의 목록에 '회개'가 있는 성도이다. 그런 차원에서 하나님이 기뻐하시는 그리스도인의 삶을 살기 위해서는 삶의 목록에 반드시 회개가 있어야 한다. 우리가 진짜 두려워해야 할 것은 죄로 인해 회개해야 한다는 사실이 아니라 회개하지 않고 살아가는 삶이다. 북이스라엘과 남유다가 앗시리아와 바벨론에 각각 멸망한 이유는 하나님 앞에 회개가 없었기 때문이다.

> 그러므로 여호와께서 그의 모든 종 선지자를 너희에게 끊임없이 보내셨으나 너희가 순종하지 아니하였으며 귀를 기울여 듣지도 아니하였도다(렘 25:4).

북이스라엘에는 엘리야, 엘리사, 아모스, 호세아, 요나, 남유다에는 이사야, 미가, 스바냐, 하박국, 나훔, 요엘, 예레미야, 오바댜 등 많은 하나님의 선지자들이 여호와께 돌아오라는 회개의 말씀을 선포하였다. 하지만 백성들은 철저히 외면하였다. 결국, 회개하지 않는 백성, 회개 없는 북이스라엘과 남유다는 각각 앗시리아와 바벨론 제국에 의해 멸망 당하고 말았다. 그것은 하나님을 버린 죄에 대한 심판이었다.

바벨론 제국의 포로로 잡혀갔던 백성들이 BC 537년 스룹바벨의 인도로 귀환하여 BC 516년에 성전을 재건하였다. BC 444년에는 느헤미야의 지도 아래 3차로 귀환한 백성들이 힘을 모아 무너진 성벽을 52일 만에 수축하였다. BC 443년 새해 첫 날(일곱째 달 초하루)에 유다 백성들이 예루살렘 성전 수문 앞 광장에 모여 에스라와 제사장들이 읽어 주는 율법을 들었다. 말씀을 들은 백성들은 자신들의 죄악을 회개하기 시작했다. 하나님의 말씀을 사모하는 열정은 이튿날까지 이어졌다. 자원하여 제사장 에스라를 찾아왔고, 말씀을 읽다가 초막절을 발견하고, 그 달 15일부터 22일까지 8일 동안 초막절 절기를 지켰다. 그뿐이 아니었다. 초막절 행사가 완전히 끝난 이틀 후, 즉 그 달 스무나흗날에 이스라엘 자손이 다 모였다.

모인 이유는 하나님께 자신들의 죄를 회개하기 위해서다. 지난 초하루와 초막절 8일 동안 충분히 회개하지 못한 것을 회개하기 위해서이다. 제사장 에스라는 초막절이 지난 이틀 뒤를 택해서 온전한 회개를 할 기회를 마련한 것이다. 초막절을 지킨 후 하루 정도 쉼을 갖고 다시 모여 금식하고, 굵은 베 옷을 입고, 티끌을 뒤집어쓰고, 자신들의 죄에 대하여 애통(哀慟)해 하였다(창 37:34; 삼상 4:12, 7:6; 왕상 21:27). 하나님을 버리게 된 주요 원인이었던 이방 사람들과 절교를 선언하였다. 나아가 자신들의 죄뿐만 아니라 조상들의 죄와 허물까지 자복하였다. 이스라엘 공동체가 다윗과 솔로몬 시대의 찬란했던 영광을 뒤로하고, 나라 잃은 식민지로 전락한 것은 조상들의 죄와 무관하지 않다고 여긴 것이다. 지난 초하루 때처럼 에스라와 제사장들이 율법책을 낭독하였다. 백성들은 낮 사분의 일(오전 6시부터 9시까지)은 하나님의 말씀을 들었고, 사분의 일(오전 9시부터 12시까지)은 죄를 자복하였다.

죄의 자복이 어디서 시작될까? 하나님의 말씀을 듣는 것에서 시작된다. 사도행전 2장에 베드로가 하나님의 말씀을 선포했을 때 그 말씀을 들은 유대인들의 반응은 어떠했는가?

> 그들이 이 말을 듣고 마음에 찔려 베드로와 다른 사도들에게 물어 이르되 형제들아 우리가 어찌할꼬 하거늘(행 2:37).

베드로 사도의 대답이 무엇이었는가?

> 너희가 회개하여 각각 예수 그리스도의 이름으로 세례를 받고 죄 사함을 받으라 그리하면 성령의 선물을 받으리니(행 2:38).

어느 시대나 사람들에게서 '죄'가 떠난 적은 없다. 왜 사람에게서 죄가 떠나지 않을까? 우리는 근본적으로 죄인이기 때문이다. 사람들이 죄를 지어서 '죄인'이 아니라, '죄인'이기에 죄를 짓는 것이다. 베드로 사도는 이 패역한 세대에서 구원을 받으라고 권면하였다.

이렇게 회개로 나아간 백성들이 다음에 한 일이 무엇이었을까?

그들의 하나님 여호와께 경배하는데(느 9:3).

진정으로 구원받은 성도의 삶에는 언제나 삶의 목록에 회개가 있다. 진정한 회개, 돌이킴 속에서 하나님을 만나는 놀라운 기쁨을 회복하게 된다. 그 놀라운 기쁨은 찬양과 경배가 된다. 그것이 진짜 예배인 것이다. 참된 회개는 진정한 예배로 이끈다. 진정한 회개는 기쁨을 가져오고 그 기쁨은 찬양과 경배로 이어진다. 회개의 말씀을 들은 것으로 회개를 대신하지 말자.

# 8장

# 긍휼의 언약

오직 주는 여호와시라 하늘과 하늘들의 하늘과 일월 성신과 땅과 땅 위의 만물과 바다와 그 가운데 모든 것을 지으시고 다 보존하시오니 모든 천군이 주께 경배하나이다(느 9:6).

이번 주 누군가와 만날 약속이 있는가? 사람은 사람과 더불어 살아가는 존재이다. 더불어 살면서 사람과 사람 사이에 약속을 한다. 부모가 자녀에게 약속하기도 하고, 사랑하는 연인끼리 약속을 하고, 친구끼리, 상사와 부하 직원 사이에 약속을 한다. 약속은 묶을 약(約), 합칠 속(束) 자를 쓴다. 약속은 나와 다른 사람을 하나로 묶는 것이다. 의역하면 다른 사람과 앞으로의 일에 대하여 어떻게 할 것인지를 정하는 것이다.

타인과 약속을 하였다면 어떻게 해야 할까?

① 지킬 수도 있고, 안 지킬 수도 있다.

② 기분이 좋으면 지키고, 기분이 나쁘면 안 지킨다.

③ 이익이 되면 지키고, 손해가 나면 안 지킨다.

④ 반드시 지킨다.

여러분은 어떤 유형인가? 살다 보면 불가피하게 약속을 지키지 못하는 경우가 발생할 수 있다. 그럴 때 어떻게 해야 할까? 미리 양해를 구하든지 사과나 보상을 해야 할 것이다. 이러한 개인 간의 약속 외에도 단체와 단체 사이의 '협약(協約)', 나라와 나라 사이의 '조약(條約)' 등도 있다. 이러한 약속은 상호 신뢰와 책임을 전제로 한다.

하나님과 나 사이의 약속 또한 상호 신뢰와 책임을 전제로 하는 것이다. 하나님과 우리 사이의 약속은 두 종류가 있다. 하나는 '서원(誓願)'이고, 다른 하나는 '언약(covenant)'이다. 내가 하나님께 드린 약속은 서원이라고 한다. 때때로 하나님께 자신의 결단을 서원 기도로 드리는 분들이 있다. 하나님은 함부로 서원하지 말고(잠 20:25), 또 서원하였거든 갚기를 더디 말라(신 23:21)고 하셨다. 언약은 하나님께서 우리와 맺은 약속이다. 언약을 히브리어로 '브릿(בְּרִית)'이라고 한다. 브릿은 '바라(בָּרָה, meat)'라는 단어에서 파생되었다. 약속과 고기가 무슨 상관이 있을까? 이스라엘 백성들이 하나님과의 언약을 지키는 행위는 곧 제사였는데 짐승을 잡아 그 고기로 제물로 드리는 것이었다.

무엇을 맺을 때 사용하는 단어는 '아사(make)'이지만 '언약을 맺는다'라는 의미로 쓸 때는 '카라(בָּרַה)'를 사용한다. 그 의미는 cut(자르다, 쪼개다)이다. 아브라함 시대에 두 사람이 약속할 때는 짐승을 둘로 쪼개고 두 사람이 그 사이를 지나갔다. 만약 약속을 지키지 않으면 이 짐승처럼 쪼개진다는 뜻이다. 창세기 15장에 보면 아브라함이 하나님과 언약을 맺는다. 삼 년 된 암소와 삼 년 된 암염소와 삼 년 된 숫양을 둘로 쪼개었다. 하나님의 약속의 말씀이 있은 후, 연기 나는 화로가 보이며 타는 횃불이 쪼갠 고기 사이로 지나갔다(창 15:17). 하나님과 언약을 맺은 사람은 짐승을 잡아 고기를 둘로 쪼개서 제사를 드렸고, 하나님만 그 조각 사이로 지나가셨다. 이것은 언약의 주권성이 오직 하나님께만 있음을 의미한다.

사람 사이의 언약과 같이 하나님과의 언약도 반드시 지켜야 한다. 만약 그 언약을 어기면 짐승이 둘로 쪼개지듯 언약을 깬 사람도 둘로 쪼개지는 형벌을 받는다는 의미다. 하나님과의 언약은 지키면 생명이요, 어기면 죽음이라는 심각한 의미를 지닌다.

예레미야 선지자는 하나님의 언약을 이렇게 증거한다.

그러므로 여호와께서 이와 같이 말씀하시니라 너희가 나에게 순종하지 아니하고 각기 형제와 이웃에게 자유를 선포한 것을 실행하지 아니하였은즉 내가 너희를 대적하여 칼과 전염병과 기근에게 자유를 주리라 여호와의 말씀이니라 내가 너희를 세계 여러 나라 가운데에 흩어지게 할 것이며 송아지를 둘로 쪼개고 그 두 조각 사이로 지나매 내 앞에 언약을 맺었으나 그 말을 실행하지 아니하여 내 계약을 어긴 그들을(렘 34:17-18).

실제로 이스라엘 공동체가 하나님과 맺은 언약을 실행하지 아니하였을 때, 북이스라엘과 남유다의 두 나라로 쪼개지게 되었고, 이방 나라의 포로로 흩어지게 되었다.

사람의 약속은 쌍방적 약속이다. 한쪽이 일방적으로 지키지 못하면 그 약속은 파기되고 효력을 잃어버리게 된다. 그러나 하나님과의 언약은 하나님의 일방적 약속이다. 하나님과 사람 사이에 합의해서 체결한 것이 아니라 사실은 하나님의 언약을 사람에게 일방적으로 주신 것이다. 그러므로 언약을 맺었다기보다는 '언약을 받은 것'이라고 해야 정확한 표현일 것이다. 그 하나님의 언약은 사람에 의해 지켜지지 못해도 절대 파기되지 않고 유효하며, 그 언약을 하나님께서 지키신다. 이것이 언약의 신비요, 은혜인 것이다.

그러면 우리에게 '하나님의 언약'이 왜 중요한가? 백성들이 하나님의 언약을 지킴으로 구원을 받게 되기 때문이다. 구약(Old Testament)은 '하나님이 주신 약속을 지킴으로 구원을 받는다'고 말한다. 그렇다면 신약(New Testament), 즉 새로운 언약이란 무엇일까? 예수 그리스도이다. 예수 그리스도는 하나님 언약의 성취이다. 우리를 향한 하나님의 언약은 예수님의 성육신, 십자가, 부활, 승천 그리고 재림을 통해 이루어진다. 그러므로 하나님의 언약, 구약과 신약의 종착역은 바로 '구원'이다.

느헤미야서 9장 6절 이하에서 이스라엘 백성들은 52일 만에 성벽을 재건하고 초막절을 지킨 다음 이튿날 모여 3시간 동안 하나님의 말씀을 들었고, 3시간 동안 죄를 자백하면서 하나님을 경배하는 찬양과 기도를 올리고 있다. 말씀을 통해서 하나님이 주신 언약을 발견했기 때문이다. 유다 백성들은 하나님의 언약을 기억하고 회개 기도를 드렸다. 구원의 감격을 새롭게 하는 기도였다(느 9:6-38). 이 기도를 가리켜 시편 다음으로 가장 아름답고 완전한 기도문이라고 평하기도 한다. 이 기도문의 내용은 아마도 제사장 에스라를 통해서 미리 준비되었을 것이며 레위인들에 의해 낭송되었을 것이다. 기도의 내용을 보면 하나님을 경배하는 것으로 시작하여 하나님의 천지창조와 아브라함과 맺은 언약 등을 역사적 순서대로 기록하고 있다. 출애굽의 역사, 가나안 땅 정복과 이스라엘 민족의 배신, 하나님의 징계와 구원, 다시 하나님께 순종하겠다는 결단의 언약을 고백하고 있다.

하나님께서 아브라함을 택하시고 그의 마음이 충성됨을 보시고 아브라함과 언약을 세우셨다. 가나안 땅을 그의 씨, 곧 후손에게 주시겠다고 말씀하셨다. 하나님은 그 말씀대로 이루셨기에 의로우신 하나님이심을 찬송하고 있다.

> 그의 마음이 주 앞에서 충성됨을 보시고 그와 더불어 언약을 세우사
> (느 9:8).

하나님이 쪼개진 유다 나라 백성들을 예루살렘으로 돌아오게 하신 까닭이 무엇일까? 아브라함과 맺은 언약 때문이다. 그 언약은 하나님이 아브라함의 하나님이 되시는 것, 그의 후손이 뭇별과 같이 큰 민족을 이룬다는 것, 이스라엘 공동체가 가나안에 들어가게 하신다는 것이었다.

내가 너로 큰 민족을 이루고 네게 복을 주어 네 이름을 창대하게 하
리니 너는 복이 될지라(창 12:2).

아브라함을 통하여 주신 언약은 모세를 통하여 새롭게 업그레이드되
었다. BC 1446년 경 모세의 지도에 따라 출애굽한 지 3개월이 되던 날
시내 산에 이르렀을 때 모세를 통하여 율법을 주셨다.

세계가 다 내게 속하였나니 너희가 내 말을 잘 듣고 내 언약을 지키
면 너희는 모든 민족 중에서 내 소유가 되겠고(출 19:5).

하나님께서 이렇게 모세와 이스라엘 공동체와 언약을 맺은 이유가
무엇일까? 그것은 단지 젖과 꿀이 흐르는 땅을 주시기 위함이 아니었
다. 젖과 꿀이 흐르는 땅을 주시는 것이 눈에 보이는 이유라고 한다면
눈에 보이지 않는 이유, 영적인 이유가 있었다.

너희가 내게 대하여 제사장 나라가 되며 거룩한 백성이 되리라(출
19:6).

하나님께서 이스라엘 공동체와 언약을 맺은 이유가 무엇일까? 제사
장 나라를 세우는 것, 하나님의 거룩한 백성으로 삼기 위해서였다. 그
렇게 제사장 나라를 세우고, 거룩한 백성을 삼기 위하여 시내 산에서
율법을 주시고 광야 40년 길에서 먹을 양식과 물을 주셨다. 이렇게 귀

한 출애굽의 은혜와 율법을 받았음에도 불구하고 주신 언약을 까맣게 잊어버렸다. 오랜 시간이 지나 언약을 잊어버린 것이 아니었다. 이스라엘 자손이 시내 산에서 머문 기간은 대략 1년 정도 된다. 언약을 맺은 지 1년이 지나지 않아 그 언약을 깨뜨려 버렸다. 시내 산에서 가데스로 이동하는 중 악한 말로 원망하고 불평하기 시작하였다. 악한 말과 불평은 언약을 깨뜨리는 말이었다. 그 원망을 여호와께서 들으시고 여호와의 불이 진영 끝을 사르게 하시매 백성이 모세에게 부르짖었고 모세가 기도하니 불이 꺼졌다. 그것도 잠시, 먹을 것이 '만나'밖에 없자, 생선도 먹고 싶고, 오이도 먹고 싶고, 참외, 부추, 파, 마늘, 고기 등도 먹고 싶다며 먹고 싶은 것 때문에 불평하기 시작하였다. 이들은 왜 하나님과의 언약을 잊어버렸을까?

> 그들과 우리 조상들이 교만하고 목을 굳게 하여 주의 명령을 듣지 아니하고(느 9:16).

교만해서 하나님도 잊고 하나님이 주신 언약도 잊어버렸다. 얼마나 교만했는지 성경은 거듭 강조하고 있다. 목을 굳게 하고, 주의 명령을 듣지 않고 거역했다. 주님의 행하신 기사를 기억하지 않고, 패역했으며 하나님이 세우신 모세를 폐하고 스스로 지도자를 세우고자 했다. 애굽의 종살이로 돌아가고자 했고, 자기들을 위하여 송아지로 신을 만들어 하나님이라고 불렀다. 이스라엘 백성들이 언제 교만해졌을까?

주께서 그들 가운데에서 행하신 기사를 기억하지 아니하고(느 9:17).

하나님께서 주신 은혜와 구원을 기억하지 아니할 때다. 이스라엘 백성들은 광야에서의 삶이 하나님께서 행하신 능력이 아니라 자신들의 능력이라고 생각하였다. 당연히 먹고 살 능력과 권리가 있는 것처럼 생각하였다. 낮에는 구름 기둥, 밤에는 불 기둥으로 덥지도 춥지도 않게 하셨으며, 주님의 영으로 가르치시고, 만나가 끊어지지 않게 하셨다. 목마름이 없게 하시고, 옷이 해어지지 않게 하시고, 발이 부르트지 않게 하셨다. 광야에서 대략 200만 명이나 되는 사람들의 의식주 문제를 완벽하게 해결해 주셨다. 이 얼마나 큰 은혜인가?

그러나 그 행하신 은혜를 기억하지 않고, 감사하지 않았다. 이스라엘 백성들은 당연히 먹고, 마시고, 입을 권리가 있는 것처럼 생각하였다. 감사가 아니라 불평하였다. 하나님이 주신 것에 대하여 감사하지 않고 불평하는 것, 즉 감사를 불평으로 채우는 것이 바로 교만이다. 따라서 감사가 넘치는 사람은 겸손한 성도요, 불평이 넘치는 사람은 교만한 성도이다.

누가 하나님과 언약을 맺은 아브라함의 자손인가? 사도 바울은 믿음으로 말미암은 자들은 아브라함의 자손이라고 말하였다.

그런즉 믿음으로 말미암은 자들은 아브라함의 자손인 줄 알지어다(갈 3:7).

> 그러므로 믿음으로 말미암은 자는 믿음이 있는 아브라함과 함께 복
> 을 받느니라(갈 3:9).

그렇다. 이스라엘 백성들뿐만 아니라 우리 모두가 그리스도 예수 안에서 아브라함의 자손이요 아브라함의 복을 유업으로 받게 되는 줄 믿는다.

> 이는 그리스도 예수 안에서 아브라함의 복이 이방인에게 미치게 하
> 고(갈 3:14).

우리가 때로는 예수 그리스도를 통하여 주신 구원의 언약을 무시하고 깨뜨리고 배신하지만 그럼에도 불구하고 하나님은 우리를 긍휼히 여기신다. 풍성한 인자로 용서하여 주시고 구원을 베풀어 주신다.

예수 그리스도의 구원! 이것이 하나님이 우리와 맺으시는 '언약의 종착역'인 것이다.

# 9장

# 하나님의 언약

> 우리가 이 모든 일로 말미암아 이제 견고한 언약을 세워 기록하고 우리
> 의 방백들과 레위 사람들과 제사장들이 다 인봉하나이다 하였느니라
> (느 9:38).

약속을 하는 이유는 상호 간의 신뢰와 사랑, 그리고 이익을 도모하기 위해서다. 약속은 지키려고 하는 것이고 그러므로 반드시 지켜야 한다. 우리가 믿는 하나님은 약속하시는 하나님, 언약의 하나님이시다. 하나님은 왜 우리와 언약을 맺으시는가? 우리를 귀찮게 하시려는 것일까? 아니다. 그 언약 안에 하나님의 구원이 담겨 있기 때문이다.

누가 하나님과의 언약을 지키며 살까? 하나님의 구원에 참여하기 원하는 사람일 것이다. 하나님의 구원, 영생, 하나님 나라를 유업으로 받기 원하는 사람은 하나님의 말씀, 곧 언약을 지키며 산다. 이 언약이 바로 예수 그리스도이시다. 예수 그리스도를 믿고 그의 말씀에 순종할 때

구원, 곧 영생을 선물로 받게 된다.

누가 그리스도인일까? 단지 교회 다니는 사람이나 한 번 예배에 참석한 사람이 아니다. 내 삶의 목적이 하나님의 영광을 위하는 것, 이런 삶을 사는 사람이 그리스도인인 것이다. 사도 바울은 이렇게 고백하고 있다.

> 우리가 살아도 주를 위하여 살고 죽어도 주를 위하여 죽나니 그러므로 사나 죽으나 우리가 주의 것이로다(롬 14:8).

> 그런즉 너희가 먹든지 마시든지 무엇을 하든지 다 하나님의 영광을 위하여 하라(고전 10:31).

그리스도인은 삶의 목적이 하나님의 영광을 위하여 사는 사람이다. 느헤미야, 에스라가 바로 그런 사람이었다. 자신의 전 생애를 자신의 영광이 아닌 하나님의 영광을 위해서, 동족 이스라엘 백성들을 위해서 살았다.

느헤미야는 어떻게 하나님의 영광을 위해서 살 수 있었을까? 느헤미야가 깨달은 하나님의 두 가지 속성 때문이다. 그 두 가지는 'Can'과 'Will'이다. 'Can'이란 하나님은 모든 것을 하실 수 있다는 것이다. 느헤미야는 하나님께서 바로 창조주이심을 깨닫고 믿었다.

> 오직 주는 여호와시라 하늘과 하늘들의 하늘과 일월 성신과 땅과 땅

위의 만물과 바다와 그 가운데 모든 것을 지으시고 다 보존하시오니 모든 천군이 주께 경배하나이다(느 9:6).

'Will'이란 하나님은 우리를 긍휼히 여기 구원해 주신다는 것이다.

주의 크신 긍휼로 그들을 아주 멸하지 아니하시며 버리지도 아니하셨사오니 주는 은혜로우시고 불쌍히 여기시는 하나님이심이니이다 (느 9:31).

느헤미야의 믿음의 기초, 신앙의 기초는 하나님의 말씀이었다. 자신의 기분이나 감정이나 이익이나 체면으로 하나님의 일을 하지 않았다. 우리는 믿음의 기초, 헌신의 기초, 순종의 기초를 무엇에 두고 있는가? 에스라는 이스라엘 백성들의 믿음의 기초를 아브라함과의 언약, 모세와의 언약에 두고 있다. 히브리어 '브릿', 헬라어 '디아데케'는 '언약의 불변성'을 의미한다. 하나님의 언약은 불변하며 영원하다.

하나님이 아브라함에게 약속하실 때에 가리켜 맹세할 자가 자기보다 더 큰 이가 없으므로 자기를 가리켜 맹세하여 이르시되 내가 반드시 너에게 복 주고 복 주며 너를 번성하게 하고 번성하게 하리라 하셨더니(히 6:13-14).

하나님은 아브라함 한 사람을 통하여 이스라엘 공동체를 이루셨고,

그 혈통에서 예수님이 탄생하셨다. 예수 그리스도를 통해 전 인류를 구원으로 불러 주셨다. 아브라함과 맺은 언약, 모세와 맺은 언약이 다다른 곳은 예수님의 십자가를 통한 인류의 구원이었다. 예수님의 십자가는 하나님의 새로운 언약의 사인(Sign)이었고, 구원과 영생의 사인이었다. 이 십자가의 사인을 깨닫지 못하고 십자가의 길로 행하지 않으면 구원도 영생도 없는 것이다. 십자가는 언약의 완성, 곧 구원의 완성 기호다.

이렇게 하나님의 언약을 전달하는 메신저가 누구인가? 바로 선지자들이었다. 선지자(예언자)는 히브리어로 '나비'라고 한다. 선지자는 '공동체가 부름을 받은 본래의 모습이 되도록 늘 도전하는 임무를 맡은 사람'이라고 성공회 대주교인 로완 윌리엄스는 말했다. 선지자는 하나님께서 주신 말씀을 그대로 전하는 사람, '하나님 나라의 대사'다. 그런데 이스라엘 백성들은 그 대사를 죽였다. 선지자를 죽이는 일은 곧 하나님을 욕보이고 해하는 것과 동일한 것이다. 우리나라에도 세계 각국의 대사관이 있다. 대사관이 있는 곳은 해당 나라의 영토로 구분되고 존중되기도 한다. 그런데 일본과의 관계가 좋지 못하다고 일본 대사를 참수형에 처한다면 어떻게 되겠는가? 절대 있을 수 없는 일이다.

그런데 이스라엘 사람들은 하나님의 대사를 죽였다. 시대 별로 죽이고 또 죽였다. 유다 마지막 왕 시드기야 시대에 하나냐라는 거짓 선지자는 화평과 평안을 예언했고, 예레미야는 전쟁과 재앙과 전염병을 예언하였다(렘 28장). 왕과 백성들의 입장에서는 화평과 평안을 예언하는 하나냐와 전쟁을 예언하는 예레미야 가운데 누구를 더 좋아하겠는가?

사람들마다 진짜 선지자 예레미야를 조롱하고 모욕하니, 예레미야가 하나님의 말씀을 전하고 싶었겠는가?

> 여호와여 주께서 나를 권유하시므로 내가 그 권유를 받았사오며 주께서 나보다 강하사 이기게 하셨으므로 내가 조롱거리가 되니 사람마다 종일토록 나를 조롱하나이다. 내가 말할 때마다 외치며 파멸과 멸망을 선포하므로 여호와의 말씀으로 말미암아 내가 종일토록 치욕과 모욕거리가 됨이니이다. 내가 다시는 여호와를 선포하지 아니하며 그의 이름으로 말하지 아니하리라 하면 나의 마음이 불붙는 것 같아서 골수에 사무치니 답답하여 견딜 수 없나이다(렘 20:7-9).

유다의 8대 왕 요아스는, 아세라 목상과 우상을 섬기며 여호와를 버린 왕과 유다 백성을 여호와께서도 버리셨다고 예언하는 스가랴 제사장을 성전 뜰 안에서 돌로 쳐 죽였다(대하 24:21). 유대인들의 전승에 의하면 이사야, 예레미야, 에스겔 등의 선지자는 백성들에게 살해당했다고 한다. 선지자들은 한결같이 하나님께로 돌아오라고 외치다가 죽임을 당하였다.

오늘 이 시대 누가 하나님의 언약을 전하고 있는가? 목회자들이다. 목회자들이 바로 선지자의 사명을 감당하고 있다. 그 사명을 감당하면서 목회자들이 곳곳에서 순교하고 있다. 교회 안에서는 말씀에 거역하고 불순종하여 등지는 성도들에게 비난 받고, 교회 밖에서는 세상 사람들의 조롱과 박해 때문에 죽을 맛이다. 성도라고 하면서 하나님의 말씀을 듣고도 불순종하고 온갖 거짓된 말과 음해로 목회자를 죽이는 것은 하나님께 반역하는 것이다. 오늘날 목회자들이 곳곳에서 만신창이로 죽어 가고 있다. 신학대학원의 지원율이 급감하는 이유 중 하나이기도 하다. 그러나 우려할 일은 아니다. 목회자가 되는 것이 먹고 살 만한 길이라고 생각하니 지원자가 몰리는 것이지 고난의 길, 십자가의 길, 가시밭길, 순교자의 길이라면 경쟁률이 높을 리 만무하지 않겠는가?

말씀을 통해 기억할 것은 하나님의 종을 죽인 책임은 반드시 물으신 다는 사실이다. 목회자의 이기적인 이익을 도모하는 말에 순종하라는 뜻은 아니다. 그런 말에는 순종하지 않아도 된다. 그러나 목회자를 통하여 전달되는 하나님의 말씀에는 순종해야 한다. 그것이 바로 내 영혼이 살고, 가정이 살고, 나라가 사는 길이다. 혹 여러분의 입술에 목회자를 애매히 비난하고, 욕을 했다면 당장 멈추시길 바란다. 그 입술의 열매를 그대로 거두게 될 것이기 때문이다. 세상에 그 어느 목사도 완벽할 수는 없다. 여러분이 완벽한 성도일 수 없듯이 목사도 완벽한 존재가 아니다. 완벽하신 분은 하나님 한 분밖에 없다. 때로 부족한 면이 보이고, 아쉬운 모습이 보인다면 기도해 주고 보완해 주자. 더욱이 교회를 위하고 주님을 위한 일이라면 형제의 마음으로 협력하여 교회는 평안 가운데 든든히 세워가자. 주님은 이렇게 말씀하셨다.

> 이르시기를 나의 기름 부은 자를 손대지 말며 나의 선지자들을 해하지 말라 하셨도다(시 105:15; 대상 16:22).

선지자들이 한결같이 외친 메시지는 죄를 회개하고 여호와께 돌아오라는 것이었다. 안타깝게도 그렇게 권면한 결과는 죽음이었다. 가나안 땅에서 하나님의 거룩한 백성, 제사장 나라가 되어야 한다고 권면하였더니 듣기 싫다고 죽였다. 이것은 곧 하나님을 모독하는 것이었다. 하나님께서 그들을 대적의 손에 넘기사 환난과 곤고를 주셨다. 그때서야 주께 부르짖는다. 하나님께서 긍휼히 여기시고 구원하셨다. 그러나 다시 주 앞에서 악을 행하였다. 결국 북이스라엘은 앗시리아에, 남유다는 바벨론에 멸망 당하였고 백성들은 포로로 잡혀 갔다. '이스라엘 백성들의 범죄 → 환난과 징계 → 하나님의 구원'이라는 악순환을 되풀이하였다(느 9:26-31).

> 우리가 오늘날 종이 되었는데 곧 주께서 우리 조상들에게 주사 그것의 열매를 먹고 그것의 아름다운 소산을 누리게 하신 땅에서 우리가 종이 되었나이다(느 9:36).

하나님께서 제사장 나라, 거룩한 백성으로 살라고 한 땅에서 이스라엘 백성은 오히려 종이 되었고, 포로로 잡혀갔다. 이 모든 일을 경험하고 포로에서 돌아온 백성들과 남아있는 백성들이 하나님께서 주신 언약을 기록하고 인봉하였다. 신앙의 새로운 결단을 하는 것이다. 우리도 예배의 자리에 나올 때마다 새로운 결단이 일어나길 바란다. 아브라함의 언약, 모세의 언약, 에스라의 언약은 예수 그리스도 안의 새 언약 곧 십자가 언약으로 이어지게 된다. 새 언약을 붙잡도록 하자. 그 언약 안에 하나님의 은혜와 복이 담겨 있다.

믿음은 하나님의 언약에서 시작하고, 구원은 하나님의 언약 안에서 완성된다. 새 언약의 종착역은 예수 그리스도 안에 있는 '영생', 곧 '구원'이다.

# 10장

# 내가 만든 하나님

또 그들이 자기들을 위하여 송아지를 부어 만들고 이르기를 이는 곧 너희를 인도하여 애굽에서 나오게 한 신이라 하여 하나님을 크게 모독하였사오나(느 9:18).

하나님을 믿는가?

예수 그리스도를 따르고 있는가?

성령님을 의지하며 살고 있는가?

교회에 다닌 지 수십 년째인가?

그렇다면 하나님을 만났는가?

그 하나님은 내가 만난 하나님인가? 아니면 내가 만든 하나님인가?

내가 만난 하나님이란 자신의 하나님을 경험 또는 체험한 것을 말한다. 체험이란 하나님의 존재를 인식하고, 내 삶 가운데 임재하시고 동행하시는 하나님을 느끼며 살아가는 것을 말한다. 그 하나님을 '내가 만난 하나님'이라고 한다. 이런 하나님을 만난 사람은 어떤 상황에서도 결코 흔들림 없는 믿음의 모습을 보여 준다.

제자들이 갈릴리 호수에서 예수님과 함께 배에서 쉬고 있는데 풍랑이 일기 시작했다. 그 풍랑은 어부로서 잔뼈가 굵은 제자들도 생명의 위협을 느낄 만한 풍랑이었다. 분명히 제자들은 주님과 함께 있었지만, 주님을 온전히 믿지 못했다.

내가 만든 하나님은 나의 삶의 유익을 위하여 만들어 놓은 가상의 신을 말한다. 내가 만난 하나님은, 곧 예수 그리스도요, 내가 만든 하나님은 자기들을 위한 신, 우상이다. 전자의 대표 주자는 모세이고, 후자의 대표 주자는 아론이다.

BC 1446년 이스라엘 백성들이 애굽에서 떠난 지 3개월이 되던 날 시내 광야에 이르렀다. 이스라엘 백성들은 시내 산 앞에 장막을 쳤고, 모세는 시내 산에 올라갔다. 하나님께서는 이스라엘 백성을 하나님의 소유로 삼으시고 제사장 나라, 거룩한 백성이 되게 해 주시겠다고 말씀하셨다. 이스라엘 백성이 제사장 나라와 거룩한 백성이 되는 유일한 조건이 하나님과의 언약을 지키는 것(출 19:5-6)이었다. 모세가 내려와서 장로들을 불러 모아 여호와의 말씀을 전하니 장로들이 대답하였다.

여호와께서 명령하신 대로 우리가 다 행하리이다(출 19:8).

여호와께서 셋째 날 아침에 우레와 번개와 구름과 나팔 소리 가운데 강림하셨다.

셋째 날 아침에 우레와 번개와 빽빽한 구름이 산 위에 있고 나팔 소리가 매우 크게 들리니 진중에 있는 모든 백성이 다 떨더라(출 19:16).

시내 산에 연기가 자욱하고 여호와께서 불 가운데 강림하셨다(출 19:18). 이스라엘 백성들이 애굽에서, 홍해에서, 르비딤에서, 마라와 엘림에서 만난 하나님은 기적을 행하시는 하나님이었다. 그런데 시내 산에서는 두려우신 하나님을 경험하게 되었다. 모세는 다시 시내 산에 올라갔다. 돌판에 하나님의 말씀을 받았다. 하나님이 말씀하신 것을 모세가 기록한 것이 아니라, 하나님께서 사람의 손을 통하지 않고 직접 기록해서 주신 말씀이었다. 십계명, 곧 10가지 언약의 말씀은 하나님의 핸드메이드 작품이었다. 이 계명 외의 규례는 하나님께서 모세에게 가르쳐 주신 것을 모세가 기억하였다가 후에 기록한 것이다. 십계명을 하나님께서 직접 기록해서 주셨다는 것은 그만큼 중요하다는 뜻이다. 하나님께서 직접 주신 말씀보다 더 귀한 말씀이 어디 있겠는가? 대통령 표창을 받을 때 대리 수여(授與)하는 것과 대통령이 직접 수여하는 것은 다르지 않은가?

그런데 시내 산 아래에 있는 이스라엘 백성들이 문제였다. 모세가 시내 산의 흑암 속으로 사라지고 난 뒤 40일 동안 깜깜무소식이 되자 불안해지기 시작했다. 그 불안감을 아론에게 가져갔다. 백성들은 자신들의 불안감을 없애기 위해서 자신들을 인도하여 낼 신을 만들어 달라고 요구했다.

백성이 모세가 산에서 내려옴이 더딤을 보고 모여 백성이 아론에게
이르러 말하되 일어나라 우리를 위하여 우리를 인도할 신을 만들라
이 모세 곧 우리를 애굽 땅에서 인도하여 낸 사람은 어찌 되었는지
알지 못함이니라(출 32:1).

이스라엘 백성들은 자신들을 인도하여 낸 것이 눈에 보이지 않는 하
나님이 아니라 눈에 보이는 모세라고 생각한 것이다. 백성들의 요구에
아론은 주저함 없이 금을 가져오게 한다. 금으로 송아지 형상을 만든
후 말한다.

이스라엘아 이는 너희를 애굽 땅에서 인도하여 낸 너희의 신이로다
하는지라(출 32:4).

'너희의 신'에서 '신'은 히브리 원문에는 '엘로힘'으로 기록되어 있
다. 아론은 금송아지를 만든 후 그 송아지가 하나님이라고 공포하였다.
이것이 아론이 만든 하나님이었다. 이튿날, 안식일이라고 공포하고 번
제와 화목제를 드리고 먹고 마시며 뛰놀았다. 아론이 만든 금송아지 앞
에서 백성들은 그 금송아지가 여호와라고 믿으며 광란의 축제를 벌인
것이다.

아론은 모세와 더불어 영적 지도자 중 한 사람이었다. 출애굽의 모
든 과정 속에서 하나님의 역사를 생생하게 목격한 사람이었다. 그리
고 지금 자신의 지시로 만든 금송아지가 여호와 하나님이 아닌 것을

알고 있었다. 그런데 금송아지를 향해 하나님이라고 했다. 왜 그랬을까? 이스라엘 백성들이 요구하니까 위기를 모면하기 위한 선택이었다. 다시 말해 대중의 요구에 부응하기 위해서였다. 이런 것을 '포퓰리즘(Populism)', '인기영합주의'라고 한다.

하나님은 눈에 보이는 하나님이 아니요, 그 존재 방식은 영으로 계신 분임을 아론은 알고 있었지만, 그 하나님을 송아지의 형상으로 바꾸어 버렸다. 눈에 보이지 않는 하나님의 말씀보다 지금 당장 눈앞에 보이는 백성들의 요구와 열망을 따랐다. 하나님을 금송아지로 바꾸는 것에 아무런 거리낌이 없었다. 광란의 축제를 벌이고 있는 이스라엘 백성들을 보면서 자신이야말로 저들을 진정 위로해 주는 지도자라는 자기만족, 자기도취에 빠졌다.

나는 이 장면에서 빠진 두 사람을 찾는다. 아말렉과의 전투에서 모세의 팔을 아론과 함께 붙들었던 훌, 그리고 모세와 함께 출애굽을 도운 미리암이다. 훌과 미리암 역시 영적 지도자들이었지만 어찌 된 일인지 금송아지 사건에서 보이지 않는다. 아론, 미리암, 훌은 모세와 같이 이스라엘 백성들을 이끌어 가는 지도자 그룹이었다. 그렇다면 아론이 포퓰리즘에 빠지고 야훼 하나님을 배반할 때 아론을 말려 주고, 백성들을 말려 주었어야 했는데 보이지 않는다. 이것은 비겁한 행동이었다. 이들도 아론과 마찬가지로 포퓰리즘에 빠진 것이다.

이제 백성들의 시간이 끝나고 하나님의 시간이 시작되었다. 여호와께서 모세에게 이스라엘 백성들이 송아지를 만들어 야훼 하나님이라고 하고 있다고 말씀하셨다. 이스라엘 백성들의 목이 뻣뻣하므로 진멸하시고 모세를 통하여 큰 나라를 세우겠다고 말씀하셨다. 그러자 모세는 여호와께서 자기 백성들을 산에서 죽이고 지면에서 진멸하려는 의도로 출애굽을 하게 했다는 주변의 비난을 받을 것이니 뜻을 돌이켜 달라고 기도한다. 나아가 아브라함과 이삭과 야곱에게 하신 언약을 기억해달라고 말씀드린다. 그 간구를 듣고 여호와께서 뜻을 돌이키셨다.

> 여호와께서 뜻을 돌이키사 말씀하신 화를 그 백성에게 내리지 아니하시니라(출 32:14).

모세가 산에서 내려올 때 하나님이 판에 새긴 증거판을 가지고 내려오는데 비서 역할을 하는 여호수아가 산 아래 백성들의 요란한 소리를 듣고 말하였다.

> 진중에서 싸우는 소리가 나나이다(출 32:17).

모세가 말하였다.

> 이는 승전가도 아니요 패하여 부르짖는 소리도 아니라 내가 듣기에는 노래하는 소리로다 하고(출 32:18).

시내 산에서 내려온 모세는 광란의 파티를 벌이고 있는 백성들을 보고 분노하였다. 이스라엘 백성들은 십계명을 받을 자격이 없었다. 그래서 그 귀한 십계명 돌판을 던져 버린 것이다. 송아지를 불사르고 가루로 만들어 물에 뿌려서 백성들에게 마시게 하였다.

> 진에 가까이 이르러 그 송아지와 그 춤추는 것들을 보고 크게 노하여
> 손에서 그 판들을 산 아래로 던져 깨뜨리니라(출 32:19).

그리고 모세는 형 아론을 책망하였다.

> 이 백성이 당신에게 어떻게 하였기에 당신이 그들을 큰 죄에 빠지게
> 하였느냐(출 32:21).

아론의 변명은 이러하다. 이 백성이 원래 악하다. 모세가 어찌 되었는지 알 수 없어서 어쩔 수 없었다. 금을 불에 던졌더니 이 송아지가 나왔다. 아론이 지금 무슨 말을 하고 있는가? 금을 불에 넣으니 금송아지가 저절로 나왔다고? 자신이 주도해서 송아지를 만들지 않았는가! 아론은 비겁하게 변명하기에 급급하였다. 조금 전까지 이스라엘 백성들과 광란의 춤을 즐겼던 자신은 숨기고, 우상 숭배의 모든 책임을 이스라엘 백성들에게 돌리고 있었다. 자기 자신에게 '셀프 면죄부'를 발급하고 있는 것이다.

우리는 어떠한가? 하나님의 말씀이 우선인가? 아니면 상황이나 사람이 우선인가? 정 때문에 어쩔 수 없는 것인가?

아론은 오늘날 대중들의 인기에 야합하는 지도자의 모습을 보여 주

고 있다. 영적 야합은 하나님의 말씀에 따라 옳고 그름을 구별하는 것이 아니라 상황과 분위기에 따라 자신의 이익만을 위하는 태도나 행위를 말한다. 안타깝게도 초대 대제사장, 오늘날의 목회자인 아론은 하나님 중심이 아닌 성도들의 요구에 영적 야합을 한 포퓰리스트였다. 이스라엘 백성들의 죄를 묵인하고 상황에 따라 유리한 쪽을 선택하였다. 반면에 모세는 이스라엘 백성들의 죄를 외면하지 않았다. 크게 노하고 십계명의 돌판을 던져 버렸다. '아니, 지도자가 그렇게 화를 내면 되겠는가? 작게 말해야지 …' 오늘날 아론과 같은 성도는 모세의 의분과 단호함을 이해하지 못할 것이다. 불신앙과 불의 앞에서 분노할 수 있기를 바란다. 불신앙과 불의와 영적 야합을 보고도 분노하지 않는 것, 하나님의 공의보다 대중의 인기를 앞세우는 것은 죄다. 불신앙과 죄 앞에서 참고 외면하는 것이 은혜가 아니다.

모세는 분노한 것으로 끝나지 않았다. 금송아지를 가루로 만들어 마시게 하고, 레위인을 무장시켜 우상 숭배에 앞장선 3천 명 가량을 죽였다. 그 심판 가운데 아들과 형제들도 포함되어 있었으니 죄의 대가는 엄청난 고통과 비극이었다. 청주 시민이 100만 명이 채 안 되는데 그중에 1,500명이 어떤 이유로 죽었다고 상상해 보자. 1,500명이 아니라 150명, 15명만 죽어도 엄청난 일 아닌가? 당시 출애굽 인구 200만 명 중 3,000명이 죽었다. 이것은 불과 출애굽 후 넉 달 열흘이 지난 때에 일어난 일이다. 약 두 달(55일) 전 이스라엘 백성들은 르비딤에서 아말렉과 출애굽 후 첫 전투를 벌여 승리하였다. 승리했지만 이스라엘 백성들도 전투에서 죽었을 것이다. 몇 명이 죽었는지는 기록이 없다. 이렇게 백성들이 죽어 나가는 모습을 보는 모세의 마음은 어떠했을까? 통곡하지 않았을까? 죄에는 반드시 대가가 따른다. 죄의 대가를 지불하지 않고 용서받을 수 있다는 어설프고, 값싼 은혜를 기대하지 마시기 바란다. 우리가 죄를 용서받기 위해서 예수님께서 값비싼 십자가 대속의 대가를 지불하셨다.

백성들이 죄의 대가를 치른 후 모세는 이렇게 기도하였다. 모세는 자신의 이름을 걸고, 그것도 주님의 생명책을 언급하면서 이스라엘의 죄를 용서해 주시기를 간구하고 있다.

> 그러나 이제 그들의 죄를 사하시옵소서 그렇지 아니하시오면 원하건대 주께서 기록하신 책에서 내 이름을 지워 버려 주옵소서(출 32:32).

내가 만든 우상 앞에서 아론과 모세의 태도는 너무도 달랐다. 아론은 대중과 야합하며 책임 회피에 급급했지만, 모세는 이스라엘 백성의 지도자로서 한 번도 대중과 영적 야합을 꾀한 적이 없었다. 오히려 자기를 비워 달라고 기도하였다. 모세는 40년 동안 이스라엘 백성들의 끊임없는 원망과 불평, 비난과 배반, 그리고 생명의 위협에서도 흔들림 없이 하나님만 바라보고 사명을 감당하였다.

이스라엘 백성들이 이른 시내 산 앞은 먼저 살아 계신 하나님의 영광의 임재를 체험한 장소였다. 얼마 지나지 않아 그 장소는 자신들이 만든 신, 자기들을 위한 신, 곧 송아지 우상을 만들어 놓고 쾌락을 추구하는 죄악의 장소가 되고 말았다. 우리가 드리는 이 예배의 장소가 하나님께 영광의 장소가 될 수도 있고, 영적 야합을 합리화시키는 죄와 심판의 장소가 될 수도 있다. 그것은 우리의 선택이요, 몫인 것이다. 그리스도인의 길에는 자기를 위하여 송아지 우상을 만들고, 대중들이 원하는 대로 살라는 속삭임이 끊임없이 도사리고 있다. 아론처럼 살면 대중들이 기뻐할 것이라고 유혹한다. 그러나 모세의 시대이든 에스라와 느헤미야 시대이든 오늘날의 시대이든 믿음의 길은 '십자가의 길'이다.

예수님은 당시 종교 지도자들, 권력자들, 백성들과 영적 야합을 택하신 적이 없다. 이스라엘 백성들을 긍휼히 여기셨지만 그들의 죄를 결코 지나치지 않으셨다. 그리고 유월절 이스라엘 백성들의 인기투표에서 바라바에게 영광스럽게 패배했다. 왜냐하면 그 자리는 하나님이 원하시는 자리가 아니었기 때문이다.

자기를 위한 신, 자기가 만든 신으로 자신의 영광을 구하는 아론의 길로 갈 것인가? 아니면 모세처럼 내가 만난 하나님의 영광을 구하는 길로 갈 것인가?

# 11장

# 언약의 갱신

그 남은 백성과 제사장들과 레위 사람들과 문지기들과 노래하는 자들과 느디님 사람들과 및 이방 사람과 절교하고 하나님의 율법을 준행하는 모든 자와 그들의 아내와 그들의 자녀들 곧 지식과 총명이 있는 자들은 (느 10:28).

신앙생활에서 가장 중요한 것은 예배다. 그리스도인에게 예배는 목숨과도 같다. 믿음의 삶에서 예배는 전부라고 해도 과언이 아니다. 하나님은 분명히 영과 진리로 예배하는 자들을 찾는다(요 4:23)고 하셨다. 예배 없는 신앙생활은 어떨까? 우리는 코로나 시대를 겪으면서 한 번 한 번의 예배가 얼마나 소중하고 절박한지 깨달았다. 그런데 이 예배보다 더 중요한 것이 있다고 한다. 그것이 바로 청종이요 순종이다.

여호와께서 번제와 다른 제사를 그의 목소리를 청종하는 것을 좋아하심 같이 좋아하시겠나이까 순종이 제사보다 낫고 듣는 것이 숫양의 기름보다 나으니(삼상 15:22).

하나님이 제사보다, 예배보다 더 좋아하시는 것이 무엇일까? 하나님의 목소리를 청종(聽從)하는 것, 순종인 것이다. 신학교에서 〈예배학〉은 가르치지만 〈청종학〉, 〈순종학〉은 과목에 없다. 그런데 정말 가르쳐야 할 것은 하나님의 말씀을 듣는 '청종학'이요, 하나님의 말씀대로 따르는 '순종학'이어야 한다.

오늘날 우리의 신앙생활 가운데 예배가 얼마나 많은지 모른다. 1, 2, 3부 주일예배, 찬양예배, 수요예배, 새벽예배, 금요예배 등 … 백 번, 천 번의 예배를 드릴지라도 하나님의 목소리를 청종하지 않고 순종하지 않는다면 그것은 하나님과 아무런 상관없는 제사요, 예배다. 우리가 드리는 예배가 참된 예배, 하나님이 받으실 만한 예배가 되려면 그 예배는 하나님의 목소리를 청종하고, 하나님의 말씀에 순종하는 것으로 이어져야 한다. 결국, 순종이 없는 예배는 하나님과 아무런 상관없는 예배일 뿐이다.

오늘날, 예배는 드리지만 순종하지 않는 사람이 너무 많다. 예배만 드리면 다인 줄로 착각하고 그 이상을 바라지 말라고 하나님께 으름장을 놓는다. 그러나 당신이 참된 예배자라면 당연히 청종자, 순종자이어야 한다. 청종과 순종이 없는 예배자는 가짜일 수밖에 없다. 예배보다 청종과 순종이 우선이다. 먼저 하나님의 말씀을 청종하고 순종하며 예배로 나아가는 사람이 있고, 하나님께 예배를 드린 후에 청종하고 순종하겠다는 사람도 있다. 누가 성경적인 사람일까?

하나님이 이스라엘 백성들에게 끊임없이 말씀하신 것이 무엇인가? 첫째는 오직 하나님만을 섬기는 것이고(삼상 12:24), 둘째는 하나님 말씀에 순종하라는 것이다. 하나님의 언약을 기억하고 지키며 선지자들을 통하여 주시는 말씀에 순종하는 것이다.

이스라엘의 초대 왕 사울은 하나님과의 언약을 무시하고 말씀을 버렸기 때문에 하나님께 버림을 받았다.

> 거역하는 것은 점치는 죄와 같고 완고한 것은 사신 우상에게 절하는 죄와 같음이라(삼상 15:23).

> 왕이 여호와의 말씀을 버렸으므로 여호와께서 왕을 버려 왕이 되지 못하게 하셨음이니이다(삼상 15:26).

여호와의 말씀을 버렸다는 것은 순종하지 않았다는 것이다. 이것은 그냥 '순종하지 않았을 뿐'인 것이 아니라 '죄'다. 하나님의 말씀에 순종하지 않는 것은 점치는 죄와 같고, 완고(頑固)한 것은 우상에게 절하는 죄와 같다고 말씀하신다. 죄의 결과는 사망이요 심판이다(약 1:15). 하나님께 참된 제사를 드리지 아니하고, 말씀에 불순종한 죄의 결과는 참혹하였다. 북이스라엘은 앗시리아(BC 722년)에, 남유다는 바벨론(BC 586년)에 의해 멸망 당하고 말았다.

느헤미야와 에스라의 신앙 재건 운동으로 백성들은 하나님 앞에 죄를 자복하고 진실되게 회개하였다. 그리고 이제 다시 하나님과의 언약

(브릿)을 세워 기록하고 인봉하였다. 그 이름이 느헤미야서 10장 1-27절에 자세하게 기록되어 있다(제사장 23명, 레위인 17명, 지도자들 45명, 총 85명). 여기서 분명히 할 것은 하나님과의 언약을 새로 만든다는 것이 아니라 그동안 자신들이 지키지 못한 언약을 다시 지키기로 한 것을 말한다. 그런 차원에서 '언약의 갱신'이란 표현을 쓸 수 있다. 하나님의 언약(브릿)의 특징은 일방적이고 쌍무적이다. 우리와 협상을 통해 맺은 약속이 아니라 하나님의 일방적인 언약이었다. 그러나 이스라엘 백성이 언약을 지킬 때 비로소 그 효력이 발생하기 때문에 쌍무언약이기도 한 것이다.

삶의 위기는 항상 승리 뒤에 찾아온다. 승리의 기쁨을 만끽하는 것이 죄는 아니다. 그러나 작은 승리에 도취되어 승리 뒤에 무엇을 해야 할지 모른다면 그 승리의 기쁨은 더 큰 패배를 불러오게 될 것이다. 이스라엘 공동체가 바벨론 포로에서 돌아와 방해 공작에도 불구하고 무너진 예루살렘 성벽을 52일 만에 중수한 후 깨달은 것이 있다. '하나님이 우리를 버린 것이 아니라 우리가 하나님께 범죄하고 우리가 하나님을 버린 것이었구나!' 그래서 언약을 다시 지키겠다고 사인(Sign)을 하고 봉인을 하고 자신들의 삶을 고치기 시작하였다. 이것이 바로 진정한 회개다. 회개(히브리어로 슈브, 헬라어로 메타노이아)는 바로 하나님께로 마음을 돌이키고, 행위를 돌이키고, 삶을 돌이키는 것이다. 이들의 서원은 다음과 같았다.

① 이방 사람과 절교한다.

② 여호와의 계명과 규례와 율례를 지켜 행한다.

③ 이방 사람과 혼인하지 않는다.

④ 안식일과 안식년을 철저히 지키며 모든 빚을 탕감해준다.

⑤ 해마다 정한 물질을 드려 하나님의 전을 위해 쓰게 한다.

⑥ 해마다 정한 시기에 나무를 바친다.

⑦ 해마다 토지 소산의 맏물과 과목의 첫 열매를 여호와의 전에 드린다.

⑧ 맏아들과 가축과 소와 양의 첫 새끼를 제사장들에게 드린다.

⑨ 처음 익은 밀의 가루와 거제물과 과목의 열매와 새 포도주와 기름
  을 제사장들에게 드린다.

⑩ 산물의 십일조를 레위 사람들에게 드린다.

⑪ 레위인들은 십일조의 십일조를 제사장에게 드린다.


이스라엘은 하나님의 주권에 의해 선택된 민족이었다. 하나님께서
다른 민족과 구별하여서 인(印)을 친 백성이었다. 하나님의 인(印)치심
이 얼마나 중요한지 이스라엘 백성들의 끝없는 배신과 대적에도 불구
하고 하나님은 이스라엘 백성을 향한 언약을 파기하지 않으셨다. 우리
는 하나님의 자녀로 인(印)치심을 받은 사람이다. 하나님의 은혜로 선
택을 받아 예수 그리스도의 구원의 은혜를 입은 사람들이다.

> 그가 또한 우리에게 인치시고 보증으로 우리 마음에 성령을 주셨느
> 니라(고후 1:22).

요한계시록 7장 3절에도 구원받은 하나님의 종들이 이마에 인친다는 표현을 사용하고 있다. 인(印), 도장을 찍는다는 것은 '보증한다, 확인한다, 약속한다'는 뜻으로 구원의 확실성을 나타내는 표현이다.

> 그 안에서 너희도 진리의 말씀 곧 너희의 구원의 복음을 듣고 그 안에서 또한 믿어 약속의 성령으로 인치심을 받았으니(엡 1:13).

하나님의 인치심에는 실수가 없으시고, 후회가 없으시며 그 인치심의 효력은 영원하다. 하나님은 이스라엘 백성들을 자녀로 삼아 주시고 이방 사람들 가운데 여호와를 증거하도록 인을 치셨다. 오늘 우리 역시 성령으로 인을 쳐 주심으로 예수님의 자녀가 되었다. 그리고 세상에 복음을 증거하고 증언하라는 사명을 주셨다.

바울 사도는 복음의 일꾼으로 부름을 받고 그리스도의 남은 고난을 그의 몸 된 교회를 위하여 자신의 육체에 채운다고 고백하였다(골 1:24). 나아가 교회의 일꾼이 된 것은 하나님의 말씀을 이루기 위함임을 알았다.

> 내가 교회의 일꾼 된 것은 하나님이 너희를 위하여 내게 주신 직분을 따라 하나님의 말씀을 이루려 함이니라(골 1:25).

아브라함을 통해 주신 하나님의 언약은 우리에게도 유효한 것이다. 왜냐하면 하나님의 언약은 영원토록 변함이 없고 우리의 순종함을 통해 이루어지기 때문이다.

지금 이 시간이 하나님의 언약을 다시 기억하고 인봉하는 언약 갱신의 시간이 되길 바란다.

# 12장

# 거룩한 공동체

곧 이스라엘 자손과 레위 자손이 거제로 드린 곡식과 새 포도주와 기름을 가져다가 성소의 그릇들을 두는 골방 곧 섬기는 제사장들과 문지기들과 노래하는 자들이 있는 골방에 둘 것이라 그리하여 우리가 우리 하나님의 전을 버려 두지 아니하리라(느 10:39).

예수 그리스도를 메시아, 그리스도, 나의 하나님으로 믿고 따르는 사람을 크리스천이라고 한다. 일반적으로 사람들은 신자 또는 교인이라고 한다. 이러한 이름에는 사실 기독교인을 의미하는 것은 들어 있지 않다. 로마서, 고린도서, 빌립보서, 골로새서에 보면 사도 바울은 '성도'라는 호칭을 사용하고 있다. 교회 크리스천의 다른 이름은 성도다. 거룩할 '성(聖)' 자에 무리 '도(徒)' 자를 쓰고 있다. 즉 성도란 '거룩한 무리', '거룩한 공동체'를 말한다. 성도는 그리스도인 개인을 말하지만 그 개인은 공동체 안의 개인을 의미하는 것이다.

그렇다면 우리는 거룩한 그리스도인인가? 이 말에 대부분 자신 없어 한다. 보통 거룩함을 어떤 특별한 사람들의 전유물로 오해한다. '목사, 전도사, 장로쯤 되어야 거룩하지 …' 나는 믿음이 부족한 사람, 별로 거룩하지 못한 사람이라고 생각한다. 그리고 자신은 거룩함과는 거리가 먼 사람, 죄지은 것이 많은 사람이라고 생각한다. 맞다! 우리는 거룩함과 거리가 먼 사람이었다. 그리고 죄가 끊임없이 나를 지배하려고 한다. 그러나 기억해야 한다.

> 그러므로 이제 그리스도 예수 안에 있는 자에게는 결코 정죄함이 없나니 이는 그리스도 예수 안에 있는 생명의 성령의 법이 죄와 사망의 법에서 너를 해방하였음이라(롬 8:1-2).

본래 사람은 거룩한 존재다. 우리를 창조하신 하나님이 거룩하신 분이기 때문이다. 우리는 그 하나님의 형상대로 지음 받은 존재이기 때문이다. 그리고 예수님께서 죄와 사망의 법에서 우리를 해방시켜 주셨기 때문이다. 그래서 거룩한 우리가 거룩한 삶을 살아가기를 원하신다.

> 하나님이 자기 형상 곧 하나님의 형상대로 사람을 창조하시되 남자와 여자를 창조하시고(창 1:27).

> 내가 거룩하니 너희도 거룩할지어다(레 11:45).

> 너희는 거룩하라 이는 나 여호와 너희 하나님이 거룩함이니라(레 19:2).

'거룩'은 '구별하는 것'을 말한다. 히브리어로 코데쉬(קֹדֶשׁ)라고 하며, '모든 죄로부터, 모든 부정하고 악한 것으로부터 분리되는 것 그리고 끊임없이 다가오는 죄의 유혹을 잘라내는 것(cut)'을 의미한다. 원래 거룩은 하나님께만 적용되는 말이다. 거룩하신 하나님은 세상을 거룩하게 창조하셨으며, 그 세상을 다스릴 사람도 하나님의 형상대로 거룩하게 창조하셨다.

> 나는 여호와 너희의 하나님이라 내가 거룩하니 너희도 몸을 구별하여 거룩하게 하고 땅에 기는 길짐승으로 말미암아 스스로 더럽히지 말라(레 11:44).

원어를 직역하면 "너희는 너희 영혼을 더럽게 만들지 말며"라는 뜻이다. 영혼이 더럽게 되면 정신과 육체는 당연히 더러워질 수밖에 없다. 사도 바울도, 사도 베드로도 그리스도인이 악과 죄로부터의 구별된 삶을 살아야 함을 권면하고 있다.

> 너희 몸을 하나님이 기뻐하시는 거룩한 산 제물로 드리라 이는 너희가 드릴 영적 예배니라(롬 12:1).

> 오직 너희를 부르신 거룩한 이처럼 너희도 모든 행실에 거룩한 자가 되라(벧전 1:15).

이스라엘 공동체는 하나님의 거룩한 영광을 드러내라고 많은 백성 가운데서 구별하여 세우셨으므로 반드시 거룩한 백성으로 살아야 했다. 이방인들 가운데 거룩한 삶을 드러내며 사는 것, 그것이 바로 택함 받은 공동체의 사명이었다. 거룩한 삶을 살도록 정하신 법이 '정결법(Purification)'이었다. 정결법은 부정한 것에 접촉한 자가 몸을 씻고 그 옷을 빠는 것으로 이루어졌다(레 15:8-11; 느 12:30). 이스라엘 백성들은 정결법을 잘 지킴으로써 내적인 정결, 외적인 정결, 영적인 정결의 삶을 살아야 했다. 이러한 거룩함, 구별됨은 하나님의 선택하심과 부르심에 대한 개개인의 응답을 통해서 얻어진다.

교회 시대가 열리면서 이렇게 거룩한 자, 구별된 자를 성도(聖徒)라고 불렀다. 성도는 "예수 그리스도의 보혈로 죄의 문제를 해결 받은 자요, 죄와 분리되어 구별된 삶을 살아가는 자"라는 뜻이다. 왜 예수님은 우리를 성도로 구별하여 주셨나? 토마스 아 켐피스는 『그리스도를 본받아』라는 책에서 예수님은 우리가 자신이 걸으신 길을 따라 살기를 원하신다고 말하고 있다. 우리를 성도로 부르신 이유는 바로 예수님의 길, 십자가의 길을 따라 살라고 하신 것이다. 왜냐하면 예수님의 길 끝에 생명이 있고, 구원이 있고, 천국이 있기 때문이다.

거룩은 성부, 성자, 성령, 삼위일체 하나님의 본질적인 품성이며, 거룩은 예수 그리스도의 삶, 예수 그리스도의 십자가의 길을 따라 사는 삶이다. 이렇게 이스라엘 백성에게 거룩한 삶을 살아가도록 도우시는 은총의 방편이 바로 예루살렘 성전이었고, 오늘날 교회 공동체다. 하나님은 이스라엘 공동체를 시내 산 떨기나무 가운데서 만나 주셨다. 그것을 스데반은 '광야 교회'라고 증언하였다.

하나님은 갈대아 우르에서, 하란에서, 브엘세바에서, 벧엘에서, 시내
산에서 그렇게 아브라함, 야곱, 이삭과 만나 주셨고, 시내 산에서 모세
와 이스라엘 공동체를 만나주셨다. 그리고 40년 광야 생활 가운데 성막
(Tabernacle)을 주셔서 거룩한 삶을 살게 하셨다.

사사 시대(약 350년)를 거쳐 출애굽 한 지 480년 후인 BC 957년에
솔로몬 왕에 의해 모리아 산에 성전이 지어졌다. 하지만 이 성전은 BC
586년, 바벨론의 느부갓네살 왕의 침공으로 371년 만에 파괴되었다.
48년 후에 페르시아의 고레스 왕이 조서를 내려 BC 537년에는 스룹바
벨이 중심이 되어 포로에서 1차로 돌아왔다(선지자 학개, 스가랴). 이들
은 스룹바벨의 지도 아래 성전 공사를 시작하였지만, 르훔과 서기관 심
새의 방해로 인해 12년 동안 중단되었다. BC 520년에 성전 공사 재개,
BC 516년에 예루살렘 성전이 함락된 지 70년 만에 다시 성전이 완공
되었다. 이것은 예레미야 선지자의 예언과 정확히 맞아떨어졌다. 성전
완성의 기쁨도 잠시, 이스라엘 공동체는 다시 제사와 상관없이 살았다.
먹고 살기 바빴고, 우상 숭배에 빠져서 하나님을 멀리했다.

그렇게 시간이 흐른 뒤 BC 458년, 에스라에 의해 2차 포로 귀환이
이루어졌다. 에스라의 주도로 신앙 부흥 운동이 일어났지만, 그것도 어

느새 사그라들었다. 그리고 BC 444년에 느헤미야에 의해 3차 포로 귀환이 이루어졌다. 느헤미야는 무너진 성벽을 불과 52일 만에 중수한다. 이것은 하나님이 함께하지 않으면 도무지 할 수 없는 일이었다. 중수된 성벽 앞에서 느헤미야와 에스라는 다시 강력한 회개 운동을 일으킨다.

이스라엘 백성들은 하나님 중심의 삶과는 거리가 멀었다. 그 증거가 바로 스룹바벨 성전에서 제사를 드리지 않았다는 것이었다. 하나님께서 왜 솔로몬에게 성전을 짓게 했을까? 왜 스룹바벨에게 성전을 재건하게 했을까? 예루살렘 성전이 우뚝 서 있으니 나는 무슨 짓을 하더라도 거룩한 백성, 선민이라고 착각하며 살라는 것인가? 아니다. 그 성전의 제사, 예배를 통해서 하나님의 거룩한 백성의 삶을 살라는 것 아니던가!

이스라엘 공동체가 왜 우상을 섬기고 타락했을까? 그것은 백성들이 야훼 하나님께 제사를 드리지 않았기 때문이다. 그들이 예루살렘 성전을 버렸기 때문이다. 왜 예루살렘 성전을 멀리했을까? 자신들이 구별된 백성, 거룩한 백성이라는 사실을 망각했다. 먹고 살기 바빴다. 돈을 많이 벌고 싶다는 각종 이유로 이방인들과 혼인했고 거룩한 삶을 포기하였다. 그런데 예루살렘 성전을 버린 대가는 참혹하였다. 성전이 불타버렸다. 나라가 멸망하였다. 포로가 되었다. 성전의 제사가 사라지자 레위인들과 제사장들의 타락이 뒤를 이었다. 제사를 드리지 않으니 레위인들과 제사장들은 먹을 것을 해결하지 못했기 때문이다. 각 지파에서 레위 지파를 위해 기업을 나누어 줄 책임이 있었다. 그 기업은 단순히 구제나 나눔의 차원이 아니라 하나님께 드리는 제물이었다. 그 제물은 바로 이스라엘 공동체의 영적 상태와 밀접하게 연결되어 있었다. 그래서 이스라엘 공동체가 하나님을 잘 섬기면 레위 사람들의 기업이 풍성해졌고, 반대로 우상을 섬기고 타락하면 레위 사람들 가운데 굶는 경우도 발생하였다. 제물은 자신의 영적 상태를 드러내는 거울과도 같다. 제물이 없고, 예물이 없는 것은 하나님을 사랑하지 않는다는 증거다. 레위 지파는 다른 지파처럼 가나안 족속과 싸워서 차지할 기업은 없지만 싸워야 할 것이 있는데 바로 이스라엘 공동체의 영적 건강을 위한 싸움이다. 이스라엘 공동체의 영적 건강을 책임지는 것은 어느 지파의 기업보다도 막중한 것이었다. 이스라엘 공동체의 성전 제사와 레위인과 제사장의 삶은 떼려야 뗄 수 없는 관계였다. 이스라엘 백성들의 구별된 삶, 거룩한 삶, 성전 제사의 삶이 무너졌을 때 이스라엘 공동체는 결국 파괴되었다.

오늘 교회 공동체도 마찬가지다. 성도들이 거룩한 삶, 구별된 삶을 포기하면 성도들의 삶이 무너질 뿐만 아니라 목회자들도 타락할 수밖에 없다. 구별됨, 거룩함을 잃어버린 성도는 제물도 없고 제사도 없다. 백성들이 제사를 통해 레위인들과 제사장의 생활을 감당한 것처럼 성도의 예물을 통해 교회는 교회의 본질인 복음 사역과 유지 그리고 목회자들과 직원들의 생활을 감당해야 한다. 대한민국 국민이면 납세의 의무가 있는 것처럼, 천국 백성으로서 성도는 하나님의 나라를 위하여 헌금의 의무와 책임이 있다. 건강한 믿음의 공동체, 아름다운 교회가 되려면 하나님 앞에서 정직한 헌금 생활을 하고 열정적으로 헌신해야 한다. 목회자들은 성도들의 영적 건강을 위해 부지런함과 열심으로 사역

해야 한다. 그래야 그 건강한 공동체를 통해서 하나님의 영광을 드러내고 선교적 사명을 감당할 수 있게 된다.

이스라엘 백성들이 하나님 앞에서 언약을 갱신하는 핵심이 무엇일까? 하나님의 전을 버리지 않겠다고 하는 것이다.

우리가 우리 하나님의 전을 버려두지 아니하리라(느 10:39).

예루살렘 성전이 구별된 백성으로 살아가게 하는 출발점인 것처럼 주님께서 피로 값 주고 사신 교회 공동체 역시 하나님의 거룩한 자녀로 살아가게 하는 출발점인 것이다.

오늘날 거룩한 교회 공동체가 곳곳에서 무너지고 있고 문을 닫고 있다. 많은 크리스천들이 교회 공동체를 떠나고 있다.

이 시간 이렇게 결단하길 원한다.

"우리가 하나님의 전을 버려두지 않겠습니다."

"우리가 주님의 몸 된 교회를 버리지 않겠습니다!"

## 13장

# 거룩한 처소를 지키라!

백성의 지도자들은 예루살렘에 거주하였고 그 남은 백성은 제비 뽑아 십분의 일은 거룩한 성 예루살렘에서 거주하게 하고 그 십분의 구는 다른 성읍에 거주하게 하였으며(느 11:1).

옛말에 말은 나면 제주도로 보내고, 사람은 나면 서울로 보내라고 하였다. 한 나라의 수도는 경제, 교육, 문화, 예술, 교통 등의 인프라가 잘 발달하였기 때문에 각종 혜택을 누릴 수 있기 때문이다.

이스라엘의 수도는 텔아비브다. 그런데 지난 2017년 12월 6일 미국 대통령 트럼프는 이스라엘의 수도를 텔아비브가 아닌 예루살렘이라고 선언하고, 텔아비브에 있는 미국 대사관을 예루살렘으로 이전할 계획을 마련하라고 지시하였다. 이스라엘 땅 안에는 요르단 강 서안과 가자 지구 두 곳에 팔레스타인 자치기구가 있다. 국제사회는 이스라엘과 팔레스타인을 두 국가로 여기고 있고, 부시 전 대통령이나 오바마 전 대통령도 이스라엘의 평화를 위한 방법으로 두 국가 안을 지지해 왔다. 그러나 이스라엘은 하나의 국가를 고집하고 있고 팔레스타인을 국가로 인정하려고 하지 않았다. 트럼프의 이 선언은 중동의 화약고에 기름을 붓는 격이었다. 팔레스타인 무장 정파 하마스는 '지옥의 문을 연 결정'이라고 말했고, 카타르 외무장관 셰이크 알타니는 '평화를 추구하는 모든 이들에게 내려진 사형선고'라고 말했다. 물론 지금의 바이든 미국 대통령은 2국가 해법을 지지하는 입장이다.

어느 대륙이든지 전쟁이 없었던 땅은 없었다. 이스라엘 땅은 지난 천 년 동안 종교 전쟁 지역이었다. 예루살렘은 '평화의 성읍'이란 뜻으로, 유대교, 기독교, 이슬람교의 성지이기도 한데, 이곳이 세계의 화약고인 것은 아이러니가 아닐 수 없다.

BC 1876년경 야곱은 열한 명의 아들을 포함하여 70명의 가족을 데리고 요셉이 있는 이집트의 고센지역으로 이동하였다. 요셉의 시대에는 환대를 받았으나, 요셉이 죽자 이집트의 왕들은 번성하는 히브리 민족을 두려워하여 그들을 노예로 삼아 버렸다. 애굽에 온 지 430년이 지나는 동안 70명의 식구는 약 200만 명으로 늘어났다. 결국 BC 1446년에 하나님은 모세를 통하여 이스라엘 민족을 출애굽 시키셨고, 40년 광야 생활을 한 후에 BC 1406년에 가나안에 들어가게 하셨다. 그리고 여호수아의 7년 가나안 정복 전쟁을 통해 예루살렘을 정복하였다. 약 350년간의 사사 시대를 거쳐 BC 1050년에 베냐민 지파 기스의 아들 사울(BC 1050-1010년)이 40세에 이스라엘 초대 왕으로 세워졌다. 사울은 40년을 통치하고 길보아 산 전투에서 블레셋에게 패하여 스스로 칼에 엎

드러져 죽었다. 사울의 뒤를 이어 사위 다윗이 BC 1010년에 2대 왕에 올라 40년 동안 통치하였다. 다윗은 예루살렘에 살고 있던 여부스 사람을 쳐서 예루살렘을 정복하여(삼하 5:6) 이스라엘의 수도로 삼았다. BC 586년에 남유다가 바벨론에 멸망 당한 후 페르시아, 그리스, 로마, 오스만투르크와 십자군 시대를 거치면서 이스라엘은 수탈과 전쟁의 역사를 머금은 곳이 되었다. 그러다가 1948년 데이비드 벤구리온에 의해 다시 건국하게 되었다.*

수도는 그 나라 자체와도 같은 도시다. 그래서 수도에는 왕이나 대통령이 있다. 수도는 외부로부터의 안보를 강화하고, 내적으로는 행정, 경제, 교육, 문화, 예술 등의 중심 역할을 한다.

자! 지금 느헤미야가 성벽을 재건하고, 언약을 갱신하여 인봉하고, 11가지의 회개 운동을 펼치고 있다. 그 핵심은 앞에서 살펴본 예루살렘 성전을 버리지 않겠다는 언약이었다. 성전을 버리지 않기 위해서는 무

---

* BC 1876년: 야곱의 이주(70명)
 BC 1446년: 출애굽
 BC 1406년: 가나안에 입성
 BC 1406-1399년: 7년 가나안 정복 전쟁
 BC 1399-1050년: 350년 사사 시대
 BC 1050년: 이스라엘의 초대 왕 사울(BC 1050-1010년)
 BC 1010-970년: 2대 왕 다윗
 BC 970-930년: 3대 왕 솔로몬
 BC 931년: 4대 왕 르호보암, 남북 왕국으로 분열
 BC 722년: 북이스라엘 호세아 왕, 앗시리아에 멸망
 BC 586년: 남유다 시드기야 왕, 바벨론에 멸망
 1948년: 데이비드 벤구리온, 이스라엘 건국

엇보다도 정기적으로 제사를 드려야 한다. 예루살렘 성전에서 제사를 드리기 위해서는 반드시 예루살렘 성을 지켜내야 한다. 참된 제사를 드리고 싶어도 외부로부터 침략을 당하면 드릴 수가 없다. 또한 예루살렘 성은 지켰지만 성전에서 제사를 드리지 않으면 결국 성도 허물어지고, 성전도 허물어지고, 나라도 멸망 당한다는 것도 이미 경험해 알고 있다.

그래서 느헤미야 총독은 이스라엘 백성들과 예루살렘 성전을 버리지 않겠다고 언약을 갱신하여 인봉하였으며, 나아가 예루살렘 성을 지키기 위해 백성들의 거주지를 재배치하였다. 느헤미야는 먼저 백성들의 지도자들을 예루살렘에 머물게 하였다. 노블레스 오블리주(Noblesse oblige), "귀족은 의무를 진다"는 말처럼 부와 권력은 그에 따르는 책임과 의무를 수반해야 하며, 사회 지도층은 그 위치에 걸맞은 모범을 보일 때 백성들로부터 신뢰와 존경을 받는다. 느헤미야는 바로 그것을 실행하고 있었다. 또한 예루살렘 성이 아닌 타 지역에 살고 있던 지도자들을 예루살렘으로 돌아오게 하였다. 그리고 제비를 뽑아 백성들의 10%를 예루살렘으로 이주시켜 성을 지키게 하였다. 이스라엘 백성들은 중요한 문제를 결정할 때 제비를 뽑았다.

제비는 사람이 뽑으나 모든 일을 작정하기는 여호와께 있느니라(잠 16:33).

느헤미야 총독이 이렇게 백성들의 10%를 예루살렘 성에 살도록 조치한 이유가 무엇일까? 앞서 말씀드린 것처럼 수도에 모든 인프라가 잘 발달되어 있다면 너 나 할 것 없이 서로 수도에 살겠다고 하지 않을까? 그러나 당시 이스라엘 백성들은 수도에 살기를 꺼려하였다. 예루살렘 성은 이방 민족의 잦은 공격의 주요 타깃이었기 때문이다. 다시 말해 예루살렘에 사는 것은 오늘날처럼 많은 혜택을 누리는 것이 아니라 도리어 많은 위험에 노출되어 사는 것이었다. 예루살렘 이외의 지역에서 사는 것보다 훨씬 더 위험을 감수하고 살아야 했다.

> 예루살렘에 거주하기를 자원하는 모든 자를 위하여 백성들이 복을 빌었느니라(느 11:2).

'자원하는 자'란 예루살렘에 스스로 이주해서 살기를 원하는 사람이기보다는 제비에 뽑혀서 기쁜 마음으로 가는 사람들이라고 보는 것이 타당하겠다. 왜 기쁜 마음일까? 제비에 뽑힌 것을 하나님의 선택으로, 하나님의 뜻으로, 하나님의 섭리와 인도로 이해했기 때문이다. '자원하는'에 해당하는 히브리어 '나다브(נָדַב)'는 마땅히 행해야 할 의무를 기꺼이 할 때 사용되는 단어다. 이스라엘 백성들은 자원해서 예루살렘 성에 거주하겠다는 자들을 위하여 하나님의 복을 빌었다.

다윗 왕 시대에는 예루살렘 면적이 6헥타르, 인구는 2,000명이었고, 솔로몬 왕 시대에는 13헥타르로 늘었으며, 히스기야 왕 때는 50헥타르까지 늘었다. 느헤미야 때는 다시 면적이 12헥타르, 인구 4,500-5,000명으로 줄어들었다.

느헤미야서 11장에 보면 예루살렘에 거주해야 할 유다와 베냐민 지파의 지도자들이 각각 468명과 928명이었다고 기록되어 있다. 당시 유다 지파와 베냐민 지파가 예루살렘에 거주하는 주요 구성원이었다는 것이다. 제사장과 성전에서 일하는 형제가 822명, 족장이 242명, 큰 용사들 128명, 레위 사람은 모두 284명이었다. 문지기 172명이었다. 이들은 예루살렘 성을 지키기 위해 목숨을 내 놓은 전사들이었다. 이 두 지파 외에도 예루살렘 성전과 백성들을 섬기기 위해서 에브라임 지파, 므낫세 지파 등이 예루살렘에 거주하게 되었다(대상 9:3).

베냐민 지파의 시그리의 아들 요엘은 예루살렘 성을 방어하는 사령관이 되었고, 핫스누아의 아들 유다는 부사령관이 되어, 총독 느헤미야의 지휘를 받았다. 느디님 사람들은 원래 이방인으로서 유대 사회에서 '천민 계급'이었으나 개종하여 이스라엘 구성원에 가입이 되었다(스 2:43). 성전에서 노동력을 제공하였으며 유대인들의 포로 귀환 시에 같이 귀환한 사람들이었다.

예루살렘! 그 성은 '거룩한 성', '신의 도성'이었다. 왜냐하면 그 성 안에는 예루살렘 성전이 있었기 때문이다. 예루살렘은 특권을 누리는 도시가 아니었다. 오히려 예루살렘 성에 거주하는 것이 다른 지역에 거주하는 것보다 더 고단하고 위험한 곳이었다. 예루살렘 성에 머무는 것은 생명의 위협조차 기꺼이 감수하는 일이었다. 자신의 생명을 온전히 하나님께 의탁하는 삶이었다. 나아가 다른 이스라엘 백성보다도 더 성실히 살고, 더 거룩하게 살고, 더 하나님을 사랑하며 살아야 할 책임이 있었다.

오늘 우리가 버리지 말아야 할 성전은 성령의 전인 우리 자신(고전

3:16, 6:19)이요, 주님께서 피로 값 주고 세우신 교회 공동체인 것이다.

주님은 이렇게 기도하라고 가르치셨다.

"나라가 임하시오며."

하나님의 나라가 어디에 임해야 할까?

우리가 지켜야 할 거룩한 성은 어디인가?

# 14장

# 개혁하는 삶

내가 이와 같이 그들에게 이방 사람을 떠나게 하여 그들을 깨끗하게 하고 또 제사장과 레위 사람의 반열을 세워 각각 자기의 일을 맡게 하고 또 정한 기한에 나무와 처음 익은 것을 드리게 하였사오니 내 하나님이여 나를 기억하사 복을 주옵소서(느 13:30-31).

한 나라의 흥망성쇠, 한 기업의 흥망성쇠, 한 가정의 흥망성쇠는 결국 한 사람의 리더에게 달려있다고 해도 과언이 아닐 것이다. 리더가 어떤 리더십을 발휘하느냐에 따라 흥하기도 하고 망하기도 한다. 그래서 사탄은 항상 리더를 공격하여 무너뜨리려고 한다. 리더가 살면 가정이 살고, 리더가 살면 교회가 살고, 리더가 살면 기업이 살고, 리더가 살면 나라가 산다.

느헤미야는 성경에 나오는 리더들 가운데 탁월한 리더였다. 페르시아의 식민지로 전락한 예루살렘의 총독으로 부임하여 백성들의 무너진 자존감을 회복시키고, 신앙을 새롭게 하였다. 이러한 느헤미야의 신앙과 리더십을 '하나님 중심의 리더십'이라고 부르겠다.

그렇다면 나는 누구 중심의 신앙생활을 하고 있는가? 그가 어떤 신앙의 중심을 가졌는지는 그의 언행을 보면 알 수 있다. 말씀을 청종하는지, 순종하는지 아니면 말씀을 한쪽 귀로 듣고 흘려보내며 여전히 내 생각대로 사는지 …

느헤미야는 어떻게 하나님 중심의 신앙을 가졌을까? 하나님은 온 우주 만물을 창조하신 분이요, 우리의 생사화복을 주관하실 뿐 아니라 현재 우리의 삶을 보고 계시며 기억하시는 분임을 알고 있었기 때문이다. 과거에 함께 하신 하나님, 미래에 함께 하실 하나님도 중요하지만 정말 중요한 것은 'Here and now(지금 여기에)', 현재에 함께 하시는 하나님인 것이다.

누가 나를 기억하고 선물 하나만 보내주어도 얼마나 감사하겠는가? 지난주 수요일에 떡 한 상자가 교회로 배달되었다. 모 집사님이 보내신 것이었다. 금요일 오후에는 집사님 한 분이 귤 한 상자를 들고 오셨다. 물론 부교역자와 직원과 '신앙의 토대' 학습자들과 나누어 먹었다. 참으로 고맙고 기쁘고 감사했다. 누군가 나를 귀하게 기억해 준다는 것 자체가 행복한 일인 것이다. 그런데 창조주 하나님이 나를 기억해 주신다. 이것이 사랑이요, 은혜요, 복음이요 구원이다.

어떻게 하면 하나님의 은혜와 복을 받는 인생이 되는가? 하나님께서 기억해 주셔야 한다. 총독 느헤미야는 자신이 행한 일을 기억해 달라고 다섯 번 기도하였다. 그중에 네 번은 자신에게 은혜와 복을 달라고 기도하고, 나머지 한 번은 백성들의 죄악을 기억하사 하나님의 심판을 보여 달라고 기도하였다.

> 내 하나님이여 내가 이 백성을 위하여 행한 모든 일을 기억하사 내게
> 은혜를 베푸시옵소서(느 5:19).

> 내 하나님이여 이 일로 말미암아 나를 기억하옵소서 내 하나님의 전
> 과 그 모든 직무를 위하여 내가 행한 선한 일을 도말하지 마옵소서(느
> 13:14).

> 내가 또 레위 사람들에게 몸을 정결하게 하고 와서 성문을 지켜서 안
> 식일을 거룩하게 하라 하였느니라 내 하나님이여 나를 위하여 이 일
> 도 기억하시옵고 주의 크신 은혜대로 나를 아끼시옵소서(느 13:22).

> 또 정한 기간에 나무와 처음 익은 것을 드리게 하였사오니 내 하나님
> 이여 나를 기억하사 복을 주옵소서(느 13:31).

> 내 하나님이여 그들이 제사장의 직분을 더럽히고 제사장의 직분과
> 레위 사람에 대한 언약을 어겼사오니 그들을 기억하옵소서(느 13:29).

느헤미야는 자신을 하나님께서 기억해 주시는 것이 바로 은혜요, 복
임을 알고 있었다. 그러므로 하나님이 기억할 만한 삶이 있어야 한다.
오늘 우리가 누리는 영육 간의 은혜와 복은 하나님이 기억하시는 대로

의 결과임을 알아야 한다. 느헤미야는 자신이 행한 것을 하나님이 기억하시고 그 기억대로 은혜와 복을 주시기를 기도하였다. 만약 기억해 주실 만한 선한 행위가 나에게 없다면 부끄러워하고 회개해야 한다. 회개의 자리가 없는 성도, 회개할 줄 모르는 신앙이란 이미 심판의 자리에 서 있는 것임을 알아야 한다. 하나님은 우리가 이 땅 위에서 어떻게 살아가고 있는지 보고 계신다. 그리고 그 삶을 기억하신다. 그러므로 우리는 'Coram Deo(하나님 앞에서)'의 의식으로 살아야 한다. 그래야 경건하고 겸손하며 헌신하는 삶을 살 수가 있다.

느헤미야는 페르시아 아닥사스다 왕 20년, 3차 포로 귀환 때에 백성들과 함께 유다로 와서 무너진 성벽을 재건하였다(약 2.4km 정도, 북쪽 중간에서 시작하여 동쪽으로). 산발랏, 도비야, 게셈 등의 외부 방해자들, 그들과 야합하는 유다 사람들의 방해(10번)를 물리치고 52일 만에 중수하였다. 산발랏, 도비야, 게셈은 이방인이었기 때문에 방해할 수 있다고 치자. 더 나쁜 것은 그 방해자들과 한패가 되어 자신의 이익을 추구하는 동족 유대인들이었다.

느헤미야는 12년 동안 총독으로 재임하면서 유대 백성들로부터 얼마든지 양식과 포도주와 은 사십 세겔을 받을 수 있었지만 받지 않았다. 왜 이렇게 살았을까? 하나님을 경외했기 때문이다(느 5:15). 느헤미야는 하나님이 내 삶을 지켜보고 계신다는 것을 의식하며 살았다. 느헤미야는 좌고우면(左顧右眄)하지 않고 오직 하나님만을 바라보며 지속적으로 신앙의 개혁을 추진하였다. 또한 이스라엘 백성들 가운데 가만히 들어온 우상을 끊어 내기 위하여 암몬 사람과 모압 사람을 하나님의 총회에서 제외시켜 유대 백성들 가운데서 분리하였다. 이렇게 하여 이스라엘 백성들은 12년 동안 신앙이 회복되고 성전 중심의 삶을 살아갔다. 느헤미야의 신앙 개혁은 다 이루어진 것처럼 보였다.

그러나 사탄은 항상 틈새를 노리고 기회를 노린다. 사탄이 그저 바라만 보고 있을 리 만무하다. 이스라엘 백성들의 신앙이 회복되고 성전 중심의 삶을 살게 그냥 내버려 두겠는가? 느헤미야가 페르시아로 잠시 돌아갔을 때 역습하였다.

여러분은 성실하고 부지런한가? 사탄은 더 성실하고 더 부지런하다. 우리가 열심히 하나님을 믿지만, 사탄은 더 열심히 하나님을 반대하고, 우리가 열심히 순종하고 헌신하지만, 사탄은 더 열심히 불순종하고 배반하도록 유혹한다. 창세(創世) 이래로 마귀는 줄기차게 하나님을 반대하고 주님의 몸 된 교회와 복음을 반대하였다. 그것이 마귀의 정체성이기 때문이다. 사탄은 거짓의 아비요, 자기 지위를 지키지 아니한 자요, 악의 영이요, 불순종의 영이요, 광명의 천사로 가장하는 자요, 온 천하를 꾀는 자요, 죄를 짓게 하며 우는 사자 같이 삼킬 자를 찾는 자다. 하나님은 범죄한 천사들을 용서하지 않고 지옥 심판에 던지신다(벧후 2:4).

느헤미야 총독이 12년을 통치하고 페르시아 아닥사스다 왕 32년에 잠시 페르시아로 가서 며칠 후에 돌아왔다.

그때에는 내가 예루살렘에 있지 아니하였느니라 바벨론 왕(페르시아) 아닥사스다 삼십이 년에 내가 왕에게 나아갔다가 며칠 후에 왕에게 말미를 청하고(느 13:6).


'며칠 후'는 '날들의 끝에'라는 뜻으로 페르시아로 온 지 1년이 될 무렵을 의미한다. 느헤미야가 1년 동안 예루살렘을 비운 사이에 문제가 생긴 것이다. 이스라엘 백성들은 어느새 12년 전 언약의 갱신을 잊어버리고 안식일을 범하였다. 이방 사람과 통혼하고, 이방 사람을 예루살렘에 거주하게 했고, 제사도 드리지 않았다. 한술 더 떠서 대제사장 엘리아십은 도비야를 위하여 하나님의 성전 뜰에 방을 만들어 주었다. 그 방이 어떤 방이냐 하면 백성들이 드린 십일조 제물과 각종 제사를 드린 제물을 보관하는 방이었다. 그 방을 비운다는 것은 제사를 드리지 않았다는 증거였다.

도비야가 누구인가? 12년 전 성벽을 중수할 때 방해한 암몬 족속이다. 사마리아의 총독이었던 산발랏의 주구(走狗), 앞잡이였다. 그런 방해자요, 대적자를 위하여 대제사장 엘리아십이 예루살렘 성전 뜰에 방을 만들어 주었다. 왜 그렇게 했을까?

> 대제사장 엘리아십의 손자 요야다의 아들 하나가 호론 사람 산발랏의 사위가 되었으므로(느 13:28).


대제사장 엘리아십의 손자, 요야다의 아들 중 하나는 요나단이 아닌 다른 사람을 말한다. 느헤미야서 12장 10-11절에 보면 '엘리아십은 요야다를 낳고 요야다는 요나단을 낳고'로 나온다. 느헤미야서 12장에서는 이 요나단의 이름이 기록되었는데 13장 28절에는 기록되지 않은 것으로 보아, 산발랏의 사위가 된 대제사장의 손자는 요나단이 아닌 다른 손자이었을 것으로 추정할 수 있다. 이 사람은 이방인과 이혼하기를 거절하고 예루살렘으로 쫓겨나 사마리아 장인 집으로 갔을 것이다. 대제사장의 손자가 이방 사람의 사위가 되었다. 누구보다도 하나님과의 언약을 지켜야 할 대제사장, 백성들이 하나님 중심의 신앙생활을 하도록 돌보아야 하는 대제사장이 앞장서서 이방 족속과 혼인하며 하나님과의 언약 갱신을 무효화시켰다. 한마디로 대제사장의 영적 야합이었고 영적 타락이었다. 느헤미야를 도와 예루살렘의 무너진 성을 중수하고 불탄 성문을 다시 달도록 동역한 대제사장 엘리아십이 배도한 것이었다. 성전에서 날마다 믿음을 새롭게 함으로 변화되어야 하는데 변화가 아니라 변질되었다. 대제사장이 영적으로 앞장서서 타락하니 예루살렘 성전 제사가 이루어질 리 만무하며, 백성들은 십일조를 드리지 않았고, 레위 사람들은 생계유지를 위하여 밭으로 나갔던 것이다. 느헤미야는 분개하며 강력하게 책망하였다.

> 내가 모든 민장들을 꾸짖어 이르기를 하나님의 전이 어찌하여 버린 바 되었느냐 하고 곧 레위 사람을 불러 모아 다시 제자리에 세웠더니 (느 13:11).

12년 전 이스라엘 백성들이 예루살렘 수문 앞 광장에 모여 어떤 언약의 갱신을 하였을까?

우리의 딸들을 이 땅 백성에게 주지 아니하고 우리의 아들들을 위하여 그들의 딸들을 데려오지 아니하며(느 10:30).

우리가 우리 하나님의 전을 버려 두지 아니하리라(느 10:39).

이렇게 언약을 하고 12년이 흐른 뒤 지도자 느헤미야가 자리를 비우자, 곧바로 이방인과 혼인하였다. 하나님의 성전을 버리고 제사를 중단했으며 안식일을 범하였다. 이방 두로 사람이 다시 예루살렘에 와서 살고(느 13:16), 유다 백성이 아스돗과 암몬과 모압 여인과 혼인하여 자녀들이 유다 말을 하지 못하였다. 느헤미야는 그들을 책망하고 저주하며 때리고 머리털을 뽑았다(느 13:25). 느헤미야는 솔로몬 왕이 이방 여인을 아내로 삼아 모든 악을 행한 것을 상기시키며 대제사장 엘리아십의 손자 부부를 쫓아내었다. 이방 사람을 예루살렘에서 추방하고, 백성들을 성결하게 하고, 제사장과 레위 사람의 일을 다시 회복시켜 주었다. 이렇게 느헤미야의 개혁은 1차와 2차에 걸쳐서 이루어졌다.

이제 느헤미야의 말씀을 마치고자 한다. 느헤미야를 묵상하면서 얼마나 고통스러운 나날이었을까를 깊이 느낄 수 있었다. 우리의 신앙이 성장하고 성숙함으로 변화되기는 어렵지만, 변질되고 타락하는 것은 한 순간이다. 성전을 무너뜨리는 것도 어렵지 않았다. 성(城)을 잃는 것은 언제든지 가능한 일이다. 성도는 영적으로 깨어있어야 한다. 날마다 하나님의 말씀 앞에서 개혁하는 신앙이 없다면 주님께서 성전 삼은 나도, 성으로 삼으신 가정과 교회 공동체도 얼마든지 무너질 수 있는 것이다.

　오늘 이 시대는 믿음을 버리기가 매우 쉬운 시대다. 예배를 드릴 이유보다는 안 드릴 이유가 더 많다. 그러나 그리스도인은 어떤 상황에서도 예배를 드려야 한다. 왜냐하면 주님께서 지켜보고 계시기 때문이다. 우리 모두가 믿음의 길에서 하나님 보시기에 기억할 만한 선하고 아름다운 사역으로 삶을 채워 나가길 바란다.

　내 하나님이여 나를 기억하사 복을 주옵소서(느 13:31).

3부

# 드러내고

## 영광으로 유턴(U-turn)

# 1장

# 영광이 떠난 자리

이르기를 영광이 이스라엘에서 떠났다 하고 아이 이름을 이가봇이라 하였으니 하나님의 궤가 빼앗겼고 그의 시아버지와 남편이 죽었기 때문이며(삼상 4:21).

우리가 이 세상에 존재하는 이유는 하나님의 천지창조가 있었기 때문이다. 철학적으로 표현하면 우리가 생각하기에 존재하는 것이 아니라, 존재하기 때문에 생각할 수 있게 된 것이다. 그 존재를 가능하게 하신 분이 바로 창조주 야훼 하나님이시다. 사람의 존재 가치는 바로 창조주 하나님께 있다. 특별히 사람을 창조하실 때 다른 피조물과는 달리 하나님의 형상을 따라 지으셨다. 하나님과 사랑하며 소통하는 관계로 창조하셨다. 여기에 인간의 존귀함이 있다. 그런데 그 하나님은 우리를 얼마나 사랑하시는지 그가 지으신 사람의 몸을 입고 이 땅에 오셨다.

하나님이 세상을 이처럼 사랑하사 독생자를 주셨으니 이는 그를 믿
는 자마다 멸망하지 않고 영생을 얻게 하려 하심이라(요 3:16).

교회의 영광은 성령 하나님의 임재에 있고 성령 하나님이 떠나시면
교회는 존재의 의미가 없다. 하나님의 영이 임재하지 않는 교회, 하나
님의 영광이 사라진 교회, 성령 충만을 받지 못한 교회는 이미 하나님
의 심판을 받은 것이다. 하나님의 영광의 임재, 성령의 충만함이 가득
한 교회는 성도들이 기쁜 마음으로, 사모하는 마음으로 모인다. 마음을
다하고 뜻을 다하고 힘을 다하여 찬양하고 하나님의 말씀에 귀를 기울
인다. 그리고 거룩한 헌신으로 나아간다. 그러한 예배로 드려지기를 원
한다.

반면에 성령의 임재가 사라진 교회는 예배 대신에 각종 세미나와 프
로그램으로 가득 채우려고 한다. 이것은 마치 어린아이가 밥은 외면하
고 늘 사탕이나 과자로 배를 채우려는 것과 마찬가지다. 밥 먹기를 싫
어하고 과자를 좋아하는 아이는 건강할 수 없다.

누가복음 10장에 주님은 제자들에게 복음 메시지를 선포하라고 위
탁하신다. 그 복음 메시지의 핵심은 '하나님의 우주적 통치를 선포하
라'는 것이었다.

하나님의 나라가 너희에게 가까이 왔다(눅 10:9).

먼저는 하나님의 평화, 곧 만물을 통치하시고 회복시키시는 그분의

사랑과 은혜를 선포하라는 것이다. 또한 그들과 더불어 빵을 나누고 그들에게 환대를 베푼 사람들에게 하나님의 나라가 가까이 왔다고 선포하라는 것이다. 갈릴리 호수 근처의 사람들에게 또는 두로와 욥바 해변 지역의 사람들에게 저녁 식탁에서 빵을 나눈 후 하나님 나라가 가까이 왔다는 선포와 그 말을 듣는 장면을 상상해 보라! 그들에게 '나라' 또는 '왕국'은 로마제국, 식민지 이전, 남유다와 북이스라엘이 멸망되기 전, 다윗 왕국의 영화롭던 시절이었을 것이다. 하나님의 영광과 임재는 오직 예루살렘 성전에서만 구할 수 있다고 생각했다.

그런데 예수님은 예루살렘뿐만 아니라 삶의 자리에서도 하나님의 통치와 임재와 영광을 누리라고 선포하셨다. 하나님의 영광은 예루살렘 성전에만 있는 것이 아니라고 말씀하신다. 우리의 오래된 신앙 관습도 마찬가지이다. 하나님의 임재와 영광은 예배의 자리에 역사하신다. 또한 이웃과의 관계, 다른 사람들과의 협력 속에서 역사하시며, 개인과 가정의 삶 속에서 믿음으로 살아낼 때 하나님의 영광과 임재가 드러나게 된다.

출애굽기 33장에 보면 모세가 하나님의 영광을 보여 달라고 요청하자 이렇게 대답하신다.

모세가 이르되 원하건대 주의 영광을 내게 보이소서(출 33:18).

네가 내 얼굴을 보지 못하리니 나를 보고 살 자가 없음이니라(출 33:20).

내 영광이 지나갈 때에 내가 너를 반석 틈에 두고 내가 지나도록 내 손으로 너를 덮었다가 손을 거두리니 네가 내 등을 볼 것이요 얼굴은 보지 못하리라(출 33:22-23).

그리고 하나님의 등을 보여 주셨다(출 33:23). 구약 시대 모세는 호렙 산에서 하나님의 얼굴을 보여 달라고 요청하였지만 하나님은 거절하셨다. 그것은 모세를 위한 것이었다. "모세야, 미안하지만 네가 나를 보는 순간 죽고 만다." 왜 죽는가? 죄 때문이다. 이 세상에 죄 없는 사람은 없다. 모세 역시 죄인이다. 그러니 거룩하신 하나님의 얼굴이 내 앞에 있다 해도 볼 수 없는 것이다. 하나님은 하나님의 등을 보여 주심으로 그 영광을 드러내 보여 주셨다.

그러나 사도 요한은 예수님과 걸었고, 말씀을 나누었고, 식사도 같이 했으며 같이 잠도 잤다. 변화 산에서는 하나님의 영광의 모습도 보았다.

본래 하나님을 본 사람이 없으되 아버지 품 속에 있는 독생하신 하나님이 나타내셨느니라(요 1:18).

사람이 되신 하나님! 인간 역사에 가장 위대한 일은 창조주 하나님께서 피조물인 사람의 모습으로 우리에게 오신 것이다. '하나님의 자기 계시' 사건이다.

요한복음 14장에 보면 제자 빌립이 예수님께 이렇게 요청한다.

주여 아버지를 우리에게 보여 주옵소서 그리하면 족하겠나이다(요 14:8).

그러자 주님께서 대답하셨다.

빌립아 내가 이렇게 오래 너희와 함께 있으되 네가 나를 알지 못하느냐 나를 본 자는 아버지를 보았거늘 어찌하여 아버지를 보이라 하느냐 내가 아버지 안에 거하고 아버지는 내 안에 계신 것을 네가 믿지 아니하느냐 내가 너희에게 이르는 말은 스스로 하는 것이 아니라 아버지께서 내 안에 계셔서 그의 일을 하는 것이라(요 14:9-10).

법궤는 하나님의 영광의 임재를 상징한다. 그 법궤 안에는 모세가 받은 십계명을 담은 돌판이 있었다. 이 돌판의 십계명은 하나님께서 친히 써 주신 유일한 문자다. 그것은 율법의 상징, 말씀의 상징이다. 그리고 그 안에 아론의 싹 난 지팡이와 만나를 담은 항아리가 있었다. 만나는 거둔 지 하루가 지나면 벌레가 생기고 썩었지만 유일하게 법궤 안에 둔 그 항아리 안의 만나는 썩지 않았다. 아론의 싹 난 지팡이도 그 싹이 여전했다. 이것은 무슨 뜻인가? 여호와의 영광이 있는 곳에 영원한 생명의 역사가 있다는 것이다. 하나님의 영광의 임재를 경험하는 성도들에게 영원한 생명의 역사가 임하는 줄 믿는다!

그런데 하나님의 법궤를 자신의 영광을 위한 수단으로 이용하려 했던 엘리 제사장의 아들 홉니와 비느하스가 죽었다. 하나님의 영광을 자신의 영광을 위한 수단으로 이용하려는 그리스도인들이 오늘은 없는가?

해산의 자리는 고통의 자리요, 그 고통은 또 다른 생명의 탄생을 알리는 기쁨의 자리요, 영광의 자리다. 마땅히 해산한 여인은 축하를 받아야 하고, 돌봄과 수고에 대한 위로를 받아야 한다. 딸이 시집을 가서 출산을 하면 친정 엄마가 쫓아가서 산후 조리를 한다. 그 산간(産看)은 바로 엄마의 위로요, 격려요, 사랑이요, 축복이다. 여성이 출산을 하고 나면 저절로 몸이 회복되는 것이 아니다. 원래 몸 상태로 돌아가기 위해서는 출산 후 올바른 산후 조리를 해야 한다. 여성의 몸은 임신과 출산을 통해 많이 쇠약해진다. 6-8주의 산욕기 때 산후 조리를 잘하지 못하면 평생 후회하게 된다. 출산 후 찬바람을 쐬거나 무거운 것을 들면 산후풍이나 관절염이 생긴다. 그리고 배뇨와 배변 장애, 산후우울증, 저혈압, 골다공증, 비만 등이 올 수도 있다. 물론 서양인들과 동양인들은 많은 차이가 있다. 중동의 여성들도 우리나라 여성들과 차이가 있을 것이다. 공통적인 것은 출산은 여성들에게 '생명을 거는 일'이라는 것이다. 다시 말해 '생명은 생명을 걸 때 얻어지는 것'이다.

> 여호와의 언약궤를 멘 제사장들은 요단 가운데 마른 땅에 굳게 섰고 그 모든 백성이 요단을 건너기를 마칠 때까지 모든 이스라엘은 그 마른 땅으로 건너갔더라(수 3:17).

여호수아의 인도를 받아 요단강 어귀, 즉 약속의 땅에 도착하자, 유대인들은 언약궤를 앞에 내세우며 그들이 다시 약속의 땅에 도착했음을 선포했다. 언약궤를 메고 걸어가는 제사장들의 발이 요단강에 닿자, 강이 말라버렸고 사람들이 모두 지나갈 때까지 그 상태를 유지했다. 후에 제사장들이 건넌 자리에 12개의 돌을 세웠고 이 기적을 기념하였다. 여리고 전투에서 언약궤는 또 다른 기적을 일으켰다. 제사장들은 6일 동안 언약궤를 어깨에 메고 여리고 성 주위를 하루에 한 번씩 돌았다. 마지막 7일째 날에는 여리고 성을 일곱 번 돌고 양각 나팔을 불며 소리를 질렀다. 마침내 여리고 성이 무너졌고, 이스라엘은 그 성을 점령했다.

본문으로 돌아가 보자. 이스라엘은 블레셋과의 전투에서 패하자 여호와의 언약궤를 가져오기로 했다.

> 백성이 진영으로 돌아오매 이스라엘 장로들이 이르되 여호와께서 어찌하여 우리에게 오늘 블레셋 사람들 앞에 패하게 하셨는고 여호와의 언약궤를 실로에서 우리에게로 가져다가 우리 중에 있게 하여 그것으로 우리를 우리 원수들의 손에서 구원하게 하자 하니(삼상 4:3).

하지만 유대인들은 3만 명에 달하는 전사들을 잃으며 대패하였고, 하나님의 궤는 블레셋에게 빼앗겼다. 하나님의 궤는 빼앗겼고, 엘리 제사장의 두 아들 홉니와 비느하스는 죽임을 당했다. 이 소식을 들은 엘리 제사장은 곧바로 쓰러져 죽었다. 엘리 제사장의 며느리(비느하스의 아내)는 아이를 낳다가 죽어가며 아들 이름을 '이가봇'이라 지었다. 이는 '영광이 이스라엘에서 떠났다'라는 뜻이다.

여호와의 언약궤를 마치 부적처럼 모시고 있다고 해서 전쟁에서 승리하는 것이 아니다. 여호와의 언약궤를 앞세운다고 영광의 임재가 임하는 것은 아니다. 영광이 떠난 자리에는 죽음만이 있을 뿐이다.

# 2장

# 좋은 교회

성도들의 인내가 여기 있나니 그들은 하나님의 계명과 예수에 대한 믿음을 지키는 자니라(계 14:12).

이 시대는 많은 성도들이 교회를 떠나는 시대다. 교회를 떠나는 나름의 타당한 이유들이 있다. 교인 간의 갈등, 상처, 위선과 인색함, 종교적 형식주의, 목회자에 대한 불신 등 한마디로 교회 공동체에 실망했기 때문이다. 그런데 교회는 의인들로 구성된 공동체가 아니라 '죄인들의 공동체'임을 기억해야 한다. "나는 허물이 있습니다. 나는 부족합니다. 나는 완전하지 않습니다."라고 고백하는 죄인들의 공동체다. 이렇듯 죄인들의 공동체이기 때문에 때로는 무의식적으로 서로에게 상처를 주고받는다.

미국 새들백교회 릭 워렌 목사님은 그의 저서 『목적이 이끄는 삶(The

purpose driven Life)』에서 이렇게 말했다. "만일 어떤 교회가 완벽해서 나를 만족시킬 수 있다면 그 완벽함 때문에 우리는 그 교회의 구성원이 될 수 없다. 왜냐하면 우리는 완벽하지 않기 때문에!" 한편, 디트리히 본회퍼 목사님은『말씀 아래 더불어 사는 삶(Life Together)』에서 이렇게 말했다. "교회에 대한 환멸은 우리의 완벽함에 대한 잘못된 기대를 없애 주기 때문에 좋은 것이다."

우리는 하나님의 은혜를 기대하고 예배당에 나간다. 우리에게 왜 하나님의 은혜가 필요한 것일까? 나는 완전하지 못하니까, 내가 불완전한 사람이기에 하나님의 은혜가 필요한 것이다. 그러므로 교회에 새가족으로 등록하러 오신 분에게 이런 전제를 말씀드려야 한다. "교회가 완벽하다고 여긴다면 등록하지 마세요! 우리는 부족하고, 약점이 있고, 허물과 죄가 있어요. 하나님의 은혜가 필요하다고 스스로 인정하면서, 영적으로 성장하고, 성숙하기를 원하는 공동체랍니다"라고.

교회를 떠나는 또 한 가지의 이유는 사탄의 미혹에 넘어갔기 때문이다. 사탄의 미혹에 넘어가지 않기 위해서는 근신하고 깨어있어야 한다. 근신하고 깨어있는 유일한 방법은 말씀과 기도와 찬송을 쉬지 않는 것이다.

근신하라 깨어라 너희 대적 마귀가 우는 사자 같이 두루 다니며 삼킬 자를 찾나니(벧전 5:8).

우리 교회는 1955년 11월 20일 고(故) 박종렬 목사님과 장년 7명(정

의영, 신대휴, 정상준, 엄순애, 김성애, 박홍재, 우애순)과 아동 10명 등 총 17
명으로 시작하여 68년 동안 복음의 길을 달려왔다. 우리 교회는 좋은
교회인가? '좋은 교회인가?'라는 질문은 막 교회를 다니기 시작하려고
준비하는 사람들뿐 아니라 현재 신앙생활을 하고 있는 우리에게도 매
우 의미 있는 질문이다. 교회는 우리 믿음의 원천이기 때문이다. 사람
들은 좋은 교회를 찾아 이리저리로 다닌다.어떤 성도는 자신이 사는 집
근처에 있는 교회를 좋은 교회라고 생각한다. 어떤 성도는 사랑이 넘치
는 교회를 좋은 교회라고 생각한다. 어떤 성도는 프로그램이 많은 교회
가 좋은 교회라고 생각한다. 어떤 성도는 목사의 설교가 좋으면 좋은
교회라고 생각한다. 그러나 이러한 것은 좋은 교회의 필요조건일 수는
있지만 충분조건은 아니다.

좋은 교회를 찾기가 쉽지 않다. 그 이유가 무엇일까? 그것은 '좋은
교회'를 경험해 보지 못했기 때문이다. 자매에게 누가 좋은 신랑이고
형제에게 누가 좋은 신부일까? 어려서 좋은 아빠, 좋은 엄마를 경험하
고 자란 청년은 아빠와 같은 신랑을, 엄마 같은 신부를 선택한다. 좋은
부모 경험을 한 청년은 좋은 부모가 될 가능성이 매우 높다. 옛말에 '못
된 시어머니 밑에 못된 며느리 난다'고 했다. 며느리가 구박을 받으면
서 '난 절대로 저런 시어머니가 안 될 거야!'라고 다짐하지만 세월이 지
나고 나니 그런 시어머니가 되고 만다는 것이다. 이처럼 좋은 교회를
경험하는 것이 매우 중요하다.

거리마다 교회 간판이 우후죽순으로 들어섰다. 교회가 너무 많다는
소리들을 한다. 요즘은 카페와 미용실이 더 많지만 그래도 아직 한국

만큼 예배당 밀집도가 높은 나라가 없을 정도로 교회가 많다. 그런데 COVID-19 이후 1만여 개 이상의 교회가 문을 닫았다. 정부와 지자체가 2020년 10월 3일, 1만 6,403개 교회의 주일예배 실태를 조사한 결과 16%에 해당하는 2,693개 교회가 예배를 드리지 않는다고 한다. 이것은 약 6만여 개 교회 가운데 1만여 개 교회가 문을 닫은 것으로 추정할 수 있다. 우리 교회는 괜찮다고 생각하는 분이 있다면 그 사람은 하나님의 마음을 전혀 모르는 수준의 교인이다.

교인들이 좋은 교회를 경험하지 못했다는 말은 그만큼 좋은 교회가 적다는 말이다. AD 95년, 사도 요한은 로마 황제 도미티아누스 때 밧모섬(Patmos, 에베소 남쪽 90km, 그리스령)에 유배를 갔는데 거기서 하나님의 계시를 받아 요한계시록을 기록하였다. 요한계시록 2장과 3장에는 소아시아의 일곱 교회(에베소, 서머나, 버가모, 두아디라, 사데, 빌라델비아, 라오디게아)를 향한 말씀이 나온다. 소아시아, 지금의 튀르키예 지역의 일곱 교회 가운데 성도들이 영적으로 살아있어 책망을 받지 않은 교회는 서머나교회와 빌라델비아교회다. 그러니까 좋은 교회를 경험할 수 있는 곳은 두 곳이었고, 나머지 다섯 교회에서는 나쁜 교회 경험을 한 것이다.

그러면 과연 '어떤 교회가 좋은 교회인가?'

첫째, 영적으로 깨어있는 교회다. 성경에 나타난 교회는 큰 교회와 작은 교회로 구분되는 것이 아니라 오직 영적으로 살아있는 교회와 영적으로 잠자며 죽은 교회만 있을 뿐이다. 영적으로 살아있는 교회는 말씀을 읽는다. 말씀을 듣는다. 말씀대로 살아간다. 영적으로 살아있는 교회는 기도를 쉬지 않는다. 영적으로 살아있는 교회는 항상 찬양이 넘친다. 그렇다면 우리 교회는 영적으로 살아있는 교회인가? 잠자는 교회인가? 죽은 교회인가?

> 이 예언의 말씀을 읽는 자와 듣는 자와 그 가운데에 기록한 것을 지키는 자는 복이 있나니 때가 가까움이라(계 1:3).

둘째, 좋은 교회란 바른 믿음 위에 세워진 교회다. '주는 그리스도시요 살아 계신 하나님의 아들이라'는 베드로의 고백 위에 주님의 몸 된 교회를 세우셨다.

> 용(사탄)이 여자(참 교회)에게 분노하여 돌아가서 그 여자의 남은 자손 곧 하나님의 계명을 지키며 예수의 증거를 가진 자들과 더불어 싸우려고 바다 모래 위에 서 있더라(계 12:17).

요한 사도는 마지막 시대에 존재하는 참 교회의 모습을 하나님의 계명과 예수의 믿음을 지키는 자들로 묘사하고 있다. 그러므로 주변을 살펴보고, 어떤 교회, 어떤 영적 지도자, 어떤 성도가 진정으로 하나님의 십계명을 지키고 참된 믿음의 신앙 고백을 가지고 있는지를 확인해 보기를 바란다. 그런 분들과 믿음의 동행을 하는 지혜가 있어야 한다.

셋째, 좋은 교회는 바른 복음을 선포하는 교회다. 영적으로 살아 있는 교회는 바른 복음을 선포하는 교회다. 바른 복음이 선포되면 성도들의 영혼이 살아난다.

무너졌도다 무너졌도다 큰 성 바벨론이여 모든 나라에게 그의 음행
으로 말미암아 진노의 포도주를 먹이던 자로다(계 14:8).

무엇이 무너졌다는 것일까? 거짓 신앙, 거짓 교회, 나쁜 교회가 무너
졌다는 것이다. 여기서 바벨론은 진리를 버리고 오류를 받아들인 교회
를 상징한다. 바벨론의 음행이란 진리와 거짓을 섞는 영적 간음과 영적
야합을 의미한다. 음녀 바벨론이 주는 잘못된 복음을 받아먹은 교회는
결국 하나님의 진노의 포도주를 마시게 되어 무너진다고 경고한다.

우리나라는 어딜 가나 곳곳에 교회가 있다. 그러나 모든 교회가 복
음을 바르게 선포하고 구원의 길을 정확하게 안내하는 것은 아니다. 바
른 진리를 선포했다면 그렇게 많은 성도들이 사이비, 이단에 빠지지 않
았을 것이다. 사이비나 이단에 빠진 사람들, 비단 그들만의 잘못이라고
치부하기보다는 교회의 리더들이 바른 복음을 전하는 데에 게을렀기
때문임도 간과할 수 없다. 교회의 지도자들이 바른 복음을 선포하고 따
르는 대신 '영적 간음'과 '영적 야합'을 서슴지 않아서일 수도 있다. 주
님 오시는 그날까지 바른 복음을 선포하고 바른 복음을 받는 교회가 세
워지도록 애쓰자!

넷째, 좋은 교회는 예수 그리스도께서 주인인 교회다. 오늘날 얼마나
많은 교회들을 사유화하는지 모른다. 아무리 훌륭한 사람일지라도 그
가 교회를 세운 것도 아니요, 그가 교회의 주인이 될 수 없다. 그리스도

께서는 교회를 사랑하시고 그 교회를 위하여 자신을 주셨다. 하나님은 자기 피로 사신 교회를 보살피게 하셨다(행 20:28).

> 그리스도께서 교회를 사랑하시고 그 교회를 위하여 자신을 주심 같이 하라(엡 5:25).

> 교회는 그의 몸이니(엡 1:23).

교회는 주님의 몸이기에 그리스도 앞에 영광스러운 교회로 세우사 티나 주름 잡힌 것이 없이 거룩하고 흠이 없게 하시길 원하신다. 그러므로 교회의 주인은 오직 교회의 몸이신 예수 그리스도시다.

다섯째, 좋은 교회는 성도들의 인내가 있는 교회다. 사도 요한을 통해 음녀 바벨론 즉 나쁜 교회의 모습도 폭로하고 있다. 나쁜 교회는 짐승과 그의 우상에게 경배하고 이마나 손에 표를 받는 교회다. 손은 신체적 활동을 하는 대표적인 곳이요, 이마는 인격, 지위, 신분을 상징하는 곳이다. 이마나 손에 상징적인 표를 주어서 경제적인 통제를 하는 것을 말한다. 우상에게 경배하고 그의 이름표를 받는 것은 일시적인 경제적 이익을 가져올는지는 모르겠지만 결국은 하나님의 진노의 포도주를 마시게 된다. 거룩한 천사들과 어린 양 예수 그리스도 앞에서 불과 유황으로 고난을 받게 된다. 성도는 음녀의 유혹에 빠지지 않고, 하나님의 계명과 예수에 대한 믿음을 인내로써 지켜야 한다.

성도들의 인내가 여기 있나니 그들은 하나님의 계명과 예수에 대한 믿음을 지키는 자니라(계 14:12).

'어떤 교회가 좋은 교회인가?'라는 질문은 첫째, '나는 어떤 제자인가?'라는 질문으로 바꿀 수 있다. 왜냐하면 교회는 바로 성도 한 사람한 사람이 모인 공동체이기 때문이다. 좋은 교회 공동체를 찾는 것 못지않게 나는 과연 어떤 성도, 어떤 제자인지를 살펴보아야 한다. 그러므로 아내가 만난 예수님, 남편이 만난 예수님, 부모님이 만난 예수님이 아니라 내가 만난 예수님이 있어야 한다. 베드로와 같이 성도 개개인의 신앙 고백이 모여 공동체의 신앙 고백이 될 때 좋은 교회가 될 수 있다.

'어떤 교회가 좋은 교회인가?'라는 질문은 둘째, '나는 좋은 성도인가?'라는 질문과 같다. 왜냐하면 좋은 성도 한 사람 한 사람이 모여 좋은 교회를 이루기 때문이다. 영적으로 깨어있는 교회, 바른 믿음 위에 세워진 교회, 바른 복음을 선포하는 교회, 예수 그리스도께서 주인인 교회, 성도들의 인내로 말씀과 믿음을 지키는 교회! 하나님이 찾으시는 그 교회가 되어야 한다.

## 3장

# 흩어지는 공동체

사울은 그가 죽임 당함을 마땅히 여기더라 그날에 예루살렘에 있는 교회에 큰 박해가 있어 사도 외에는 다 유대와 사마리아 모든 땅으로 흩어지니라(행 8:1).

우리 교회는 좋은 교회인가?

나는 좋은 성도, 좋은 자녀, 좋은 양인가?

왜 좋은 교회, 좋은 성도라고 생각하는가?

좋은 성도는 '온전한 성도'를 말한다. '온전(τελειος, 텔레이오스)'은 완전함(Perpect)이 아니라 '성숙함(Mature)'을 말한다.

주님이 세우신 최초의 교회는 예루살렘 교회다. 예루살렘 교회는 완벽한 교회는 아니었다. 그러나 복음으로, 말씀으로 은혜로 점점 성숙해 갔다.

승천하신 주님의 약속대로 오순절 날 약 120명(행 1:15)의 제자들이 한곳에 모여 기도에 힘쓸 때 그들 모두 성령 충만함을 받았다. 그 시간이 제 삼 시(오전 9시)였다(행 2:15).

그렇게 성령 충만을 받은 사도들은 표적과 기사를 행했다. 제자들은 날마다 마음을 같이하여, 성전에 모이기를 힘쓰고, 집에서 떡을 떼며, 기쁨과 순전한 마음으로 음식을 먹고, 하나님을 찬송하며, 온 백성에게 칭찬을 받았다. 그래서 구원을 얻는 사람이 날마다 더해졌다(행 2:43-47).

이 얼마나 아름다운 교회의 모습인가?

모든 교회가 이런 예루살렘 교회 같은 교회 되기를 원한다.

베드로 사도가 성령이 충만하여 솔로몬 행각에서 두 차례에 걸쳐 설교했는데 1차 설교 시 복음을 듣고 예수님을 믿고 세례를 받은 유대인들이 3천 명이나 되었다(행 2:41). 당시 예루살렘 인구는 최대 3만-5만 명으로 추정할 때 1/10에 해당하는 엄청난 숫자이다.

하나님은 베드로 사도를 통해 기적을 베푸셨다. 베드로 사도는 예루살렘 성전 미문 앞에서 구걸하던 약 40세 되는(행 4:22) 지체 장애 형제를 예수 그리스도의 이름으로 고쳐 주었다. 베드로 사도가 솔로몬 행각에서 2차로 설교한 후에는 믿는 자가 남자만 약 5천 명이었다(행 4:4). 아마 여성과 아이들까지 포함하면 1만-1만 5천 명으로 추정할 수 있다. 이렇게 성령 충만함을 받은 제자들로 인하여 예루살렘 대부흥의 역사가 시작된 것이다.

그런데 예루살렘 성에 예수님을 믿는 사람들이 증가하자 대제사장 안나스와 가야바, 레위인들, 사두개인들에게 비상이 걸렸다. 그래서 베드로 사도와 요한 사도를 붙잡아 가두고 심문하고 경고하여 도무지 예수의 이름으로 말하지도 말고 가르치지도 말라고 경고했다(행 4:17-18).

그러나 세상에 어떤 권세가 복음의 역사를 막을 수 있겠는가? 계속해서 사도들의 손을 통하여 표적과 기사가 많이 일어나고, 예수를 믿는 큰 무리들이 마음을 같이하여 솔로몬 행각에 모였다. 베드로가 지날 때에는 병든 사람을 메고 오고, 침대와 요 위에 누인 채로 거리에 나와 베드로의 그림자라도 덮이기를 바랐다. 그렇게 하나님의 은혜를 사모하는 마음 가운데 수많은 병자와 귀신 들린 사람들이 나음을 얻었다(행 5:15-16).

은혜는 사모하는 만큼 받는 것이다.

이를 본 대제사장과 사두개파가 시기가 가득하여 사도들을 옥에 가두었다. 밤에 주의 사자가 옥문을 열고 사도들을 끌어 내면서 성전에서 말씀을 전하게 했다(3차 설교). 성전 경비대가 다시 체포하여 예루살렘 공회 앞에 세우고 대제사장이 심문했다.

이 이름으로 사람을 가르치지 말라고 엄금하였으되 너희가 너희 가르침을 예루살렘에 가득하게 하니 이 사람의 피를 우리에게로 돌리고자 함이로다(행 5:28).

베드로 사도가 대답했다.

사람보다 하나님께 순종하는 것이 마땅하니라(행 5:29).

하나님께 순종하는 것이 우선이기에 아무리 복음을 전하지 말라고 해도 전하지 않을 수 없다는 것이다.

> 우리는 이 일에 증인이요 하나님이 자기에게 순종하는 사람들에게 주신 성령도 그러하니라 하더라(행 5:32).

대제사장들과 바리새인들이 이 말을 듣고 크게 노하여 사도들을 죽이려 하였다. 그때 공회원이며, 바리새인의 율법교사로 존경받던 가말리엘이 경고했다.

> 이 전에 드다가 일어나 스스로 선전하매 사람이 약 사백 명이나 따르더니 그가 죽임을 당하매 따르던 모든 사람들이 흩어져 없어졌고 그 후 호적할 때에 갈릴리의 유다가 일어나 백성을 꾀어 따르게 하다가 그도 망한즉 따르던 모든 사람들이 흩어졌느니라 이제 내가 너희에게 말하노니 이 사람들을 상관하지 말고 버려 두라 이 사상과 이 소행이 사람으로부터 났으면 무너질 것이요 만일 하나님께로부터 났으면 너희가 그들을 무너뜨릴 수 없겠고 도리어 하나님을 대적하는 자가 될까 하노라(행 5:36-39).

대제사장과 바리새인들이 그 말을 옳게 여겨 사도들을 채찍질한 후 예수의 이름으로 말하는 것을 금하고 풀어 주었다. 사도들은 주님의 이름을 위하여 능욕받는 일에 합당한 자로 여기심을 기뻐하며 공회를 나왔다. 날마다 예루살렘 성전에서, 그리고 집에서 예수는 그리스도라고 가르치는 것과 전도하기를 그치지 아니하였다(행 5:42).

이렇게 예루살렘 교회는 서로 유무상통하며 도와주고, 기도하며, 찬송하며, 말씀을 사모하며, 전도하는 좋은 교회였다.

그러면 예루살렘 교회에는 문제가 없었을까? 아니다!

첫 번째 사건은 아나니아와 삽비라가 죽은 일이다(행 5장).

이들 부부는 거짓말과 거짓 헌신으로 사도들과 하나님을 속인 죄로 둘 다 급사하였다. 이것은 가짜 신앙, 거짓 믿음에 대한 경종을 울려 준 사건이다.

두 번째 사건은 히브리파 유대인과 헬라파 유대인들의 갈등이다.

> 헬라파 유대인들이 자기의 과부들이 매일의 구제에 빠지므로 히브리파 사람을 원망하니(행 6:1).

교회 공동체는 사람들의 모임이다. 세상에 나와 똑같이 생긴 사람도 없고 똑같이 생각하는 사람도 없다. 반대하지만 않아도 동행하고 동역하고 있는 것이다. 앞서 말씀드렸듯이 완벽한 교회는 없다.

다만 갈등 상황을 어떻게 풀어나가느냐가 중요할 뿐이다.

믿음의 다른 말은 '반응'이다. 동일한 상황이 주어지더라도 사람들은 각기 다른 반응을 보인다. 그러므로 우리가 예수의 믿음을 받은 사람이라면 '예수님의 반응'을 보여 주어야 한다. 믿음은 반응이며 그 반응은 곧 믿음의 성숙이다.

세 번째 사건은 교회에 큰 박해가 시작된 것이다(행 8장).

예루살렘 교회가 흥왕하면서 교회의 일꾼으로 안수 받은 일곱 직분자 중 스데반은 은혜와 권능이 충만하여 복음을 전하다 돌에 맞아 최초의 순교자가 되었다. 스데반의 죽음은 예루살렘 성도들에게도 큰 충격이었다. 사도들 외에는 모두 피신할 수밖에 없는 생명의 위협을 받는 더 큰 박해가 시작되었다.

스데반 순교로 인한 아픈 마음을 달랠 새도 없이 이어진 박해로 고향 예루살렘을 떠나야 했다. 갈 바를 알지 못하고 오직 주님만 의지하며 피난길에 오르면서 얼마나 울었을까?

그렇지만 여기에는 하나님의 큰 뜻이 있다.

주님께서 교회를 세우신 진정한 목적과 사명은 성도들끼리만 기뻐하고 만족해하고 행복해하는 공동체가 아니다. 자신의 피로 값 주고 교회 공동체를 세우신 목적은 바로 '선교'다. 교회 공동체에서 '선교'를 쏙 빼놓으면 교회는 사교클럽이나 동호회가 되고 만다.

그러므로 교회가 진정 하나님이 기뻐하시는 교회, 찾으시는 교회가 되려면 '선교하는 교회', '선교적 교회'로 거듭나야 한다. 이 선교를 감당하기 위해서는 먼저 건강한 교회가 되어야 한다. 오늘 많은 교회들이 이단과 사이비의 침투, 목회자의 비리, 성도들 간의 분쟁 등으로 공동체의 건강을 잃어가고 있다. 사람들에게 교회가 왜 그러냐고, 교회 다니는 사람들이 더하다는 비난을 받는다. 그 결과는 전도의 문, 선교의

문이 닫히는 것이다.

그렇다면 건강한 교회 공동체는 어떤 모습일까?

1) 성령 충만한 공동체다.

제일 먼저 모든 지체들이 성령 충만해야 한다. 베드로 사도처럼 하나님께 순종하는 것을 마땅함으로 여겨야 한다(행 5:29).

2) 잘 모이는 공동체다.

건강한 교회는 성도들이 잘 모이는 공동체이다. 함께 모여 찬송하고, 기도하고, 말씀을 받고 나누어야 한다. 모이기에 힘써야 한다.

> 모이기를 폐하는 어떤 사람들의 습관과 같이 하지 말고 오직 권하여 그날이 가까움을 볼수록 더욱 그리하자(히 10:25).

3) 잘 흩어지는 공동체다.

> 그날에 예루살렘에 있는 교회에 큰 박해가 있어 사도 외에는 다 유대와 사마리아 모든 땅으로 흩어지니라(행 8:1).

예루살렘 교회 공동체는 모든 성도들이 성령 충만하였으며, 모이기에 힘쓰고, 모이면 함께 빵을 나누고, 기도하고, 찬송하며, 하나님의 말씀을 나누었다. 그런데 문제는 자신들만의 리그였다는 것이다. 주님은 승천하시기 전 선교 명령을 주셨다.

> 오직 성령이 너희에게 임하시면 너희가 권능을 받고 예루살렘과 온 유대와 사마리아와 땅 끝까지 이르러 내 증인이 되리라(행 1:8).

주님은 땅 끝까지 복음 전도, 선교하라고 명령하셨다. 그러나 예루살렘 교회는 성 안에서만 전도했지 땅끝은커녕 사마리아에도 가지 않았다. 그러나 스데반의 순교로 사마리아와 모든 땅으로 흩어질 수밖에 없었다. 이렇게 예루살렘 성도들이 박해 받고 흩어지는 것은 가슴 아픈 일이지만 그 박해 속에 하나님의 큰 그림이 들어 있었다. 하나님은 예루살렘 성도들이 자신들만 기뻐하고, 자신들만 행복하고, 자신들만 구원받기를 원하지 않으셨다. 그래서 강제로 그 예루살렘 교회 성도들을 흩으신 것이다. 흩어진 제자들이 바로 이방 지역에 가서 교회를 세우고 복음을 전하였다. 수리아 안디옥으로 피신한 성도들이 이방인들과 더불어 이방 지역에 안디옥 교회를 세웠다. 거기서 영광스러운 이름 '그리스도인'이라는 호칭을 받았다(행 11:26). 그리고 빌립도 유대인들이 싫어하는 사마리아 성에 내려가 복음을 전하고 표적을 행하였다.

더러운 귀신들이 크게 소리를 지르며 나가고, 많은 중풍병자와 못 걷는 자들이 고침을 받았다. 무리가 빌립의 말을 따르게 되었고 그 결과 사마리아 성에 복음이 증언됨으로 큰 기쁨이 넘쳤다.

하나님은 성도들이 흩어지지 않으면 흩으신다.

성도들을 흩으시는 것이 하나님의 선교 전략이다.

하나님께서 선교하기 위해 세우신 공동체가 바로 교회다. 그러므로 교회의 존재 목적은 '선교'다. 스코틀랜드 출신 존 맥케이(John Mackay) 교수는 이렇게 말했다.

선교하지 않는 교회는 진짜 교회라고 할 수 없다.

그렇다. 하나님이 찾으시는 건강한 교회는 '감사함으로 모이고 기쁨으로 흩어지는 공동체'이다. 우리는 매 주일 예배를 통하여 하나님의 영광의 임재를 경험한다. 그 하나님의 임재를 경험한 성도들이 다시 세상을 향해 기쁨으로 흩어질 때 '선교'의 역사가 일어난다.

그리스도인의 흩어짐은 내 갈 길 가는 것이 아니라 흩어진 각자의 삶에서 하나님을 증언하고 드러낸다. 이것이 선교다.

왜 우리는 예배해야 하는가? 복음의 빚진 자이기에!
왜 교회는 선교해야 하는가? 교회의 존재 목적이기에!
365일 성령으로 충만하여, 감사함으로 잘 모이고 기쁨으로 잘 흩어지자.
주님 오시는 그날까지!

# 4장

# 좋은 성도

바나바는 착한 사람이요 성령과 믿음이 충만한 사람이라 이에 큰 무리
가 주께 더하여지더라(행 11:24).

모범택시를 탔는데 기사님이 난폭하게 운전하는 경우가 있을까? 없
을 것이라고 생각한다. 왜냐하면 그 기사님은 모범택시라는 자부심이
있고 그것을 지키고 싶을 것이기 때문이다. 곧 모범택시란 그 택시를
운전하는 기사님이 난폭 운전, 신호 위반, 음주 운전을 하지 않고 승객
을 안전하고 친절하게 모시는 분이라는 뜻이다.

당신은 모범 성도인가? 누가 모범 성도, 좋은 성도일까?

첫째, 예수님을 만난 성도이다. 모범택시의 택시 캡과 기사님의 운전
이 동일해야 하듯이 좋은 그리스도인은 믿는 것과 행하는 것이 일치해
야 한다. 신행일치(信行一致)의 삶을 살 수 있는 사람이야말로 진짜 예수

를 만난 사람이다. 안타까운 것은 교회는 다니지만 정작 예수님을 만나지 못한 사람이 많다는 것이다. 오랜 시간 교회에 나오면서 예수님 이야기를 많이 들었다. 당연히 자신은 예수님을 믿고 만난 것처럼 착각할수 있다. 일종의 자기 암시, 자기 최면에 빠진 것이다. 규칙적인 종교 행사에 참여하는 '종교인'과 예수님을 만난 '예수인'을 구별할 줄 모른다. 예루살렘 성전에 올라가서 정기적으로 기도하고 제사를 드리면 마치자기가 좋은 신자인 듯 착각하는 바리새인이나 사두개인이나 서기관, 제사장들과 다를 바 없다.

수십 년 예수 이야기를 들은 사람과 예수님을 만난 사람은 달라도 한참 다르다. 예수 이야기를 수천 번 들었어도 예수님을 만나지 못한 사람이 있는가 하면 단 한 번 예수님을 만나고도 그 만남이 구원으로 이어진 경우도 있다. 십자가 위에 달린 한 강도가 바로 그런 사람 아닐까?

> 내가 주께 대하여 귀로 듣기만 하였사오나 이제는 눈으로 주를 뵈옵나이다 그러므로 내가 스스로 거두어들이고 티끌과 재 가운데에서 회개하나이다(욥 42:5-6).

욥이 하나님을 눈으로 보았다는 말은 하나님을 만나고 경험했다는 뜻이다. 욥은 하나님에 대해 알고 있었고 귀로 들었고 신실하게 믿었다. 그러나 직접 하나님을 만난 체험은 없었다. 그런데 그 귀로 들어 믿은 하나님을 만나게 되었다니 얼마나 감격스러운 고백인가!

둘째, 말씀이 들리는 성도, 곧 들을 귀가 있는 성도가 좋은 성도이다.

사이좋은 부부가 좋은 아빠, 좋은 엄마가 되듯이 행복한 성도가 좋은 그리스도인의 삶을 드러낸다. 말씀은 듣지만 말씀이 들리지 않는가? 하나님의 말씀은 세상의 상식, 지식, 경험 위에는 들리지 않는다. 순전한 마음으로 주님께 나아오는 자에게 들린다. 건강검진센터에 가면 오른쪽 왼쪽 청각 검사를 한다. 아주 미세한 소리를 보내면 그 소리를 듣기 위해 신경을 집중한다. 소리가 들리면 건강한 청각을 갖고 있는 사람이다. 우리가 순전한 마음을 갖고 주님의 말씀에 집중하면 그 말씀이 들리기 시작한다. 말씀이 들리면 믿음이 시작된다. 믿음은 들음에서 나고 들음은 그리스도의 말씀에서 나기 때문이다(롬 10:17).

"목사님, 설교가 들립니다! 말씀이 들립니다. 말씀을 들을 때 시간 가는 줄 모르겠습니다!"라고 고백하는 성도가 행복한 성도이다.

셋째, 예배를 드리는 성도이다. 예배는 하나님과의 만남이다. 예수님을 만난 사람이란 예수님과의 관계를 형성한 사람을 말한다. 연인이 일주일에 몇 번 만날까? 수시로 카톡하고 매일 전화하고 시간을 내어 데이트를 한다. 그런데 하나님과의 만남은 주일예배 한 번으로 충분하다고 한다면 사랑의 관계가 제대로 형성될 수 있겠는가? 바쁜 일상 속에서도 주일예배, 수요예배, 새벽예배, 금요회복예배 등의 공적인 예배에 나오기를 힘쓴다면 하나님께서 더 깊이 만나주시지 않겠는가? 예배를 통하여 나의 영혼을 터치해 주시고 내 심령에 말씀으로 다가오시는 예수님을 만날 수 있기를 바란다.

넷째, 예수 중심으로 사는 성도가 좋은 성도이다. 사람은 누구나 그 삶의 중심이 있다. 술을 좋아하는 사람들은 술이 없으면 못 산다. 그래서 늘 술 중심으로 살아간다. 하루 일과를 마치고 나면 가정으로 돌아갈 생각을 하는 것이 아니라 어디 가서 술 한잔할 생각을 한다. 왜 일을 하느냐? 퇴근 후에 술 한잔하려고! 이렇게 술을 좋아하고 술 중심으로 살아가는 사람은 진정 술을 만난 사람이다. 이 사람은 술이 없으면 안 된다. 알코올 중독이다. 돈을 좋아하는 사람은 모든 생각이 돈에 집중되어 있다. 그래서 돈 중심으로 살아간다. 돈의 많고 적음으로 사람을 판단한다. 모든 것을 돈과 관련지어 따진다. 이런 사람을 돈독이 올랐다고 한다. 또한 이 시대는 적지 않는 사람들이 게임 중독으로 살아간다. 어린이나 성인이나 남자나 여자나 할 것 없이 눈 뜨면 잘 때까지 게임만 하는 중독자들이 많이 있다. 공부나 직장, 인간관계를 단절하면서까지, 먹는 것과 자는 것을 잊어버리면서까지 게임에 빠지기도 한다. 빚을 내서 게임을 하고, 재산을 탕진하는 경우도 본다.

예수님을 중심으로 살아가는 좋은 성도는 눈을 뜨면 기도한다. 일을 해도 하나님께 쓰임 받는 기쁨으로 하고 하나님의 영광을 드러내길 원한다. 나의 계획과 일정에 앞서 예수님이 기뻐하시는 일에 더 비중을 둔다. 모든 상황 앞에서 주님의 뜻을 구하며 묻고 해석한다. 나에게 예수님을 맞추고자 하지 않고, 나를 예수님께 맞추고자 부단히 애쓴다. 예수 중심의 삶이란, 내 삶에 예수님이 없으면 안 되는 삶을 의미한다. 사도 바울은 예수 중심의 삶을 이렇게 고백한다.

내게는 우리 주 예수 그리스도의 십자가 외에 결코 자랑할 것이 없으니(갈 6:14).

다섯째, 착한 성도이다. 착한 성도의 모델이 사도행전 11장 19-26절에 나온다. 바나바가 바로 그런 성도, 그런 사도였다. 사도행전 7장에는 예수를 증언하는 데에 남다르게 열심이었던 스데반이 유대인들에 의해 돌에 맞아 순교하는 내용이 나온다. 사도행전 8장에서는 예루살렘에 있는 그리스도인에게 큰 박해가 시작되어 사도 외에는 유대와 사마리아 모든 땅으로 흩어진다. 박해는 그리스도인에게 고통과 비극 그 자체지만, 하나님은 그 박해를 통해 드디어 예루살렘 중심에서 이방 지역으로 복음이 퍼져 나가게 하셨다.

사도행전 1장 8절을 보면 주님은 땅 끝까지 주님의 증인이 되라는 선교적 명령을 주셨다. 사도행전 2장에 보면 초기 기독교인들은 성령이 충만한 가운데 서로 나누고 먹고 기도하고 찬송하고 말씀을 사모했지만 그들에게 선교는 없었다. 그런데 스데반의 순교를 통하여 각지로 흩어지게 되었고 비로소 유대인을 대상으로 예수를 전하게 된 것이었다.

> 그 중에 구브로와 구레네 몇 사람이 안디옥에 이르러 헬라인에게도 말하여 주 예수를 전파하니 주의 손이 그들과 함께 하시매 수많은 사람들이 믿고 주께 돌아오더라(행 11:20-21).

예수를 전파할 때 누가 함께 했는가? 주의 손이 함께 했다! 예수를 전할 때 하나님이 함께 하셨다. 그 결과 수많은 사람들이 주께로 돌아왔다. 할렐루야! 이 소식을 들은 예루살렘 교회 지도자들이 바나바를 안디옥 교회 초대 담임목회자로 파송했다. 바나바 사도가 안디옥에 가서 하나님의 은혜를 보고 기뻐하였으며 모든 그리스도인에게 굳건한 마음으로 주와 함께 살아갈 것을 권면했다. 그러면 바나바는 어떤 사도, 어떤 사람이었던가?

> 구브로에서 난 레위족 사람이 있으니 이름은 요셉이라 사도들이 일컬어 바나바라(번역하면 위로의 아들이라) 하니 그가 밭이 있으매 팔아 그 값을 가지고 사도들의 발 앞에 두니라(행 4:36-37).

> 바나바가 데리고 사도들에게 가서 그가 길에서 어떻게 주를 보았는지와 주께서 그에게 말씀하신 일과 다메섹에서 그가 어떻게 예수의 이름으로 담대히 말하였는지를 전하니라(행 9:27).

바나바는 구브로(Cyprus, 지중해 키프로스) 출신 레위 사람이며 이름은 요셉이었다. 요셉은 디아스포라, 즉 흩어진 유대인이었지만 예루살렘에 정착하여 살고 있던 중 예수를 만났고 예수를 위해 밭을 팔아 바쳤으며 자신을 온전히 헌신한 사람이었다. 그래서 사도들이 '바나바', '위로의 아들'이라는 이름으로 바꾸어 주었다. 바나바를 통해 사울을 비롯한 많은 예루살렘 성도들이 위로를 받았음에 틀림없다.

> 예루살렘 교회가 이 사람들의 소문을 듣고 바나바를 안디옥까지 보내니 그가 이르러 하나님의 은혜를 보고 기뻐하여 모든 사람에게 굳건한 마음으로 주와 함께 머물러 있으라 권하니 바나바는 착한 사람

바나바는 성령과 믿음의 사람이기 이전에 착한 사람이었다. 아가도스(ἀγαθός), good! "He was a good man"이라 했다. 예루살렘 성도들 가운데 바나바는 착한 사람이요 성령과 믿음이 충만한 사람이었다. 안디옥에 파송될 만한 충분한 자격이 되었다. 그리고 바나바는 그 교회의 결정에 순종했다. 그리고 안디옥 교회를 굳건히 세워 나갔다.

성령은 어떤 성도에게 임하는가? 마음이 착한 사람에게다! 그러면 어떤 마음이 착한 마음인가? 회개한 마음이다. 모든 사람은 죄에 더러워진 마음을 갖고 있다. 그래서 사도 바울은 로마서 3장에서 '의인은 없나니 하나도 없다'고 하였다. 그러므로 죄로 물든 마음은 예수 그리스도의 보혈로 깨끗이 씻김 받아야 한다. 새찬송가 259장, 4절을 보면 '모든 죄에 더러워진 예복을 주 앞에 지금 다 벗어서 샘물같이 솟아나는 보혈로 눈보다 더 희게 씻으라'고 한다.

그 주인이 이르되 잘하였도다 착하고 충성된 종아 네가 적은 일에 충성하였으매 내가 많은 것을 네게 맡기리니 네 주인의 즐거움에 참여할지어다(마 25:21).

달란트 비유에서와 같이 하나님이 기뻐하시는 성도는 착한 성도, 충성된 성도이다. 그런데 '충성'에 앞선 것이 '착함'이다. 착함이란 딴생각하지 않고 명하신 대로 순종함을 말한다. 누가 순종하고, 충성하고, 헌신할 수 있나? 착한 성도다! 반면 한 달란트 받은 자는 '악하고 게으른 종'이란 평가를 받았다. 착함의 반대가 악함도 되지만 게으름도 된다.

악함과 게으름의 핵심이 무엇인가? 불순종이다. 좋은 성도는 예수님을 만난 사람, 복음이 들리는 성도, 좋은 예배를 드리는 성도, 예수 중심으로 사는 성도, 착한 성도이다. 하나님은 위대한 한 사람을 찾는 것이 아니라 쓰임 받기를 소망하는 좋은 성도 그 한 사람을 찾으신다. 우리 모두가 그 한 사람이 되기를 바란다.

# 5장

## 하나님의 임재

모세가 이르되 원하건대 주의 영광을 내게 보이소서(출 33:18).

세계에서 가장 높은 빌딩은 두바이에 있는 부르즈 칼리파*이다. 높이가 828m로 2010년에 완공되었다. 많은 사람들이 그곳에서 불꽃놀이를 하며 새해 소망을 기원하는 것을 뉴스를 통해 볼 수 있었다. 모든 사람은 새해가 되면 마음의 소원을 말한다. 그 소망이 이루어지기를 간절히 구한다. 그래서 그 소망을 이루기 위해 각자 나름의 신앙 행위를 한다. 어떤 이들은 사람이 만든 탑이나 빌딩 앞에서 자신의 영광을 구하지만, 우리는 예배를 통하여 하나님의 영광을 구한다.

* Burj Khalifa. 할리파빈 자이드알나하얀 대통령의 이름을 딴 것이다.

그리스도인은 새해가 되면 예배당에 나와 예배를 드린다. 예배를 드리면서 우리는 무엇을 구하고 있는가? 내 소망만을 이루기 위해 구하고 있는가? 주일예배, 수요예배, 새벽기도회, 금요예배 등에 끊임없이 발걸음을 옮기는 이유가 무엇인가? 예배를 통하여 하나님의 임재를 경험하기 위해서이다. 참된 믿음, 살아있는 믿음을 가진 성도는 예배를 기다린다. 하나님을 만나고 경험한다는 기대감, 영적 흥분감이 있기 때문이다. 당신은 예배를 드릴 때 하나님을 만날 기대감과 흥분이 있는가? 하나님의 충만한 임재를 경험하고 있는가? 그렇지 못하다면 하나님의 임재가 없는 예배, 하나님의 영광을 경험하지 못하는 교회 공동체가 무슨 소용이 있다는 말인가?

하나님의 임재가 없는 예배는 한낱 종교 행사에 불과할 뿐이다. 우리는 예배를 드릴 때마다 삼위일체 하나님의 임재를 기대한다. 하나님의 영광을 사모한다. 예배를 통하여 하나님의 영광을 경험하지 못한다면 그것 자체가 이미 하나님의 심판이 시작된 것이다.

유월절에 라암셋을 떠난(출 12:37) 이스라엘 백성은 셋째 달 초하룻날(표준새번역, NIV) 시내 산에 도착하였다(출 19:1). 이날은 유월절이 시작된 정월 14일에서 47일째 되는 날이었다. 여호와께서는 백성들의 옷을 빨아 성결하게 하고 셋째 날을 기다리게 하라고 하셨다.

여호와께서 모세에게 이르시되 너는 백성에게로 가서 오늘과 내일 그들을 성결하게 하며 그들에게 옷을 빨게 하고 준비하게 하여 셋째 날을 기다리게 하라 이는 셋째 날에 나 여호와가 온 백성의 목전에서 시내 산에 강림할 것임이니(출 19:10-11).

왜 하나님은 시내 산에 도착하여 3일 동안 그들의 옷을 빨게 하고 하나님의 강림을 기다리라고 했을까? 그날이 바로 유월절로부터 50일 되는 오순절이었다. 하나님은 출애굽 사건이 하나님의 구원 역사의 모형임을 보여 주신 것이다. 시내 산 하나님의 강림 사건은 예수님의 승천 후 마가의 다락방에 임한 오순절 성령 강림 사건의 예표였다. 그동안 모세만 홀로 만나던 하나님을 시내 산 앞에서는 온 백성이 만났다. 예수님의 말씀을 믿고 모여 기도하던 120명의 제자들도 모두 성령의 임재를 경험하였다.

출애굽 후 50일 째 되는 날, 즉 시내 산 앞에 도착한 셋째 날 아침에 시내 산 위에 우레와 번개와 빽빽한 구름이 있고 나팔 소리가 크게 들리며 하나님은 강림하셨고 그 광경을 목격한 백성들은 두려움으로 떨었다.

셋째 날 아침에 우레와 번개와 빽빽한 구름이 산 위에 있고 나팔 소리가 매우 크게 들리니 진중에 있는 모든 백성이 다 떨더라(출 19:16).

시내 산에 연기가 자욱하니 여호와께서 불 가운데서 거기 강림하심이라 그 연기가 옹기 가마 연기 같이 떠오르고 온 산이 크게 진동하며(출 19:18).

못 백성이 우레와 번개와 나팔 소리와 산의 연기를 본지라 그들이 볼 때에 떨며 멀리 서서(출 20:18).

이스라엘의 하나님을 보니 그의 발 아래에는 청옥을 편 듯하고 하늘 같이 청명하더라 하나님이 이스라엘 자손들의 존귀한 자들에게 손을 대지 아니하셨고 그들은 하나님을 뵙고 먹고 마셨더라(출 24:10-11).

이렇게 오순절부터 엿새 동안 하나님의 영광이 이스라엘 백성들 가운데에 임했다(출 24:16). 그리고 하나님이 모세를 시내 산 위로 부르실 때도 이스라엘 자손은 하나님의 영광을 보았다.

모세가 산에 오르매 구름이 산을 가리며 여호와의 영광이 시내 산 위에 머무르고 구름이 엿새 동안 산을 가리더니 일곱째 날에 여호와께서 구름 가운데서 모세를 부르시니라 산 위의 여호와의 영광이 이스라엘 자손의 눈에 맹렬한 불 같이 보였고(출 24:15-17).

하나님은 시내 산 앞의 이스라엘 백성들에게 사람과 사람 사이에 지켜야 할 율법을 주셨으며 모세가 시내 산에 오른 후에는 하나님을 어떻게 섬기고 예배해야 하는지 곧 성막과 제사에 관한 법을 말씀하셨다.

모세는 구름 속으로 들어가서 산 위에 올랐으며 모세가 사십 일 사십 야를 산에 있으니라(출 24:18).

하나님의 임재를 경험한다는 것은 얼마나 감격스러운 일인가! 그러나 백성들은 지도자 모세의 생사여부를 알 수 없게 되자 '내가 만난 하나님'은 잊어버리고 '내가 만든 하나님', 곧 금송아지를 만들어 놓고 그 송아지를 하나님이라 부르며 번제와 화목제를 드리고 광란의 파티를 벌인다. 하나님의 영광의 임재가 있던 곳을 자신들이 먹고 마시고 즐기는 장소로 바꾸어 버렸다.

> 이튿날에 그들이 일찍이 일어나 번제를 드리며 화목제를 드리고 백성이 앉아서 먹고 마시며 일어나서 뛰놀더라(출 32:6).

제사를 폐한 것이 아니다. 하나님께 번제와 화목제를 드렸다. 그런데 그 하나님이 금으로 만든 송아지였다. 40일 전에 자신들이 만난 하나님이 바로 이 금송아지라고 우기며 제사를 드린 것이다. 하나님을 잊어버린 삶에는 자신들을 위한 우상이 자리하는 것이다. 하나님께 예배드리지 않는 교인은 사실 자신을 향해 예배하고 있는 것이다. 하나님의 영광의 임재를 잊어버린 교회에는 공허한 예배, 형식적 예배만 있을 뿐이다. 하나님의 임재가 없는 예배, 하나님의 임재가 없는 교회당으로 사람들을 데리고 오는 것은 다 헛수고일 뿐이다.

제임스 맥도널드 목사님은 이런 예배를 그의 책 『버티컬 처치』에서 '기름 없는 주유소'와 '화면 없는 영화관'으로 비유하고 있다. 자동차에 기름을 넣으러 주유소에 갔는데 기름이 없고, 영화를 보러 영화관에 갔는데 화면이 없다면 무슨 소용이 있겠는가? 우리의 신앙생활이 지루하고, 고루한 까닭은 하나님의 임재를 경험하지 못하기 때문이다.

그렇게 자신들이 만든 하나님, 우상을 예배한 결과 하나님의 진노가 임하여 삼천 명 가량이 죽임을 당했다(출 32:28). 불과 40일 전에 하나님의 영광의 임재를 보았건만, 금송아지 우상을 만들어 놓고 그것이 하나님이라며 광란의 파티를 벌이는 모습을 보시는 하나님의 마음은 어떨까? 그리고 우상 숭배의 결과로 삼천 명의 동족이 죽었을 때 모세는 얼마나 고통스러웠을까? 모세는 하나님께 백성들의 죄를 사하여 주시라고, 그렇지 아니하면 자신의 이름도 주께서 기록하신 책에서 지워달라고 기도하였다(출 32:32). 그 기도에 대한 하나님의 응답은 누구든지 하나님께 범죄하면 그를 하나님의 책에서 지워 버리신다고 하셨다. 그리스도인은 하나님의 생명책에 기록된 사람들이다. 그러나 범죄하면 우리의 이름이 지워질 수도 있음을 알아야 한다. 계속해서 모세의 기도가 이어진다.

이 족속을 주의 백성으로 여기소서(출 33:13).

나와 주의 백성을 천하 만민 중에 구별하심이 아니니이까(출 33:16).

원하건대 주의 영광을 내게 보이소서(출 33:18).

왜 주의 영광을 보여 달라는 것일까? 이스라엘의 죄악으로 하나님의 영광이 아니라 심판이 임했기 때문이다. 모세는 하나님의 영광이 떠난 백성이 얼마나 비참한가를 알고 있었다. 그래서 다시 그 하나님의 영광을 회복시켜 달라는 것이다.

교회는 주님의 몸이요, 하나님이 주인이신 공동체이다. 이 교회 공동체의 사명은 바로 예배를 통하여 하나님께 영광과 경배를 드리는 것이며, 그 하나님을 온 세상에 증언하는 것이다.

거룩하신 하나님을 증언하려면 우리는 새벽마다 주일마다 모든 예배와 기도회마다 거룩하신 삼위일체 하나님의 영광을 경험해야 한다. 우리 교회 공동체 위에 그 거룩하신 하나님의 영광의 임재가 가득하기를 바란다. 살아있는 교회에는 항상 성부, 성자, 성령 삼위일체 하나님의 임재, 하나님의 영광이 충만하다.

> 내가 내 모든 선한 것을 네 앞으로 지나가게 하고 여호와의 이름을 네 앞에 선포하리라 나는 은혜 베풀 자에게 은혜를 베풀고 긍휼히 여길 자에게 긍휼을 베푸느니라(출 33:19).

하나님은 누구에게 임재하시며 누구에게 은총을 베푸실까? 주의 백성으로 구별하시고 성별하여 주신 자녀에게!

# 6장

# 하나님과의 동행

만일 너희 속에 하나님의 영이 거하시면 너희가 육신에 있지 아니하고 영에 있나니 누구든지 그리스도의 영이 없으면 그리스도의 사람이 아니라(롬 8:9).

　당신은 삶 속에서 하나님의 임재를 느끼며 살고 있는가? 성령 하나님과 동행하고 있는가? 정신없이 살고 있진 않는가?

　그리스도인이 예배의 자리를 찾는 이유가 무엇인가? 한 주간의 첫날 하나님께 예배하며 하나님을 경험하고 하나님과 동행하는 삶을 살기 위해서다. 혹자는 이런 생각과 질문을 가질 수 있다. "하나님의 임재는 예배당에서만 경험하면 되는 것 아닌가?" 그렇지 않다! 하나님은 우리가 하나님을 예배당 안에서만 경험하기를 원하지 않으신다. 만약 우리가 예배당에서 예배를 드릴 때만 하나님을 경험하기를 원한다면 그것은 우리 하나님을 예배당 안에 가두어 놓는 것이다. 어떻게 우리가 하나님을 이 좁은 예배당 안에 가두어 놓을 수 있다는 말인가? 만약 가두어 놓을 수 있는 하나님이라면 하나님일 수 없다. 영이신 하나님은 온 우주에 충만한 분이시다. 하나님은 우리가 언제 어디서나 하나님을 경험하는 삶을 살기를 원하신다.

수가 성의 여인에 대해 들어 본 적이 있는가? 예수님은 수가 성 우물가에서 만난 여인에게 중요한 사실 하나를 알려주셨다. 하나님을 만나기 위해 이 산이나 저 산이나 돌아다니지 말고 '영과 진리'로 예배하라고 말씀하셨다. 다시 말해 일상에서 영과 진리로 예배할 때 하나님의 임재를 경험할 수 있다는 것이다. 예수님은 십자가 죽음 이후 절망 속에 예루살렘에서 엠마오로 내려가는 '글로바와 다른 제자'를 길 위에서 만나 주셨다. 사울도 예수의 무리를 잡으러 가는 다마스쿠스로 가는 길 위에서 예수님을 만났다. 이처럼 하나님은 어디에나 계시며 그 통치와 섭리가 미치지 않는 곳이 없으시다. 무소부재(無所不在)하신 분이시지만 상대적으로 하나님을 만나는 데 도움을 주는 장소도 있고 그렇지 못한 곳도 있다.

요즘 사람을 만나는 장소가 주로 어디일까? 남녀노소를 무론하고 대부분 카페에서 중요한 대화를 나누고 친교를 한다. 한때는 교회당이 많다고들 했지만, 이제는 전국 방방곡곡 카페로 넘쳐난다. 그렇게 사람은 사람을 만나면서 살아간다. 아늑한 분위기와 음악 그리고 향긋한 커피는 만남에 도움을 준다. 심지어 학생과 직장인들도 카페에서 공부를 하곤 한다.

"아니 목사님! 공부를 도서관에서 해야지 카페에서 합니까?"

"애들아, 공부를 도서관에서 해야지? 카페에서 공부가 되니?"

이런 생각을 한다면 '꼰대'다. 애들은 그곳에서 공부가 된다고 한다. 우리 장년 세대에는 도서관에서 공부를 했다. 학교나 집에서 했다. 그런데 요즘 아이들은 도서관이 주는 경직성, 적막함을 그다지 좋아하지 않는다. 도서관에서 공부하는 학생이 없다는 것이 아니다. 그런데 도서관보다 스터디 카페를 좋아하는 학생들이 있다는 것이다. 그래서 우리 교회에도 음료를 마실 수 있는 카페와 다음 세대를 세우는 방안으로 키즈 카페와 스터디 카페를 만들었다. 앞으로는 애견 카페에 대해서도 생각해 보지 않을 수 없을 것이다.

사람과의 만남의 장소가 필요하듯 그리스도인이 하나님을 만나기 위한 장소가 필요하다. 하나님은 은밀한 분이시다. 은밀하다는 것은 우리가 '영적으로 둔감하여 느끼지 못할 때에도 하나님은 여전히 우리와 함께 하시는 분'이란 뜻이다. 세상의 소리를 단절하고 하나님과 나만의 조용한 시간과 장소를 가져야 한다. 그곳이 바로 예배당이요, 기도실이다. 하나님은 은밀한 중에 계시기 때문에 골방에 들어가 문을 닫고 기도하라고 말씀하셨다.

너는 기도할 때에 네 골방에 들어가 문을 닫고 은밀한 중에 계신 네 아버지께 기도하라 은밀한 중에 보시는 네 아버지께서 갚으시리라(마 6:6).

우리가 예배당 안에서 정말 하나님의 임재를 경험했다면 예배당 밖에서, 즉 삶에서도 하나님의 임재 경험이 지속적으로 이어져야 한다. 신앙생활은 한마디로 '하나님과의 동행'이라고 표현할 수 있다. '주와 같이 길 가는 것 즐거운 일 아닌가!' 즐겁기 때문에 동행하는 것이다. 에녹은 65세에 므두셀라를 낳은 후 300년을 하나님과 동행하는 삶을 살았다(창 5:22). 에녹은 65세에 '하나님이 심판하신다'는 사인을 받았다. 65세까지는 내 마음대로 살았지만, '아! 나에게 주어진 시간과 기회가 지속되는 것이 아니구나! 하나님이 삶을 보시고 심판하시는구나!' 이것을 깨닫고 하나님과 동행하는 삶을 살았다. 에녹의 증손자 노아는 여호와께 은혜를 입었다. 그는 의인이었으며(창 6:8) 당대에 완전한 자였으며 그는 하나님과 동행하는 삶을 살았다(창 6:9).

우리가 은혜를 사모하고 은혜를 받는 이유가 무엇일까? 정말 우리가 은혜를 받았다면 하나님과 동행하는 삶을 살아야 한다. 입술로는 은혜를 받았다고 하지만 삶에서 하나님과 동행하는 삶을 살아내지 못한다면 그는 은혜 받은 것이 아니다. 에녹과 노아는 솔로몬 성전이 지어지기 수천 년 전의 선조들이었다. 그들 모두 성전과 상관없는 삶의 자리에서 하나님을 만났고, 하나님의 은혜를 입었으며, 하나님과 동행하는 삶을 살았다.

만약 예배당에서의 하나님의 임재를 경험했음에도 불구하고 삶의 자리로 돌아가서 하나님과의 동행이 이어지지 않는다면 그 이유는 다음 세 가지 중 하나일 것이다.

첫째, 예배당에서 삼위일체 하나님에 대한 경험이 가짜이기 때문이다. 육신의 껍데기는 예배당에 앉아 있지만 그는 하나님을 진정으로 예배하지 않았기 때문이다. 하나님을 예배한 것이 아니라 자신의 감정을 증폭시킨 것을 하나님의 임재라고 착각하는 것이다. 이 시대는 4차 산업혁명(Fourth Industrial Revolution) 시대다. 그 어느 때보다도 지식이 발달하고 과학이 발달했다. 4IR의 핵심은 사물인터넷과 인공지능이다. 4대 핵심 속성은 지능화(자동화에서 무인화), 초연결성(모든 것이 네트워크, 사람과 사람, 사람과 기계, 기계와 기계), 개인화(비접촉, 로봇), 융합(가상현실과 현실의 결합)이다. 21세기는 'AI 인공지능의 시대'다. 인공지능이 사람의 지능을 이미 앞서기 시작했다. 요즘 흔히 음식점에서 로봇이 반찬을 날라다 주는 것을 볼 수 있다. 다양한 영역에서 로봇이 사람의 역할을 대신한다. 하지만 사람이 편리함에 길들여질수록 마음과 영혼은 메마르기 쉽다. 그래서 21세기는 '인공지능의 시대'이기도 하지만 '영성의 시대'이기도 하다. 사람마다 각기 다른 영성을 추구하면서 이 산 저산을 찾아가고, 점쟁이를 찾아 가며, 이 종교, 저 종교를 찾아간다. 많은 기독교인들이 감정적 엑스터시를 영성으로 착각한다. 열광주의가 기독교 영성인 줄 안다. 물론 하나님 경험이 가슴의 뜨거움이나 온몸의 전율일 수 있다. 그러나 뜨거움이나 전율 자체가 반드시 하나님을 경험하는 것은 아니다. 그것은 농구장, 야구장, 축구장에서 팬들이 열정적인 응원을 할 때도 느낄 수 있다. 골을 넣거나, 홈런을 치면 눈물을 흘리기도 한다. 카타르시스, 심리적 만족을 맛보기 때문이다. 하지만 열광은 열광에서 끝난다. 그렇게 열광을 한 후 집에 돌아가 일주일 내내 그것을 묵상하며 기뻐할까?

그러나 참된 믿음, 참된 하나님의 임재 체험은 그 감동과 희열이 삶의 능력으로 드러난다. 우리의 예배를 통해 하나님을 경험하고 나면 하나님의 은혜와 능력은 우리의 삶으로 이어진다.

둘째, 삶의 자리에서 죄의 유혹에 넘어갔기 때문이다. 예배를 통해 말씀의 은혜를 받았지만 길 가나 바위나 가시떨기에 떨어진 씨처럼 마귀가 와서 그 마음에서 빼앗아 가고, 시련이 오면 배반하고, 이생의 염려와 재물과 향락에 막혀 버렸기 때문이다(눅 8:11-15).

셋째, 삶의 자리에서 하나님보다 자신을 높이기 때문이다. 우리는 살면서 나도 모르는 사이에 내가 높아진다. 높아진 마음은 자기 자신만 모르고 남들은 다 안다. 높아졌다는 말은 내 삶의 중심에 하나님 없이 생각하고, 하나님 없이 뜻을 정하고, 하나님 없이 말하고, 행동한다는 뜻이다. 내 생각대로, 내 뜻을 정하고 행동한다는 뜻이다.

기도가 무엇인가? 본인이 다 정해 놓고 하나님께 이렇게 저렇게 해달라고 한다면 바로 그것이 높아진 기도이다. 하나님이 원하시는 기도는 "하나님, 이런 일이 있는데 어떻게 하면 되겠습니까?"라고 묻는 것이다. 높아진 마음으로 사는 사람은 만족이 없고 기쁨이 없다. 불평만 가득하다. 그 사람 주위에는 아무도 없어 외롭게 살아간다.

어떻게 해야 할까? 마음을 낮추어야 한다. 그러면 어떻게 자신을 낮출 수 있을까? 자신의 죄를 겸허히 고백하고 회개해야 한다. 하나님은 높아진 마음에는 임재하실 수 없기 때문이다. 하나님은 낮아진 마음, 회개한 심령 가운데 임재하신다. 하나님의 임재, 하나님의 영은 더러워진 심령, 죄로 물든 심령에는 도무지 임재하실 수 없다. 누구든지 새 옷을 입기 원한다면 더러운 옷을 반드시 벗어야 한다.

모든 죄에 더러워진 예복을 주 앞에 지금 다 벗어서

샘물같이 솟아나는 보혈로 눈보다 더 희게 씻으라

(새찬송가 259장 4절)


죄로 오염된 마음과 영혼은 예수 그리스도의 보혈로 씻어야 한다.
"주의 피, 주의 피, 주의 피, 그 피로 죽었네! 주의 피, 주의 피, 주의 피,
그 피로 살았네!"라는 찬양처럼 말이다. 하나님은 바울 사도를 통해 다
음과 같이 말씀하신다.

> 만일 너희 속에 하나님의 영이 거하시면 너희가 육신에 있지 아니하
> 고 영에 있나니 누구든지 그리스도의 영이 없으면 그리스도의 사람
> 이 아니라(롬 8:9).


내가 그리스도인이란 증거가 무엇일까? 교회에 다니고 있으면 그리
스도인인가? 불행하게도 성경은 교회에 다닌다고 그리스도인이라고
말하지 않는다. 사람들은 교회에 다니면 교인, 신자, 그리스도인이라고
부른다. 그러나 그리스도인이란 교회를 오래 다닌다거나, 교회의 직분
을 받은 것으로 증명할 수 없다. 누구든지 간에 그리스도의 영이 없으
면 그리스도의 사람이 아니라고 말씀하신다. 그리스도인은 'In Christ',
예수 그리스도 안에 사는 사람을 말한다. 그러므로 내가 그리스도인이
란 증거는 내 안에 하나님의 임재, 곧 하나님의 영, 예수의 영, 성령이
있어야 한다. 그래서 나는 이렇게 정의를 내려 본다. "그리스도인은 예

수의 영을 소유한 사람이다."

> 그리스도께서 너희 안에 계시면 몸은 죄로 말미암아 죽은 것이나 영
> 은 의로 말미암아 살아 있는 것이니라 예수를 죽은 자 가운데서 살리
> 신 이의 영이 너희 안에 거하시면 그리스도 예수를 죽은 자 가운데서
> 살리신 이가 너희 안에 거하시는 그의 영으로 말미암아 너희 죽을 몸
> 도 살리시리라(롬 8:10-11).

십자가에서 처형당하여 죽었던 예수를 다시 살리신 이의 영, 곧 하
나님의 영이 내 안에 거하시면 어떻게 된다는 것인가? "너희 죽을 몸도
살리시리라!" 할렐루야!

2천 년 전 예수가 죽음 가운데서 살아나셨다. 그 예수를 죽음 가운데
서 살리신 이의 영이 내 안에 임재하시면 이 죽을 몸 역시 살리신다! 이
것이 복음이다.

우리가 어떤 사람인가? 누가 그리스도인인가? 하나님의 영광의 임
재가 있는 사람! 예수의 영을 소유한 사람! 그가 곧 그리스도인이다.

# 7장

# 복음 공동체

날마다 마음을 같이하여 성전에 모이기를 힘쓰고 집에서 떡을 떼며 기쁨과 순전한 마음으로 음식을 먹고(행 2:46).

인도의 초대 수상 간디는 예수님은 좋아했지만 끝까지 그리스도인이 되는 것을 거부했다. 영국 유학 시절 선교사이자 친구였던 앤드루스에게 전도를 받아 교회에 갔지만 교회 입구에서 유색인이라는 이유로 쫓겨난 이후 더 이상 교회에 가지 않았다. 그래서 간디는 "하나님은 오케이(Okay), 교회는 노(No)"라고 했다. 당시 영국 교회는 무엇이 문제였을까? 유색인은 주님 안에서 형제로 여기지 않은 것이다. 간디는 교회에서 차별을 경험하였고 그런 교회라면 받아들일 수 없었던 것이다.

이것이 형제와 자매를 잃어버린, 공동체 정신을 잃어버린 당시 영국 교회의 부끄러운 모습이었다.

그렇다면 오늘 교회는 어떨까? 오늘의 교회 역시 진정한 공동체라고 보기 어렵다. 단순히 예배를 위한 집단으로 전락해 버렸다. 교회가 무엇일까? 건물이 교회일까? 건물은 교회당, 예배당이다. 교회, 곧 에클레시아는 예수 그리스도를 믿고 따르고 섬기는 그리스도인의 모임, 그리스도인의 공동체다. 한마디로 교회는 그리스도인의 공동체다. 그리스도인 한 사람은 교회가 될 수 없다. 주님은 두세 사람이 자신의 이름으로 모인 곳에 함께 하시는 분이시다(마 18:20). 우리가 섬기는 성부, 성자, 성령 삼위일체 하나님은 '공동체'로 존재하신다.

> 사람마다 두려워하는데 사도들로 말미암아 기사와 표적이 많이 나타나니 믿는 사람이 다 함께 있어 모든 물건을 서로 통용하고 또 재산과 소유를 팔아 각 사람의 필요를 따라 나눠 주며 날마다 마음을 같이하여 성전에 모이기를 힘쓰고 집에서 떡을 떼며 기쁨과 순전한 마음으로 음식을 먹고 하나님을 찬미하며 또 온 백성에게 칭송을 받으니 주께서 구원 받는 사람을 날마다 더하게 하시니라(행 2:43-47).

믿음의 공동체를 경험하고 있는 교회라면 이 말씀이 특별할 것이 없는 내용이다. 그러나 그렇지 못한 교회라고 한다면 매우 충격적인 내용이다. 그저 "초기 예루살렘의 성도들은 이렇게 살았대."라고 생각하며 끝낼 내용이 아니다.

2천 년 전 나사렛 출신 예수가 이방인의 땅 갈릴리에서 수많은 무리를 몰고 다니다 예루살렘까지 진출했다. 이에 산헤드린 공의회를 중심으로 한 대제사장과 종교 지도자들은 예수가 눈엣가시 같은 존재였다. 바리새인들은 예수님을 향해 끊임없이 시비를 걸어왔다. 정치적, 종교적 대립관계에 있던 바리새인과 사두개인들이 손을 잡고 한마음으로 예수를 십자가에서 처형했다. 이제 예수로부터 시작된 3년여의 모든 소란은 끝났다. 예수의 제자들과 추종자들이 '예수가 부활했다'는 소문을 퍼뜨렸지만 예루살렘에서 더 이상 그를 본 사람은 없었다. 부활하신 주님은 40일 후 감람 산에서 제자들이 보는 가운데 승천하셨다. 산헤드린 공의회를 중심으로 한 종교 권력자들은 예수를 따랐던 제자들이 자연스럽게 해체될 것으로 판단하였다. 그러나 예수의 제자들과 무리들은 여전히 예루살렘을 떠나지 않았고 오히려 예수를 믿고 따르는 무리들이 더 많아졌다. 예수님께서 부활하셨기 때문이다. 그래서 성경에는 예수님의 제자들, 초기 그리스도인의 특이한 현상을 몇 가지 기록하고 있다.

첫째는 제자들은 예루살렘을 결코 떠나지 않았다. 오히려 예수의 제자들 120명 가량이 마가의 다락방에서 주님이 보내 주시겠다고 약속하신 또 다른 보혜사, 곧 성령 하나님을 10일 동안 사모하며 기도하며 기다렸다.

둘째는 거룩하신 하나님, 곧 성령 하나님의 임재를 경험했다. 마가의 다락방에서 기도하며 기다리는 120여 명의 제자는 드디어 오순절(칠칠절)에 성령의 충만함을 받았다. 이 오순절 날은 바로 모세와 출애굽 백성들이 시내 산에서 야훼 하나님의 영광의 임재를 처음으로 경험한 바로 그날이다.

> 모세가 하나님을 맞으려고 백성을 거느리고 진에서 나오매 그들이
> 산기슭에 서 있는데 시내 산에 연기가 자욱하니 여호와께서 불 가운
> 데서 거기 강림하심이라 그 연기가 옹기 가마 연기 같이 떠오르고 온
> 산이 크게 진동하며(출 19:17-18).

초기 예루살렘에 모인 예수의 제자들에게 성령, 곧 하나님의 영이 임
했다. 예루살렘 성전도 아니고 특별한 사람도 아닌데 마가의 다락방에
모여 주님의 약속을 기다린 제자들 모두에게 빠짐없이 성령이 임했다.

> 오순절 날이 이미 이르매 그들이 다같이 한 곳에 모였더니 홀연히 하
> 늘로부터 급하고 강한 바람 같은 소리가 있어 그들이 앉은 온 집에
> 가득하며 마치 불의 혀처럼 갈라지는 것들이 그들에게 보여 각 사람
> 위에 하나씩 임하여 있더니 그들이 다 성령의 충만함을 받고 성령이
> 말하게 하심을 따라 다른 언어들로 말하기를 시작하니라(행 2:1-4).

**셋째는 이전에 볼 수 없던 새로운 삶을 시작했다는 것이다.**

> 믿는 사람이 다 함께 있어 모든 물건을 서로 통용하고 또 재산과 소
> 유를 팔아 각 사람의 필요를 따라 나눠 주며 날마다 마음을 같이하여
> 성전에 모이기를 힘쓰고 집에서 떡을 뗄 때며 기쁨과 순전한 마음으로

음식을 먹고 하나님을 찬미하며(행 2:44-47).

## 그렇다면, 성령을 받았다는 것은 무슨 뜻일까?

1) 성령 하나님이 나와 동행하신다.
2) 내 안에 하나님의 영이 임재함으로 내 영이 하나님의 마음, 예수
  님의 마음을 깨달을 수 있게 된다.

## 더 나아가, 성령을 받은 초기 그리스도인들은 어떻게 살았을까?

1) 모든 물건을 함께 사용했다.
2) 재산과 소유를 팔아 형제의 필요에 따라 나누어 주었다.
3) 날마다 마음을 같이하여 함께 예루살렘 성전에 가서 기도했다
  (행 3장).
4) 집에서 빵을 서로 떼며 음식을 먹고 하나님을 찬양했다.

이 네 가지 모습을 한마디로 표현하면 '공동체 삶'이다. 초기 예수의
제자들은 3년 동안 제자 공동체를 이루었지만 예수의 십자가 앞에서 다
도망가고 말았다. 마치 실패한 것 같았다. 그러나 오순절 마가의 다락
방에서 성령을 받은 후 진정한 제자 공동체의 삶으로 변화되었다.

오늘 우리 교회는 이런 공동체의 삶을 보여 주고 있는가? 그렇지 않
은가? 보여 주지 못한다면 그 이유는 무엇일까? 둘 중 하나겠다! 아직

성령을 받지 못했거나 성령을 받았지만 성령 하나님의 생각에 순종하지 않은 것이다.

1996년도 강원도 백마고지 연대의 군목으로 있을 때의 일이다. 서울에서 온 찬양팀이 자꾸만 '형제님, 형제님' 하고 불렀다. 나중에 목사인 것을 알고는 죄송하다고 하길래 전혀 죄송할 일이 아니라고 했다. 형제보고 형제라고 한 것인데 뭐가 죄송할까? 우리 모든 그리스도인은 예수 안에서 형제요, 자매임을 알고 있다. '성도님'은 살짝 거리감이 있는 3촌의 느낌이 든다면, '형제, 자매'라고 부르면 2촌의 호칭이라 매우 친밀감을 준다. 그런데 느끼고 있는가? 실제로 그런 관계인가? 같은 하나님을 믿고 섬기며, 구원을 받아 영원한 천국을 상속받을 분들이지만 여전히 남남으로 여겨지는 건 왜일까? 그것은 초기 예루살렘 제자들처럼 '공동체 삶'을 경험하지 못하고 있기 때문이다. 우리 하나님께서 우리를 어떻게 부르시나? 하나님께서는 우리를 자녀요 친구로 불러주신다(출 33:11; 사 41:8; 마 11:19; 요 11:11; 눅 12:4; 약 2:23). 하나님은 아브라함과 모세를 친구로, 예수님은 제자들과 나사로와 세리와 죄인들을 '내 친구(φίλος)'라고 호칭하셨다. 형제, 자매라고 부르는 것은 우리가 그리스도 안에서 한 가족, 식구, 한 공동체를 이루고 있다고 믿기 때문이다.

그런데 우리는 왜 공동체 신앙에 관심이 없을까? 그것은 혼자 신앙생활을 하는 게 아무 문제가 없다고 생각하기 때문이다. 다른 성도와의 교제는 필요 없고 오히려 불편하다고 여긴다. 혼자 교회에 나와서 하나님을 예배하고, 헌금을 드리고 가면 자녀로서 의무와 책임을 다했다고 생각한다. 이런 생각은 교회를 다니지 않아도 살아가는 데에 아무 문제가 없다고 생각하는 일반 사람들과 같은 태도이다.

저자가 섬기고 있는 청주서남교회는 2019년 1월부터 기존 구역 조직에서 '목장 공동체'로 사역 변경을 시작했다. 왜냐하면 'Ad Fontes(Back to wards an origin)', 즉 본질로 돌아가는 것은 바로 초기 교회의 모습을 회복하는 것이라고 생각했기 때문이다. 예루살렘 교회는 지금처럼 따로 건물이 있었던 것이 아니다. 좋은 시설이나 체계적인 양육과정이 있었던 것도 아니다. 그럼에도 불구하고 예루살렘 교회는 성령이 충만했고, 모두 공동체 마음을 가졌고, 서로를 형제와 자매로 여겼다.

당신은 어떤 교회, 어떤 공동체에 속하고 싶은가?

1) 좋은 예배당과 카페와 다양한 프로그램이 있어 그저 은혜만 받고, 서로 간섭하지 않고, 남남으로 여기는 교회
2) 예배당 시설도 열악하고, 프로그램도 빈약하고, 카페도 없지만, 서로 형제자매로 여기고, 물건을 나누고, 음식을 나누는 공동체 삶이 있는 교회
3) 좋은 예배당, 좋은 카페, 다양한 성경공부와 양육과정, 그리고 공동체의 나눔이 있는 교회

COVID-19 이후 교회로 모이는 데 여러 가지 어려움과 제약이 생기면서 소그룹 '목장 공동체' 사역에 대하여 더욱 확신을 갖게 되었다. 목장 사역을 강조하다 보니 이런 생각을 하는 사람도 있을 것이다. 때때

로 사람들은 자신이 바쁘다는 핑계로 공동체에 속하기를 꺼려한다. '그냥 혼자 믿고 살아도 문제없는데 왜 자꾸 공동체, 공동체 하나? 내 믿음은 내가 지키면 되지!' 하지만 틀렸다! 내 믿음은 내가 지킬 수 없다! 정말 내 믿음 내가 지킬 자신이 있는가? 내 믿음 내가 지킬 수 있다면 왜 주님께서 교회를 세우셨을까? 내 믿음 내가 못 지키니까 사이비나 이단에 빠지고 가나안(거꾸로 읽으면 안 나가) 교인이 되는 것 아닌가? 이 나라는 누가 지킬까? 국군장병들이 지킨다. 내 믿음은 교회가 지키고, 내 믿음을 목장 공동체가 지킨다! 바울형 목장(싱글), 베드로형 목장(부부), 예비 목장, 신토 목장(신앙의 토대), 여전도회 목장, 남선교회 목장, 각 국별 목장, 동호회 목장 등 다양한 목장 공동체가 점점 늘어 분가를 하고, 선교사 후원시스템까지 이루어지니 너무 감사한 일이다.

천국을 아는 그리스도인이라 할지라도 자신에게 적용하지 못하면 천국에 들어갈 수 없다. 천국을 안다면 천국에 들어가야 한다. 이처럼 교회를 아는 것과 교회 공동체를 체험하는 것은 전혀 다른 차원이다. 우리가 진짜 교회를 경험하려면 초기 교회처럼 서로에 대해 속속들이 알고 친밀한 유대감과 사랑의 교제가 있어야 할 것이다. 그래서 소그룹이 효과적인 것이다. 예수님도 12명을 제자로 불렀다. 사도행전 1장 15절에 나오는 인원은 120명이다.

공동체에 들어올 수 없을 만큼 산적한 일로 바쁜가? 그것은 행복한 비명일 수 있다. 그러나 진짜 행복하려면 그 바쁨 속에서도 여유를 만들 수 있어야 한다. 바빠서 예배드리지 못하고, 바빠서 기도하지 못하고, 바빠서 헌신하지 못하는 그리스도인이 아니라 할 일이 너무 많기 때문에 먼저 기도해야 하고, 바쁘기 때문에 먼저 예배드리고, 바쁘기 때문에 헌신하는 성도가 되어야 한다. 여유의 가치는 바쁨 속에 있다. 할 일 없는 사람은 여유의 가치를 못 느낀다. 그 사람은 그냥 한가한 시간을 보내는 것이다. 사실 그리스도인답게 사는 것은 매우 바쁜 삶이다. 가정에서 할 일, 직장에서 할 일도 많은데 신앙의 행위를 하는 것도 적지 않다. 매일 성경을 읽고, 새벽에 기도로 시작하고, 수요 라이브 목장 예배에 참여하고, 금요예배에 참여하고, 주일예배, 성경공부, 목장모임, 남선교회와 여전도회, 형제자매의 경조사에 동참하는 등 …. 왜 이렇게 바쁘게 살아갈까? 그 삶이 기쁘고 감사하고, 행복해서다. 시간의 주인은 내가 아니라 하나님이시다. 지금 하지 않으면 정말 하고 싶은데 더 이상 시간이 주어지지 않을 때가 곧 온다.

코로나 이후 많은 성도들이 교회를 떠난 것은 진짜 교회, 진짜 공동체 경험을 하지 못했기 때문이다. 하지만 이보다 더 강력한 바이러스가 출현한다든지 또 다른 모습의 환난이 찾아오더라도 우리 형제자매들의 믿음을 지켜줄 공동체가 바로 '목장 공동체'다. 초기 예루살렘 공동체는 그 공동체의 맛을 체험하고 살았고, 그 공동체를 통하여 전 세계에 복음이 전파되는 폭발적인 역사가 시작되었다. 주님이 온 세상을 복음화하는 전략은 12명의 제자 공동체를 만든 것이다. 예루살렘 초기 그리스도인의 공동체에 박해가 일어나자 곳곳으로 흩어져 또 다른 교회 공동체를 세웠다.

'믿음'은 개인적 사건인 동시에 공동체 사건이다. 그래서 우리가 예배드릴 때 사도신경으로 신앙고백을 하는 것은 개인의 신앙고백을 넘어 공동체의 신앙고백을 하는 것이다.

"복음으로 내가 먼저 물들면 자녀가 물들고, 가정이 물든다. 가정이 물들면 목장 공동체가 물든다. 목장 공동체는 교회 공동체를 물들이고 교회 공동체는 세상을 물들일 수 있다."

# 8장

# 하나님의 영광

자기 앞에 영광스러운 교회로 세우사 티나 주름 잡힌 것이나 이런 것들
이 없이 거룩하고 흠이 없게 하려 하심이라(엡 5:27).

    2022년 베이징 동계 올림픽, 쇼트트랙 여자 1,500미터에서 최민정
선수는 2018년 평창 동계 올림픽에 이어 2연패 금메달을 땄다. 시상대
에 오른 최 선수의 얼굴에는 함박웃음이 피었다. 금메달은 개인의 영광
이요, 온 국민과 우리나라의 영광이다. 이 모습을 보면서 '교회의 금메
달'이 무엇인지 생각해 보았다. 교회의 금메달이 무엇일까? 많은 사역
을 하는 것? 성도가 많이 모이는 것? 헌금이 많은 것? 아니다. 교회의
금메달은 '하나님의 영광이 가득한 것'이다. 성도들의 모임과 교제 가운
데 하나님의 영광이 가득하고, 그 가득한 하나님의 영광을 세상 가운데
드러내는 것이다. 그것이 그리스도인의 삶이요, 전도요, 선교이다. 이

렇게 하나님의 영광의 임재가 가득한 시간이 바로 예배다. 그러므로 영과 진리로 예배하는 성도들은 영광의 금메달을 따는 것이다. 예배당 문을 나설 때 성도들은 목에 그 영광스러운 금메달을 달고 나가야 한다. 하나님은 우리가 예배를 통하여 하나님께 모든 영광을 돌릴 때 기뻐하신다. 그리스도인의 모든 시간과 삶이 예배이다. 참된 예배는 예배가 삶의 자리로 이어진다. 하나님은 우리가 거룩하고 아름답게 살아가는 그 모습을 보시고 기뻐하신다.

우리가 드리는 예배의 자리는 하나님께 영광을 드리는 자리다. 레위 지파는 하나님께 제사를 드리도록 선택받은 지파였다. 그들은 성막에서, 그리고 성전에서 하나님을 섬겼다. 특별히 아삽과 헤만, 여두둔은 하나님을 찬양하는 직분을 받았다(대상 15:16-19, 16:37; 대하 29:30, 35:15). 찬양대원은 아삽과 헤만 그리고 여두둔의 영적 후손이라고 할 수 있다.

그런데 이렇게 귀한 찬양대원의 위기가 언제 찾아올까? 예배를 드릴 때가 아니라 예배를 마친 후에 찾아온다. 성도들이 "오늘 찬양이 은혜로웠습니다!"라고 반응할 때가 바로 위기의 순간이다. 그 소리를 듣고 미소를 지을 때이다. 미소를 지으면 안 된다는 말이 아니다. 그 소리를 듣고 '역시 찬양 잘하지?'라는 마음이 드는 것을 경계해야 한다. 하나님이 들으시는 찬양인가? 아니면 성도들이 듣고 칭찬하는 찬양인가를 생각해야 한다. 찬양대원은 착각하지 말아야 한다. 성도들을 위한 찬양이 아니다. 오직 삼위일체 하나님을 위한 것이다. 다윗 왕은 이렇게 노래했다. 내 입술이 누구를 찬송하는가? 주를 찬송한다! 찬양은 오직 하나님을 위한 것이어야 한다.

> 주여 내 입술을 열어 주소서 내 입이 주를 찬송하여 전파하리이다(시 51:15).

기도자의 위기가 언제 찾아올까? "장로님, 권사님, 집사님! 오늘 기도가 참 은혜가 되었습니다!"라는 말을 들을 때이다. 기도는 자신의 유식함이나 잘남을 드러내는 것이 아니다. 하나님이 받으시는 기도는 성도들에게 들려주는 기도가 아니라 회중들의 마음을 헤아려 하나님께 겸손히 드리는 기도이다. 기도자의 통회(痛悔), 즉 회개하는 마음이 없는 기도는 하나님이 받지 아니하신다.

> 여호와는 마음이 상한 자를 가까이 하시고 충심으로 통회하는 자를 구원하시는도다(시 34:18).

성경 봉독자의 위기가 언제 찾아올까? "오늘 말씀 봉독 참 잘했습니다!"라는 말을 들을 때다. 성경을 읽다가 긴장하여 발음이 틀릴 수도 있고, 혀가 꼬일 수도 있다. 그래도 순전하고 겸손한 마음으로 봉독(奉讀)하면 된다. 그러나 아무리 발음이 아나운서처럼 낭랑하고 정확해도 순전하고 겸손한 마음이 없다면 잘못된 봉독이다.

설교자의 위기가 언제 찾아올까? "목사님 말씀에 큰 은혜 받았습니다!"라는 말을 들을 때다. 그런 피드백이 감사하지만 그런 피드백을 받기 위해서 설교하는 것도 아니요, 그런 피드백을 못 받았다고 서운해할 필요가 없다. 설교는 성도들에게 칭찬받으려고 하는 것이 아니라 이 시대와 우리를 향한 하나님의 마음, 하나님의 생각을 전하는 것이다. 옛말에 몸에 좋은 약이 입에는 쓰다고 했듯이 영혼을 살리는 구약과 신약은 쓰다. 그러나 쓸지라도 '아멘'으로 먹으면 우리의 상한 마음, 굳어진 심령이 치유되고 소생하며 회복되는 역사가 일어난다. 그러므로 설교자의 사명은 성경을 통해서 들려주시는 하나님의 음성을 그 백성들에게 가감 없이 전하는 것이다.

교회는 오직 하나님의 영광만을 드러내야 한다. 교회의 영광, 성도의 영광이란 하나님의 영광을 이 세상 가운데 드러내는 것이다. 달이 빛을 비추는 것은 자체 능력이 아니라 햇빛을 반사하는 것이요, 그 햇빛의 영광은 바로 해를 창조하신 하나님의 영광을 반사하는 것이다. 이처럼 성도 개개인의 영광은 교회 공동체의 영광을 반사하는 것이요, 교회의 영광은 하나님의 영광을 반사하는 것이다. 다윗이 이렇게 찬양한다.

하늘이 하나님의 영광을 선포하고 궁창이 그의 손으로 하신 일을 나타내는도다(시 19:1).

하늘이 무엇을 선포하는가? 하나님의 영광!
교회가 무엇을 선포해야 하는가? 하나님의 영광!
교회의 사명은 이 세상에 하나님의 영광을 선포하는 것이다. 우리가 이 세상에 살면서 하나님의 영광을 드러내는 것은 사명이다.

그런데 이 땅 위에는 하나님의 영광을 선포하는 영광스러운 교회만 있는 것은 아니다. 하나님의 영광이 아니라 하나님을 슬프게 하는 교회도 있다. 어떤 교회일까? 하나님의 영광이 아닌 사람의 영광으로 가득한 교회이다! 하나님의 영광은 사라지고, 교회 안에서 끊임없이 자신의 의를 드러내며 자신의 생각대로 교회 공동체를 이용하려고 한다. 마치 바리새인이 서서 큰 소리로 하나님을 부르며 기도하면서 자신이 의로운 사람이라는 것을 많은 사람들에게 보이려고 한 것처럼, 하나님의 이름을 들먹이지만 결국 자신의 이익을 취한다. 교회를 통하여 일신의 안위를 도모하고, 끊임없이 자신의 욕심을 드러내는 사람, 십자가의 원수로 사는 교인인 것이다. 자신을 알아주면 좋아하고, 알아주지 않으면 서운해하고 섭섭해한다. 이 사람은 과연 누구를 위하여 헌신하고 사역하는 것일까? 사도 바울이 이렇게 탄식한다.

> 스스로 지혜 있다 하나 어리석게 되어 썩어지지 아니하는 하나님의 영광을 썩어질 사람과 새와 짐승과 기어다니는 동물 모양의 우상으로 바꾸었느니라(롬 1:22-23).

사람의 어리석음, 사람의 죄가 무엇일까? 영원한 하나님의 영광을 썩어질 사람의 모양으로 바꾸는 것이다. 하나님을 섬기지 아니하고 그 썩어질 피조물의 우상을 섬긴다. 이것이 마귀가 하나님을 향해 반역하는 일이다. 오늘도 마귀는 자신을 광명한 천사로 위장하여 우리를 유혹한다.

이것은 이상한 일이 아니니라 사탄도 자기를 광명의 천사로 가장하나니 그러므로 사탄의 일꾼들도 자기를 의의 일꾼으로 가장하는 것이 또한 대단한 일이 아니니라 그들의 마지막은 그 행위대로 되리라(고후 11:14-15).

마귀는 자신을 광명한 천사처럼 가장하여 우리를 유혹한다. 마귀의 유혹에 넘어가면 영광스러워야 할 교회를, 자신이 영광을 받는 수치스러운 교회로 바꾸어 버린다. 그러나 영의 눈을 뜬 성도, 성령을 받은 성도는 분별할 수 있다.

참된 믿음의 사람은 영광스러운 교회 공동체를 세워 나간다. 그래서 사도 바울은 이렇게 고백했다.

우리가 살아도 주를 위하여 살고 죽어도 주를 위하여 죽나니 그러므로 사나 죽으나 우리가 주의 것이로다(롬 14:8).

주를 위하여 사는 것도 쉽지 않지만 주를 위하여 죽는 것은 더 어렵다. 신앙생활을 하면서 받는 오해나 시기나 질투가 있다면 기뻐하라! 그때가 주님께 영광 돌리는 순간이다!

참된 교회는 하나님의 영광이다. 참된 성도는 하나님의 영광이요, 기쁨이요, 자랑이다. 하나님은 자신이 피로 값 주고 사신 교회를 보시고 기뻐하신다.

사람들이 코로나 이전에는 이렇게 물었다.

"교회 다니세요?"

코로나 이후에는 이렇게 묻는다.

"아직도 교회 다니세요?"

교회는 보이는 건물이 아니다. 우리 눈에 보이는 것은 예배당 또는 교회당이다. 교회는 단순히 다니는 곳이 아니라 '그리스도인의 거룩한 모임'이요 '형제자매와 교제를 나누는 공동체'다. 진짜 교회는 건물이 아니라 사람인 것이다. 교회를 건물로 인식하게 되면서 교회는 다니는 곳이 되어 버렸다. '믿음의 형제자매들과 영적인 모임과 교제'는 사라져 버렸다. '성도'가 사라진 자리에는 '군중', '관객', '팬클럽'만이 남았다. 영화관에서 내 옆의 관객과 무슨 상관이 있을까? 함께 예배를 드리는 전후좌우의 성도는 나와 무슨 관계가 있을까? 인사를 시키니까 어쩔 수 없이 하지만 그렇게 인사를 나누었다고 해서 그것이 성도의 교제, 공동체의 경험을 하는 것은 아니다. 교회를 다닌다는 것은 예배를 드리는 것만을 의미하는 것이 아니라 성도들끼리 형제요 자매로 한 공동체를 경험하고 살아간다는 의미다.

> 두세 사람이 내 이름으로 모인 곳에는 나도 그들 중에 있느니라(마 18:20).

주님은 두세 사람, 즉 공동체 가운데 거하시겠다고 말씀하셨다. 그래서 그들이 모여 기도하고, 찬송하며, 말씀의 은혜를 나누는 것을 기뻐하시고 그들 중에 함께 하신다. 참으로 안타까운 것은 교회를 다니지만 진정한 교회의 맛, 공동체의 맛을 경험해 보지 못하고 다니는 성도들이 많다는 것이다. 성부, 성자, 성령 삼위일체 하나님도 공동체로 존재하신다. '사람을 하나님의 형상대로 지으셨다'는 말의 의미 중 하나는 사람의 존재 방식을 삼위일체 하나님의 존재 방식처럼 만드셨다는 것이다. 하나님께서 삼위 안에서 공동체로 존재하시는 것처럼 사람도 혼자가 아닌 공동체의 방식으로 존재하도록 만드셨다. 교회가 성도들의 큰 공동체라면 목장은 작은 공동체다. 혼자는 외롭지만 공동체는 행복하다. 혼자는 약하지만 공동체는 강하다.

사도 바울은 에베소교회가 건강하고 거룩하고 주님의 영광을 드러내기 위한 교회로 세워지기를 간절히 원했다. 그래서 교회를 신랑과 신부의 관계로 설명한다. 신랑과 신부, 성도와 예수 그리스도를 함께 설명하는 이중적 방식을 사용한다. 신부는 교회요 신랑은 예수 그리스도시다. 신부 없이 신랑 없고, 신랑 없이 신부 없다. 성도는 몸이요, 주님은 머리이다. 몸 없는 머리, 머리 없는 몸이 있을 수 없다. 아내의 머리가 남편인 것처럼 교회의 머리도 예수 그리스도라는 것이다. 골로새 교인들에게도 동일하게 말씀하신다.

그는 몸인 교회의 머리시라(골 1:18).

여기서 '그'는 예수 그리스도이시다. 예수 그리스도가 바로 교회의 머리요, 머리라는 말은 주인이라는 뜻이다. 교회를 이루는 성도들이 머리이신 예수 그리스도께 순종하는 것처럼 아내도 머리 된 남편에게 순종하라는 것이다. 남편들의 입가가 살짝 올라간다. 반대로 교회를 통해 남편들에게도 말씀하신다.

> 남편들아 아내 사랑하기를 그리스도께서 교회를 사랑하시고 그 교회를 위하여 자신을 주심 같이 하라(엡 5:25).

신부가 신랑에게 순종하고, 신랑은 신부 사랑하기를 신랑 되신 주님이 신부 된 교회에 자신을 주심 같이 하라는 것이다. 신랑과 신부, 교회와 예수 그리스도의 사랑의 공통점은 '자신을 주심 같이'다. 사랑이란 서로를 향해서 자신을 주는 것이다. 신부가 신랑의 사랑을 받으면 행복하듯, 교회가 주님의 사랑을 받으면 그 교회에 하나님의 영광이 임한다. 신랑과 신부, 교회와 주님의 관계가 순종과 사랑으로 맺어질 때 깨끗하고, 거룩하고, 영광스런 교회로 세워지게 되는 것이다.

하나님의 영광으로 물들어 가는 거룩한 공동체! 그것이 교회다.

# 9장

# 여호와 앞에서 뛰놀리라

다윗이 미갈에게 이르되 이는 여호와 앞에서 한 것이니라 그가 네 아버
지와 그의 온 집을 버리시고 나를 택하사 나를 여호와의 백성 이스라엘
의 주권자로 삼으셨으니 내가 여호와 앞에서 뛰놀리라(삼하 6:21).

인도와 네팔에서는 사람을 만났을 때나 작별할 때 '나마스테' 하고
인사한다. '나마스테'는 산스크리트어로 '내 안의 신이 그대 안의 신에
게 인사한다, 존경한다, 경배한다, 존중한다, 예배한다.' 등의 뜻을 갖는
다. 타인의 존재 그 자체를 아름답고 귀하다고 인정하는 것이다. 타인
에 대한 존중과 사랑의 표현은 곧 자기 자신도 그런 존재라는 것을 의
미하기도 한다. 예를 들어, 어려움을 당한 친구를 도와 문제가 해결되
었을 때 친구에게도 유익이요 나 또한 아름답고 선한 행동을 한 것으로
서 서로에게 귀한 존재가 된 것이다.

이슬람교를 믿는 아랍인들은 '인샬라!' 하며 인사를 하는데, '신(알

라)의 뜻대로', '만약 신이 원한다면'의 뜻이다.

'사와디 캅'은 태국어로 '안녕하세요!'이다. 태국에 갔을 때 "싸왔디 캅" 하는 인사를 듣고는 "안 싸왔다!"라고 말하며 웃었던 적이 있다.

미국 인사 'Goodbye'는 'God be with you(하나님이 당신과 함께 하기를)'란 뜻이다. 아침 인사 'Good morning'은 'God be with you in the morning(하나님이 함께 하는 아침이기를)'으로 해석해도 될 법하다.

어떤 하루가 좋은 하루이고 행복한 하루일까?

하나님이 함께 하는 하루가 좋은 하루이다.

우리의 인사말에는 가장 일반적인 안부 인사인 '안녕하세요!' 외에 '진지 드셨습니까?', '식사하셨어요?', '밥 먹었니?' 등 밥과 관련된 인사가 종종 쓰이곤 한다. 가난했던 시절 끼니를 잇지 못할 때가 많았기 때문일 것이다. 동기 목사 한 분은 아내가 밥을 잘 차려 주지 않으면 엄청 서운하다고 한다. 자기를 무시하는 느낌이 든다고 한다.

우리는 만나면 '밥은 먹고 다니는지? 밥은 먹고 사는지? 못 먹고 사는지? 뭘 해 먹고 사는지?' 그것부터 궁금해한다. 상대방의 끼니 걱정을 해 주는 것이다. 그 속에는 상대방에 대한 애틋한 사랑과 위로가 담겨 있는 것이다. 자녀들이 살아 보려고 이 일 저 일을 하며 돌아다니면 엄마가 한마디 한다. '그래, 밥은 먹고 돌아다니는 거니?' 이 한마디 말 속에 자녀를 향한 깊은 사랑과 진한 위로가 담겨 있다.

우리는 삶의 현장인 가정과 직장에서 분주하게 움직인다. '가치 실현', '자아실현'을 위해서이기도 하지만 더 원초적인 이유는 양식이 필요하기 때문이다. 사람은 먹어야 생존할 수 있는 존재다. 아이러니한 것은 양식을 얻기 위하여 그렇게 수고하면서 오히려 식사 때도 잊어버리고 건너뛸 때도 많다. 식당 직원들은 손님들 식사 서비스를 해 주느라 자신의 배는 못 채우다가 손님들이 돌아간 뒤에 제때가 지나서야 비로소 식사를 한다. 남의 밥 챙겨주면서 정작 자신은 맨 나중에 챙긴다.

우리가 한 주일을 열심히 살다가 주일 아침에 하나님을 예배하는 이유가 무엇일까? 육신의 양식만 중요한 것이 아니라 내 영혼의 양식도 필요하기 때문이다. 사람은 영적인 존재로서, 땅의 양식으로 전부 충족되는 것이 아니라 영의 양식을 먹어야 영적인 배부름, 만족, 기쁨, 평안함, 행복을 느낄 수 있다.

> 사람이 떡으로만 살 것이 아니요 하나님의 입으로부터 나오는 모든 말씀으로 살 것이라(마 4:4).

왜 우리의 마음과 영혼이 곤고한가?

왜 마른 삭정이 같이 되었을까?

영의 양식인 하나님의 말씀을 먹지 아니하고 거부했기 때문이다. 순종하지 않았기 때문이다. 왜 그럴까? 하나님의 말씀을 안 먹어도 육신이 사는 데에는 지장이 없어 보이기 때문이다. 하지만 그 영혼은 깊이 병들어 가고 있는 것이다. 창조주 하나님께서 사람을 그렇게 창조하셨다. 삼시(三時)가 되면 배고픔을 느끼듯이 우리의 영혼도 끊임없이 하나님의 양식을 갈망하게 되어 있다.

하나님께서 지금 우리에게 물으신다.

"그래, 밥은 먹고 돌아다니는 거니? 내가 주는 양식으로 배불리며 살고 있니?"

밥도 못 먹고 수고하는 아들을 향한 엄마의 안타까운 마음으로 물으신다.

예배를 통하여 하나님을 만나고, 그 영광의 임재를 체험하길 원하신다. 하나님이 주시는 하늘 양식을 먹기를 원하신다. 그 양식 속에는 하나님의 사랑과 위로와 격려가 가득 들어 있다.

우리는 매주 드리는 예배에서 무엇을 기대하는가?

예배당에서 예배드릴 때 무엇으로 채우는가?

우리 교회는 올해 들어 입례송으로 〈길을 만드시는 분(Way Maker)〉* 이라는 찬양을 부르고 있다. 이 찬양 속에 하나님의 임재가 있고, 우리를 어루만지시며 먹이시는 하나님의 양식이 들어 있다.

아프리카 나이지리아의 CCM 싱어송 라이터 시나치(Sinach)가 이 곡

---

* Way Maker (Sinach) _ 비공식 가사
  주 여기 함께 하시네 나 예배해 나 예배해!
  이 곳에 운행하시네 나 예배해 나 예배해!
  모든 맘 위로하시네 나 예배해 나 예배해!
  상한 자 치유하시네 나 예배해 나 예배해!
  주 여기 역사하시네 나 예배해 나 예배해!
  죄인을 돌이키시네 나 예배해 나 예배해!
  눈먼 자 보게 하시네 나 예배해 나 예배해!
  교회에 새 힘 주시네 나 예배해 나 예배해!

  이 곡의 공식 번안 가사에 대한 내용은 「아이굿뉴스」 기사 참고.
  http://www.igoodnews.net/news/articleView.html?idxno=63734

을 작곡할 때(2016년) 성령님께서 전 세계 중 유일한 분단국가인 우리나라에 대한 마음을 주셨다고 한다. 지구 반대편의 아무 연고 없는 나라를 위해 기도하면서 만든 곡이라는 사실은 이것이 성령 하나님의 역사임을 말해 준다.

예배를 통하여 하나님의 영광의 임재를 경험하는 것이 왜 중요한가? 우리를 위로하시고, 만져주시고, 치유하시고, 힘을 주시는 사랑의 하나님을 경험하기 때문이다. 예배는 하나님의 임재를 경험하는 사건이다. 하나님의 임재를 경험하는 것은 하나님의 형상대로 지음 받은 피조물의 최고의 복이다.

이스라엘 백성들이 애굽에서 나와 시내 산에서 율법을 받았다. 그때 하나님은 규례에 따라 성막을 만들고, 언약궤(히 אֲרוֹן הַבְּרִית 아론 하버리스, 법궤 Ark of the Covenant)를 만들라고 지시하시며 그 방법을 아주 상세하게 알려 주셨다. 이 언약궤(법궤)의 뚜껑 격인 '속죄소'에서 하나님이 대제사장(이스라엘 백성을 대표한)을 만나 주신다고 약속하셨기 때문에 아주 신성시되었다. 하나님의 영광의 임재를 상징하는 것이 바로 '언약궤(법궤)'였기 때문이다.

사무엘 선지자와 엘리 제사장이 사역하던 시대에 이스라엘은 블레셋과의 전투에서 밀리자 실로에 있던 하나님의 궤(언약궤, 법궤)를 에벤에셀로 옮겼다. 그러나 전투에서 대패하여 3만 명이 죽고, 언약궤(법궤)는 블레셋에 빼앗겼고, 엘리의 두 아들과 엘리도 죽었다. 하나님의 궤는 블레셋인들에 의해 일곱 달 동안 보관되었지만(삼상 6:1) 끊임없이 블레셋에 하나님의 심판이 임하자 벧세메스로 반환하였고, 다시 기럇여아림 아미나답의 집에 20년 동안 머물렀다.*

왕이 된 다윗은 제일 먼저 방치되어 있던 하나님의 궤를 다윗 성으로 모셔올 마음을 먹는다. 아미나답의 집에서 예루살렘으로 옮길 때 궤를 운반하는 소가 뛰자 웃사가 궤를 붙들다 그 자리에서 죽고 말았다. 다윗이 두려워서 여호와의 궤를 다윗 성으로 메어 가기를 즐겨하지 아니하고 가드 사람 오벧에돔의 집으로 메어 가 석 달을 보내는데(삼하 6:10) 어찌 된 영문인지 이번에는 여호와께서 오벧에돔과 그의 온 집에 복을 주셨다는 소문이 들려왔다. 이에 다윗은 두려움을 극복하고 다시 하나님의 궤를 다윗 성으로 메어오게 된다.

이제 오벧에돔의 집에서 예루살렘으로 그 법궤를 메고 들어오는데 여섯 걸음을 가도 문제가 없었다. 그래서 다윗이 소와 송아지로 제사를 드리며 여호와 앞에서 기뻐서 춤을 추었다. 너무나 기뻐서 축제와 잔치 분위기 속에 다윗은 사람을 의식하지 않고, 하나님 앞에서 기쁨의 춤을 춘 것이다. 그러나 아내 미갈은 "방탕한 자가 염치없이 자기의 몸을 드러내는 것처럼 몸을 드러내었다며"(삼하 6:20) 심중에 그를 업신여겼다.

> 다윗이 여호와 앞에서 힘을 다하여 춤을 추는데 그때에 다윗이 베 에봇을 입었더라(삼하 6:14).

---

* 법궤의 이동: 시내광야 → 길갈(↔여리고) → 실로 → 에벤에셀 → 블레셋(아스돗 → 가드 → 에그론) → 벧세메스 → 기럇여아림(아미나답의 집) → 오벧에돔의 집 → 다윗성(예루살렘 남동쪽에 위치한 시온에 세워진 산성) → 솔로몬 성전

다윗과 온 이스라엘 족속이 즐거이 환호하며 나팔을 불고 여호와의 궤를 메어 오니라(삼하 6:15).

여호와의 궤가 다윗 성으로 들어올 때에 사울의 딸 미갈이 창으로 내다보다가 다윗 왕이 여호와 앞에서 뛰놀며 춤추는 것을 보고 심중에 그를 업신여기니라(삼하 6:16).

다윗이 번제와 화목제를 드리고, 만군의 여호와의 이름으로 백성에게 축복하고, 선물을 한 후 가족을 축복하려고 집에 돌아왔을 때 미갈이 산통을 깨고 말았다.

이스라엘 왕이 오늘 어떻게 영화로우신지 방탕한 자가 염치없이 자기의 몸을 드러내는 것처럼 오늘 그의 신복의 계집종의 눈앞에서 몸을 드러내셨도다 하니(삼하 6:20).

한마디로 왕이 체통을 지키지 못하고 하체를 드러내며 춤을 추느냐고 비난한 것이다. 큰 일, 대단히 기쁜 축제를 무사히 마치고 기쁨으로 온 왕을 아내가 비난하다니 참으로 기가 막힐 노릇이 아닐 수 없다. 하나님을 찬양하고 기뻐하는 것을 보고 힐난하는 미갈은 하나님의 임재에 대해 전혀 상관이 없는 삶을 살았다. 이것이 악이다. 그때 다윗 왕이 미갈을 향해 일갈(一喝)한 것이 무엇인가?

이는 여호와 앞에서 한 것이니라 그가 네 아버지와 그의 온 집을 버리시고 나를 택하사 나를 여호와의 백성 이스라엘의 주권자로 삼으셨으니 내가 여호와 앞에서 뛰놀리라(삼하 6:21).

"나는 여호와 앞에서 한 것이다! 나는 언제든 여호와 앞에서 기뻐서 뛸 것이다!"

오늘 이 시대는 하나님과 우리의 믿음을, 교회 가는 것을, 예배드리는 것을 은근히 또는 노골적으로 비웃는다. 미갈처럼 같은 교인조차도 그렇게 비난하기도 한다. 그러나 결코 기가 죽거나 창피하게 여기지 말아야 한다. 오히려 하나님의 영광의 임재 앞에서 다윗처럼 하나님을 기뻐하며 춤을 출 수 있어야 한다. "I will dance like David!", "I will dance like David before God!" 하나님은 다윗의 기쁨에 전적으로 동의하시며 기쁘게 받으셨다. 다윗 왕이 창피를 당하지 않게 하신 것처럼 우리도 그렇게 지켜주실 것이다.

하나님의 영광의 임재가 있는 곳에 하나님의 복이 임한다. 예배를 통해 하나님의 임재를 경험하는 것은 바로 하나님의 복을 받는 것을 말한다. 어떤 상황에서든지 '하나님의 영광의 임재'가 있는 곳이라면 여호와 앞에서 열정적으로 찬양하고, 열정적으로 춤추는 자가 되길 바란다.

유턴